工程项目职业健康安全与环境管理

顾慰慈 编著

中国建材工业出版社

图书在版编目（CIP）数据

工程项目职业健康安全与环境管理/顾慰慈编著.
—北京：中国建材工业出版社，2007.4（2017.9重印）
ISBN 978-7-80227-219-4

Ⅰ.工... Ⅱ.顾... Ⅲ.①基本建设项目—劳动保护—劳动管理—中国②基本建设项目—劳动卫生—卫生管理—中国③基本建设项目—环境管理—中国
Ⅳ.F284

中国版本图书馆 CIP 数据核字（2007）第 002321 号

内 容 简 介

本书主要讲述工程建设中的健康、安全和环境管理的原理和方法，内容力求简洁、实用。全书共分十二章，包括职业健康安全管理标准、环境管理标准、职业健康安全和环境管理体系的建立、保持和认证、安全和环境法规、安全管理体制和安全生产责任制、安全生产教育和安全生产检查、安全技术措施计划和安全技术交底、危险控制和伤亡事故处理、文明施工和环境保护等。

本书可供从事工程建设的企业、管理人员和工程技术人员阅读，也可供大专院校师生阅读和参考。

工程项目职业健康安全与环境管理
顾慰慈 编著

出版发行：中国建材工业出版社
地　　址：北京市海淀区三里河路 1 号
邮　　编：100044
经　　销：全国各地新华书店
印　　刷：北京鑫正大印刷有限公司
开　　本：787mm×1092mm　1/16
印　　张：14.5
字　　数：345 千字
版　　次：2007 年 4 月第 1 版
印　　次：2017 年 9 月第 4 次
书　　号：ISBN 978-7-80227-219-4
定　　价：45.80 元

本社网址：www.jccbs.com.cn
本书如出现印装质量问题，由我社发行部负责调换。联系电话：（010）88386906

前　言

随着经济建设的发展，人们对职工的健康安全和环境保护愈来愈重视，一些国家和组织开始研究在实施经济建设的同时，保障职工健康安全和保护环境的有效管理方法。1996年9月，国际标准化组织召开国际会议，讨论制订职业健康安全管理体系的问题，同年，英国首先颁布了《职业健康安全管理体系指南》（BS 8800）国家标准。1997年，澳大利亚、新西兰也提出了《职业健康安全管理体系原则、体系和支持技术通用指南》草案。1999年英国标准化协会（BSI）、挪威船级社等13个组织提出了《职业健康安全管理体系规范》（OHSAS 18001）和《职业健康安全管理体系规范实施指南》（OHSAS 18002）。1997年，中国石油天然气总公司制订了《石油天然气工业健康、安全与环境管理体系》，1998年，中国劳动保护科学技术学会提出了《职业健康安全管理体系规范及使用指南》（CSSTLP 1001），1999年10月，国家经贸委颁布了《职业健康安全管理体系试行标准》，2001年11月12日，国家标准化管理委员会和国家认证认可监督管理委员会宣布将《职业健康安全管理体系规范》作为国家标准GB/T 28001—2001于2002年1月正式实施。

1993年6月，国际标准化组织成立了环境管理标准化技术委员会（TC 207），开始制定环境管理的国际标准，并于1996年颁布了环境管理体系标准（ISO 14000—1996）及其审核有关的5个标准，随后在2004年又颁布了修订的环境管理体系标准（ISO 14000—2004），同年我国将其等同转化为国家标准GB/T 24000—2004《环境管理体系》系列标准，并于2005年5月15日正式实施。

这些标准的颁布，使企业在职业健康安全和环境管理方面更加规范化、系统化和更加有效，因而受到了许多企业的欢迎。目前已有许多企业按GB/T 28001标准和GB/T 24001标准建立了职业健康安全和环境管理体系，有效地保证了职工的职业健康安全和环境保护。

本书主要讲述工程建设中的职业健康安全和环境管理，内容包括：职业健康安全管理体系和环境管理体系的建立，我国的安全管理体制和健康安全法规，安全生产责任制度，安全技术措施制度，安全教育培训制度，安全检查制度，安全技术交底制度，伤亡事故报告和处理制度，文明施工和环境保护等问题，力求简洁、实用。

本书适用于从事工程项目建设和管理的有关企业和从事工程项目施工及管理的技术人员，以及大专院校师生阅读和参考。

参加本书编写工作的还有蒋幼新、高红、蒋栩等。

作　者
2007年3月30日

目 录

第一章 概述 ... 1
- 第一节 工程建设中的职业健康安全和环境问题 ... 1
- 第二节 工程建设中的不安全因素 ... 1
- 第三节 人与环境 ... 3
- 第四节 职业健康安全和环境管理标准概述 ... 4

第二章 职业健康安全管理体系标准（GB/T 28001—2001） ... 6
- 第一节 职业健康安全管理体系标准的基本结构和运行模式 ... 6
- 第二节 职业健康安全管理体系基本术语 ... 8
- 第三节 职业健康安全管理体系基本要素的内容 ... 9

第三章 环境管理体系标准（GB/T 24001—2004/ISO 14001:2004） ... 24
- 第一节 GB/T 24001—2004/ISO 14001:2004 标准的构成、基本结构及运行模式 ... 24
- 第二节 环境管理体系基本术语 ... 29
- 第三节 环境管理体系基本要素的内容 ... 33

第四章 职业健康安全管理体系和环境管理体系的建立 ... 43
- 第一节 概述 ... 43
- 第二节 建立管理体系的准备工作 ... 46
- 第三节 体系策划和设计 ... 49
- 第四节 体系文件编写 ... 51

第五章 职业健康安全管理体系和环境管理体系的运行与保持 ... 63
- 第一节 职业健康安全管理体系和环境管理体系的运行 ... 63
- 第二节 职业健康安全管理体系和环境管理体系的保持 ... 64
- 第三节 职业健康安全管理体系和环境管理体系的内部审核 ... 65

第六章 职业健康安全管理体系和环境管理体系的认证 ... 71
- 第一节 体系认证的申请和受理 ... 71
- 第二节 体系的审核和认证评定 ... 73
- 第三节 体系认证后的监督和复评 ... 74

第七章 安全法规 ... 77
- 第一节 我国的安全法规体系 ... 77

第二节	《中华人民共和国安全生产法》有关规定	78
第三节	《中华人民共和国劳动法》有关规定	87
第四节	《中华人民共和国职业病防治法》有关规定	91
第五节	《使用有毒物品作业场所劳动保护条例》有关规定	99
第六节	《职业病危害事故调查处理办法》有关规定	109
第七节	《中华人民共和国环境保护法》有关规定	112
第八节	《中华人民共和国环境影响评价法》有关规定	115

第八章 安全管理体制和安全生产责任制 … 119

第一节 我国的安全管理体制 … 119
第二节 安全生产责任制度 … 122

第九章 职业健康安全生产教育和职业健康安全生产检查 … 129

第一节 职业健康安全生产教育 … 129
第二节 职业健康安全生产检查 … 136

第十章 安全技术措施计划和安全技术交底 … 139

第一节 安全技术措施计划 … 139
第二节 安全技术措施 … 140
第三节 安全技术交底 … 156

第十一章 危险控制和伤亡事故处理 … 161

第一节 危险源辨识 … 161
第二节 风险评价的方法 … 166
第三节 危险源控制 … 167
第四节 工程建设职业健康安全事故的分类 … 171
第五节 伤亡事故与职业病的报告和处理 … 173

第十二章 文明施工和环境保护 … 178

第一节 文明施工 … 178
第二节 施工现场管理 … 181
第三节 环境保护 … 186

附录1 职业健康安全管理体系 规范（GB/T 28001—2001） … 199

附录2 环境管理体系 要求及使用指南（GB/T 24001—2004/ISO 14001:2004） … 208

参考文献 … 223

第一章 概 述

第一节 工程建设中的职业健康安全和环境问题

工程建设是一项劳动密集型的生产活动，施工场地狭小，施工人员众多，各工种交叉作业，机械施工与手工操作并进，高处作业多，而且施工现场又是在露天和野外，环境复杂，劳动条件差，不安全、不卫生的因素多，极易引发各种疾病，产生安全事故和造成环境问题。

根据国际劳工组织（ILO）的统计，全球每年发生各类生产事故和劳动疾病约为2.5亿起，平均每天有68.5万起，每分钟就发生475起，其中每年死于职业安全事故和劳动疾病的人数多达110万人，远多于一般交通事故、暴力死亡、局部战争及艾滋病死亡的人数。特别是发展中国家的劳动事故死亡率要比发达国家高出一倍以上，有少数不发达国家和地区，甚至高出四倍以上。由此可以看出，在工程建设中职业健康安全问题的重要性。

工程建设中的施工生产，是一个复杂而多变的生产过程，可能出现各种问题，因此必须从全过程的各个方面来考虑，制定安全技术措施，预防各种工伤事故的发生。凡是可能出现或导致安全事故的一切不安全因素，均应采取预防措施。例如，施工机械的安全装置，运转和传动部分的保护装置；各种高空作业的安全措施；各种用电、接电及线路的安全防护措施；各分部分项工程施工中的安全操作及预防事故措施；一切易燃、易爆、危险物品的储存、保管、使用的安全措施；防火、灭火的消防措施；交通安全的防范措施等。对于一切繁重体力劳动，要有减轻劳动强度，适当安排工程进度，合理安排休息等措施。

由于施工环境不同，工种不同，劳动者在施工过程中有时要接触到有毒、有害的物质和气体，如粉尘、有毒气体、有毒物质、腐蚀性材料、辐射性物质等；有时要在密闭空间、高温状态下工作；在噪声、高频、强烈振动的环境下施工；在低温、严寒下工作等。在这些环境和条件下施工，都会对劳动者的身心健康产生危害，因此，除正确贯彻执行国家和卫生部门的各种条例、规章和办法外，还应从技术上、组织上、物质上、医疗保健等各个方面采取必要的措施。例如发给劳动者必要的劳动保护用品和用具；发给有毒、有害操作工人保健食品；高温作业的清凉饮料、防暑药品；为从事粉尘作业和有毒作业的工人设置淋浴室；为在特殊条件下进行有害操作的工人以特殊的医疗、保健；给予女职工以应有的各项保护措施；严格控制加班、加点，贯彻劳逸结合；给与职工以必要的物质津贴和补助等。

第二节 工程建设中的不安全因素

工程建设中的不安全因素，主要来自人、物和环境。因此，进行安全生产控制就是对人、物、环境等不安全因素进行控制。

一、人的不安全因素

人的不安全因素是人的心理和生理特点造成的，主要表现在身体缺陷、错误行为和违规行动三个方面。

1. 人的不安全行为表现

（1）身体缺陷。人的身体缺陷主要指疾病、职业病、精神失常、智力过低、易紧张、易烦躁、易冲动、易兴奋、运动神精迟钝、对自然条件和环境过敏、应变能力差等。

（2）错误行为。错误行为主要指嗜酒、吸毒、吸烟、打赌、戏耍、嬉笑、追逐、错视、错听、错嗅、错触、错误动作、错误判断、无意相碰、意外滑倒、误入危险区等。

（3）违规行动。违规行动指粗心大意、漫不经心、注意力不集中、不懂装懂、工作不认真、不按规章办事、玩忽职守、图省事不顾安全等。

2. 人的行为与安全事故

人的行为与安全事故有密切关系，根据统计资料表明，88%的安全事故是由于人的不安全行为造成的，而人的生理和心理特点又直接影响人的行为，所以人的生理和心理特点也是导致安全事故的主要原因之一。

（1）人的生理疲劳与安全。人的生理疲劳表现为动作紊乱、手脚发软、体力骤降，丧失正常的支配动作的能力，致使人和物从高处坠落等。

（2）人的心理疲劳与安全。人的心理疲劳表现为由于动机和态度变化而引起的工作能力波动；由于从事单调和重复劳动而引起的对工作的厌倦；由于遭受挫折而身心乏力等。这些都会导致心情不安、注意力不集中而产生操作失误。

（3）人的视觉、听觉与安全。人的视觉和听觉是接受外部信息的通道，但人的视觉受到外界亮度、色彩、对比度，物体大小、形态、距离、移动速度等因素的影响，常常会产生错视、漏视，从而导致安全事故。人的听觉也常常会由于外界声音的干扰，产生听力减弱，不能接受正常的信号，而导致工作失误。

（4）人的气质与安全。人的气质和性格不同，产生的行为也不同。意志坚定，善于控制自己，行动准确，安全度较高；情绪激昂，喜怒无常，易引起不安全行为；优柔寡断，行动迟钝，反应能力差，也易产生安全事故。

（5）人际关系与安全。人际关系与安全也有着密切的关系，若劳动集体中彼此尊重，互相信任和友爱，遵守劳动纪律和安全法规，安全就有保障；若劳动集体中互不信任，各自为政，无视纪律，不遵守法规，则安全就没有保障；上下级关系紧张、心情压抑、疑虑、畏惧、注意力不集中，也易导致事故。

二、物的不安全因素

1. 物的不安全状态现象

（1）设备、装置的缺陷。设备、装置的缺陷主要指设备、装置的技术性能降低，强度不够，结构不良，磨损，失灵，老化及腐蚀等。

（2）作业场所的缺陷。作业场所的缺陷主要是指施工场地狭小，交通道路不宽畅，机械设备拥挤，多工种交叉作业等。

（3）物质和环境的危险源。包括：

①化学方面的氧化、自燃、易燃、毒性、腐蚀等；

②机械方面的重物、振动、冲击、位移、倾覆、陷落、旋转、落物、抛飞、断裂、剪切等；

③电气方面的漏电、短路、火花、电弧、电辐射、绝缘不良、高压带电作业等；

④环境方面的辐射线、红外线、强光、雷电、风暴、骤雨、浓雾、高低温、洪水、地震、噪声、超声波、粉尘、火源、高压气体等。

2. 物质、环境与安全

（1）设备、装置的缺陷；作业场所的缺陷；物质和环境的危险源，都是可能产生安全事故的因素。

（2）环境因素对安全的影响是通过对人的心理和生理状态的变化而起作用的。

①采光照明的影响。光照适当才能获得清晰的视觉，由强光下进入暗光环境，需要经过一段适应的时间，才能正常工作；在黑暗场所加强照明，在耀眼眩光下戴墨镜操作，可以减少事故。

②色彩标志的影响。红色在人的心理中标志危险、警告或停止；绿色使人感到凉爽、舒适、轻松、宁静；白色给人洁净、清新的感觉；红白相间具有强烈对比和醒目的感觉。因此，如用红色警告牌，绿色安全网，白色安全带，红白相间的栏杆等，均可有效地预防事故。

③环境温度的影响。高温使人难以散发热量，以致感到不适，头昏、气喘、活动稳定性差，缺乏应变能力，因而容易引起安全事故；低温使人手脚冻僵，动作灵活性差，也容易导致事故。

④现场环境的影响。施工现场杂乱无章，视线不畅，交通阻塞，噪声刺耳，均能导致安全事故。

第三节 人与环境

人是自然界的产物，在漫长的人类发展的历程中，人类生存于自然界，依赖于自然界，向自然界索取各种赖以生存的资源。但是随着科学技术和经济建设的发展，资源的大量开发和利用，使森林面积锐减，土地严重沙化，水资源的污染和淡水的日益缺乏，废水、废气和固体废弃物排放的增加，自然灾害的频发，都将对人类的健康、安全和环境造成严重威胁，对全球范围的环境产生重大影响，当前主要表现在：

（1）温室效应与气候异常。据专家估计，到2030年，全球气温将比现在升高2~5℃（比过去1万年的气温升高还要高），由此将使海平面上升20~140cm。

（2）臭氧层被破坏。1985年科学家发现南极出现的臭氧空洞面积达2720万km^2，比整个北美洲的面积还要大，随后在欧洲、北极、西伯利亚也陆续发现臭氧空洞。臭氧总量每减少10%，紫外线辐射强度将增大20%，而紫外线强度的增高，将会导致皮肤癌、白内障等疾病的发病率增高，还会造成某些生物的灭绝。

（3）有毒、有害化学物质的污染。工业生产中大量有毒、有害化学物质的任意排放，将会造成大气、水和土壤的污染；化肥和农药的大量使用，也将会直接危害人体的健康。

（4）河流和海洋的污染。全世界每年向河流和海洋排放的悬浮物和溶解盐类有200亿t，垃圾和污水中的有机物达300万t。仅每年倾倒入大海中的船舶垃圾就有640万t，塑料集装箱 500 万个，包装材料 2 万多吨，塑料网、绳、救生衣 13 万 t 以上。

（5）生物的多样性被破坏。据专家估计，到 2050 年，将有 25% 的物种陷入绝境，6 万种植物濒临灭绝。

（6）生态环境恶化。主要表现是森林减少，土地沙化，淡水缺乏。当前全球土壤沙漠化的速度每年以 5~7 万 km^2 扩展，而森林的面积几乎每年减少 1%。

在我国，环境问题也是一个引起人们严重关注的问题，主要表现在：

（1）大气污染问题突出。总悬浮颗粒物普遍超标，部分地区二氧化硫污染严重。由于机动车辆的增加，大城市氮氧化物污染突出。根据 1998 年对 322 个城市监测的结果表明，72% 以上城市的空气质量处于三类和超三类标准，80% 的城市大气质量较差。全球空气污染严重的 50 个城市中，我国占 31 个。酸雨覆盖面积约占国土面积的 30% 以上。

（2）水体污染情况严重。全国主要江河湖泊和近海海域受到不同程度污染，七大水系和太湖、巢湖、滇池中不适合作饮用水源的河段已超过 60%。地下水污染面积已达 50%。根据 1995 年七大水系的监测资料表明，水质为Ⅳ类、Ⅴ类标准的，松、辽河流域占 67%，黄河流域占 60%，淮河流域占 51%，海河流域占 41%，长江流域占 24%，珠江流域占 22%。淡水湖泊总磷、总氮污染面广，富营养化严重。

（3）固体废弃物污染突出。1998 年全国城市垃圾发生量为 1.4 亿 t 以上。垃圾粪便处理率只有 49%，其中无害化处理率只有 10% 左右。

第四节　职业健康安全和环境管理标准概述

随着生产的发展，人们越来越感觉到在生产中进行职业健康安全和环境管理的重要性与必要性，并且需要一个行之有效的管理标准。因此，从 20 世纪 80 年代后，着手制定职业健康安全管理标准，同时谋求使该标准统一化，即建立一个职业健康安全管理的国际标准。

1995 年，国际标准化组织（ISO）先后召开了两次会议，讨论开展职业健康安全管理体系标准化工作问题。第一次会议于 1995 年 6 月 15 日召开，有中国、美国、英国、法国、德国、日本、澳大利亚、加拿大、瑞士、瑞典以及国际劳工组织（ILO）和世界健康组织（WHO）的代表参加，第二次会议于 1996 年 9 月 5 日召开，有来自 44 个国家及国际电工委员会（IEC）、国际劳工组织、世界健康组织等 6 个国际组织的共计 331 名代表参加，但都因各方分歧而未取得结果。

尽管如此，一些国家仍然在着手本国或本地区的职业健康安全管理体系标准化工作。1996 年，英国颁布了 BS 8800《职业健康安全管理体系指南》国家标准，美国工业健康协会制定了关于《职业健康安全管理体系》的指导性文件；1997 年，澳大利亚、新西兰提出了《职业健康安全管理体系原则、体系和技术通用指南》草案，日本工业健康安全协会（JISHA）提出了《职业健康安全管理体系导则》；1999 年，英国标准化协会（BSI）、爱尔兰国家标准局、南非标准局、挪威船级社（DNV）等 13 个组织提出了职业健康安全评价系列（OHSAS）标准，即 OHSAS 18001：《职业健康安全管理体系——规范》和 OHSAS 18002：《职业健康安全管理体系——OHSAS 18001 实施指南》。同时，国际劳工组织也在开展职业健康安全管理体系标准化工作，并于 2001 年发布了《职业健康安全管理体系导则》。

中国作为国际标准化组织的正式成员国，一直十分重视职业健康安全管理体系标准化问题。

1996年，中国成立了由有关部门组成的"职业健康安全管理体系标准化协调小组"，并召开了三次规模不同的国内研讨会，研究了职业健康安全管理体系标准化问题。

1997年中国石油天然气总公司制定了《石油天然气工业健康、安全与环境管理体系》、《石油地质队健康、安全与环境管理规范》、《石油钻井健康、安全与环境管理体系指南》等三个行业标准。1998年中国劳动保护科学技术学会提出了《职业健康安全管理体系规范及使用指南》（CSSTLP 1001：1998）。1999年10月国家经贸委颁布了《职业健康安全管理体系试行标准》。2001年11月12日，国家标准化管理委员会和国家认证认可监督管理委员会宣布将《职业健康安全管理体系规范》作为国家标准GB/T 28001—2001于2002年1月正式实施。2001年12月20日国家经贸委颁布了《职业健康安全管理体系指导意见》和《职业健康安全管理体系审核规范》。国家标准《职业健康安全管理体系规范》与国家经贸委发布的《职业健康安全管理体系审核规范》的内容是相近的。

随着生产的发展，环境问题也变得越来越突出，"保护环境，防止污染"，已成为人们的共识。1993年6月，国际标准化组织成立了环境管理标准化技术委员会（TC 207），开始制定环境管理的国际标准，并于1996年10月首批颁布了与环境管理体系及其审核有关的5个标准，即ISO 14000系列标准。同年，我国将其等同转换为国家标准GB/T 24000系列标准。这一标准发布以后受到了许多国家的欢迎，得到了许多企业的采用，到1997年底，全世界就有1491家企业通过该标准的认证，到1998年底，通过该标准认证的企业达到5017家，而到1999年底，通过认证的企业已超过1万家。可见其发展速度之快，环境保护受人们重视的程度之高。

职业健康安全管理体系、环境管理体系（ISO 14000）与质量管理体系（ISO 9000）并列为三大管理体系，是目前世界各国广泛推行的一种先进的现代化的生产管理方法，它是通过系统化的预防管理机制来彻底消除各种事故和疾病隐患，在企业内部形成一个系统的、结构化的管理机制，从而提高企业的管理水平，促进企业的发展。

第二章　职业健康安全管理体系标准
（GB/T 28001—2001）

第一节　职业健康安全管理体系标准的基本结构和运行模式

一、职业健康安全管理体系规范的基本结构

职业健康安全管理体系规范的基本结构如图 2-1 所示，由 5 个一级要素和 17 个二级要素构成，各要素的内容如表 2-1 所示。

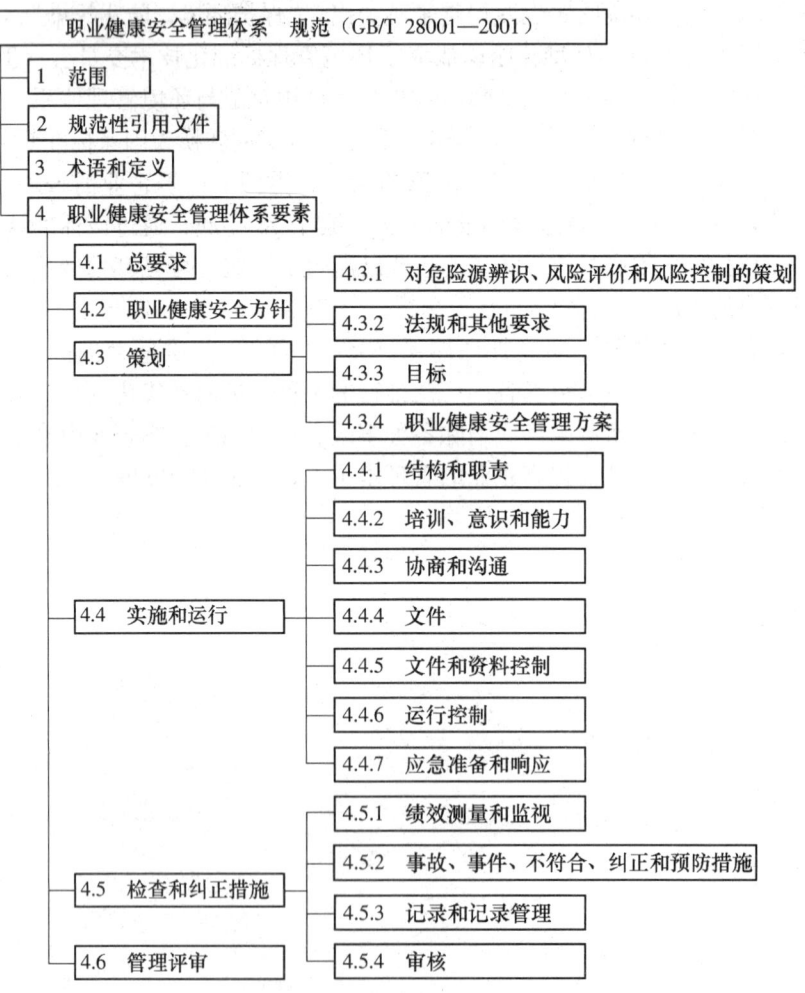

图 2-1　职业健康安全管理体系规范总体结构图

表 2-1　职业健康安全管理体系一、二级要素表

	一　级　要　素	二　级　要　素
要素名称	（一）职业健康安全方针（4.2）	1. 职业健康安全方针（4.2）
	（二）策划（4.3）	2. 对危险源辨识、风险评价和风险控制的策划（4.3.1） 3. 法规和其他要求（4.3.2） 4. 目标（4.3.3） 5. 职业健康安全管理方案（4.3.4）
	（三）实施和运行（4.4）	6. 结构和职责（4.4.1） 7. 培训、意识和能力（4.4.2） 8. 协商和沟通（4.4.3） 9. 文件（4.4.4） 10. 文件和资料控制（4.4.5） 11. 运行控制（4.4.6） 12. 应急准备和响应（4.4.7）
	（四）检查和纠正措施（4.5）	13. 绩效测量和监视（4.5.1） 14. 事故、事件、不符合、纠正和预防措施（4.5.2） 15. 记录和记录管理（4.5.3） 16. 审核（4.5.4）
	（五）管理评审（4.6）	17. 管理评审

构成职业健康安全管理体系的要素，可分为两类，一类是体现体系主体框架和基本功能的核心要素，另一类是支持体系主体框架和保证实现基本功能的辅助性要素。

1. 核心要素

核心要素包括职业健康安全方针，对危险源辨识、风险评价和风险控制的策划，法规和其他要求，目标，结构和职责，职业健康安全管理方案，运行控制，绩效测量和监视，审核和管理评审 10 个要素。

2. 辅助性要素

辅助性要素包括培训、意识和能力，协商和沟通，文件，文件和资料控制，应急准备和响应，事故、事件、不符合、纠正和预防措施，以及记录和记录管理等。

在职业健康安全管理体系中，17 个要素相互联系、相互作用共同有机地构成了职业健康安全管理体系的一个整体，如图 2-2 所示。

二、职业健康安全管理体系的运行模式

职业健康安全管理体系的运行模式采用了 PDCA 循环模式（戴明模型），即通过策划（plan）、行动（do）、检查（check）和改进（act）四个环节构成一个动态循环并螺旋上升的系统化管理模式，如图 2-3 所示。

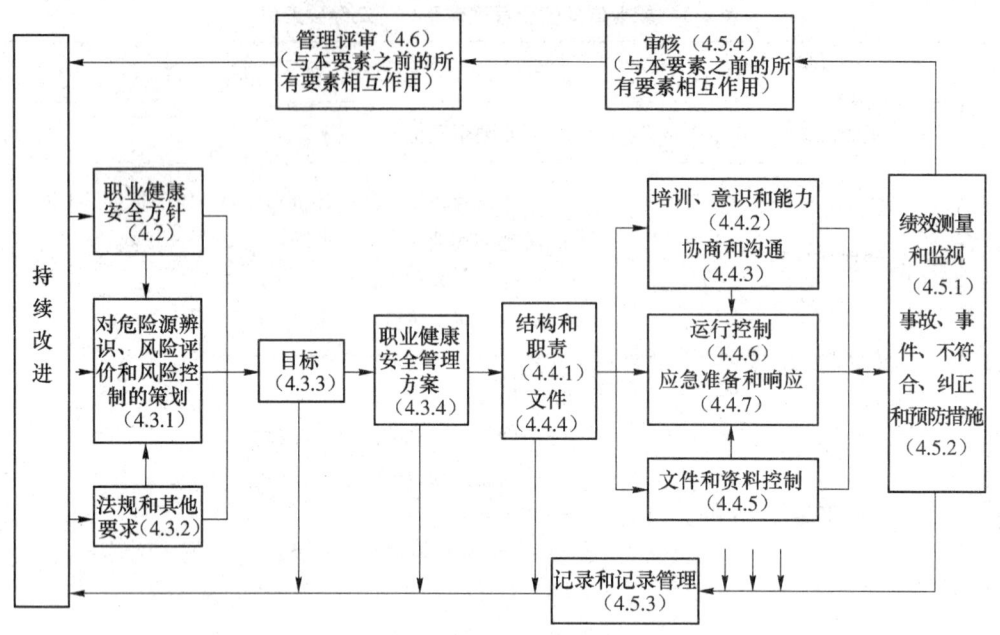

图 2-2　职业健康安全管理体系各要素之间的相互关系图

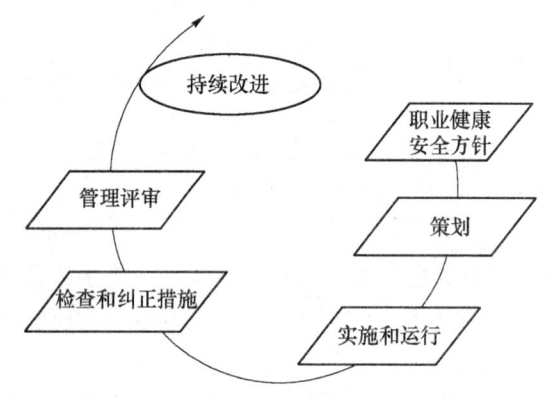

图 2-3　职业健康安全管理体系模式

第二节　职业健康安全管理体系基本术语

(1) 事故 (accident)：造成死亡、疾病、伤害、损坏或其他损失的意外情况。

(2) 审核 (audit)：系统审核以确定活动及相关的结果是否符合计划安排，这些安排是否有效实施，是否适合于达到组织的方针与目标。

(3) 持续改进 (continual improvement)：为改进职业健康安全总体绩效，根据职业健康安全方针，组织强化职业健康安全管理体系的过程。

注：该过程不必同时发生在活动的所有领域。

(4) 危险源 (hazard)：可能导致伤害或疾病、财产损失、工作环境破坏或这些情况组合的根源或状态。

(5) 危险源辨识 (hazard identification)：识别危险源的存在并确定其特性的过程。

(6) 事件（incident）：导致或可能导致事故的情况。

注：其结果未产生疾病、伤害、损坏或其他损失的事件在英文中还可称为"near-miss"。英文中，术语"incident"包含"near-miss"。

(7) 相关方（interested parties）：与组织的职业健康安全绩效有关的或受其职业健康安全绩效影响的个人或团体。

(8) 不符合（non-conformance）：任何与工作标准、惯例、程序、法规、管理体系绩效等的偏离，其结果能够直接或间接导致伤害或疾病、财产损失、工作环境破坏或这些情况的组合。

(9) 目标（objectives）：组织在职业健康安全绩效方面所要达到的目的。

(10) 职业健康安全（occupational health and safety，OHS）：影响工作场所内员工、临时工作人员、合同方人员、访问者和其他人员健康和安全的条件和因素。

(11) 职业健康安全管理体系（occupational health and safety management system，OHSMS）：总的管理体系的一个部分，便于组织对与其业务相关的职业健康安全风险的管理。它包括为制定、实施、实现、评审和保持职业健康安全方针所需的组织结构、策划活动、职责、惯例、程序、过程和资源。

(12) 组织（organization）：有自身职能和行政管理的独立或合股、公有的或私营的各类公司、集团、商行、企事业单位或社团，或是上述单位的部分或组合。

注：对于拥有一个以上运行单位的组织，可以把一个单独的运行单位视为一个组织。

(13) 绩效（performance）：基于职业健康安全方针和目标，与组织的职业健康安全风险控制有关的，职业健康安全管理体系的可测量结果。

注1：绩效测量包括职业健康安全管理活动和结果的测量。

注2："绩效"也可称为"业绩"。

(14) 风险（risk）：某一特定危险情况发生的可能性和后果的组合。

(15) 风险评价（risk assessment）：评估风险大小以及确定风险是否可容许的全过程。

(16) 安全（safety）：免除了不可接受的损害风险的状态。

(17) 可容许风险（tolerable risk）：根据组织的法律义务和职业健康安全方针，已降至组织可接受程度的风险。

第三节　职业健康安全管理体系基本要素的内容

一、总要求（4.1）

组织应建立并保持职业健康安全管理体系。

组织应按照 OHSMS 标准的全部要求，建立并保持职业健康安全管理体系。组织可以自由、灵活地确定建立和实施 OHSMS 的范围。可以在整个组织或在组织的某一单位或活动中选择实施 OHSMS。

体系的建立是从无到有的过程，包括决策、策划、体系文件的编写、组织机构的配置和人力资源的配置及试运行改进等；体系的保持则是指体系按规定的要求运行，并在运行过程中对出现的问题加以改进，在新情况出现时及时调整修订，以及必要的支持性活动等。

组织在体系建立初期往往给予高度重视，集中投入人力、物力，完成体系的建立，而对体系的保持则不够重视。在组织的发展与规划中，往往容易忽视体系维护的需要；在机构的调整及新项目、新产品的开发中，不注重危险源辨识以及风险评价程序的运行，不注重及时获取新的法律、法规及其他要求，也不注重在体系运行过程中出现问题时及时调整，采取纠正措施保证体系的良好运转。因此，在学习和理解标准过程中，不仅要了解体系建立时应做什么，而且要注意建立过程完成之后还应做什么。

二、职业健康安全方针（4.2）

职业健康安全方针如图2-4所示。

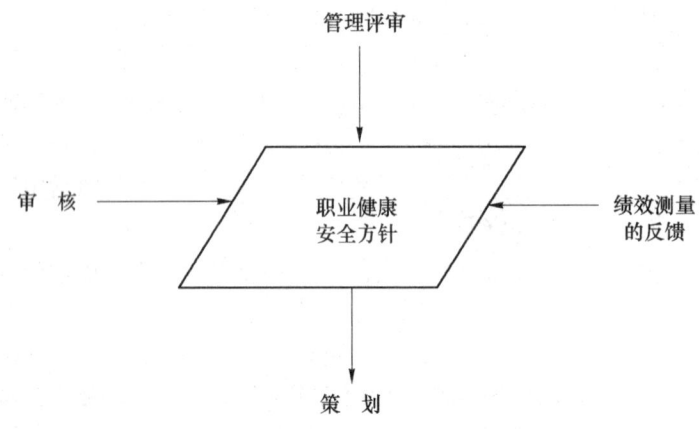

图2-4 职业健康安全方针

组织应有一个经最高管理者批准的职业健康安全方针，该方针应清楚阐明职业健康安全总目标和改进职业健康安全绩效的承诺。

职业健康安全方针应：

（1）适合组织的职业健康安全风险的性质和规模；
（2）包括持续改进的承诺；
（3）包括组织至少遵守现行职业健康安全法规和组织接受的其他要求的承诺；
（4）形成文件，实施并保持；
（5）传达到全体员工，使其认识各自的职业健康安全义务；
（6）可为相关方所获取；
（7）定期评审，以确保其与组织保持相关的适宜。

职业健康安全方针是组织在职业健康安全方面的宗旨和方向，是组织总体方针的组成部分，它体现了管理者对职业健康安全问题的指导思想和承诺。标准要求组织的最高管理者应制定、批准、签发职业健康安全方针，并对方针的制定提出8个方面的要求，其中主要的内容是提出两个承诺和定期评审。

两个承诺包括对持续改进的承诺和对遵守有关法律、法规及其他要求的承诺。对持续改进的承诺表明了最高管理者对待职业健康安全的态度，反映了组织对职业健康安全的认识和责任；对法律、法规和其他要求的承诺则是一项基本要求。为此，后一个承诺是组织应努力达到的，而且，组织在履行该承诺时必须和本国的职业健康安全管理制度相吻合。

此外，方针的制定要适合组织的职业健康安全风险的性质和规模，方针的内容应能对全体员工的行动起到指南作用，可以包括最高管理者的价值观和期望，体现组织的目标、承诺和义务、安全文化和信念、顾客的期望和需求。方针要形成文件，传达到全体员工，并可为相关方所获取。方针由最高管理者制定，通过组织各级管理者、专业技术人员和各层次的操作人员来具体实施完成。方针是纲领性的文件，文字上要简洁明了，易于理解。

组织的职业健康安全方针和管理体系应定期评审，确保其持续适宜性和有效性。如果进行修改、更新应尽可能与相关方进行交流。

总体来说，职业健康安全方针是建立、实施与改进组织的职业健康安全管理体系的推动力，并具有保持和改进职业健康安全行为的作用，一个组织必须具有符合标准要求的职业健康安全方针，且应形成文件并予以传达。

三、策划（4.3）

策划如图 2-5 所示。

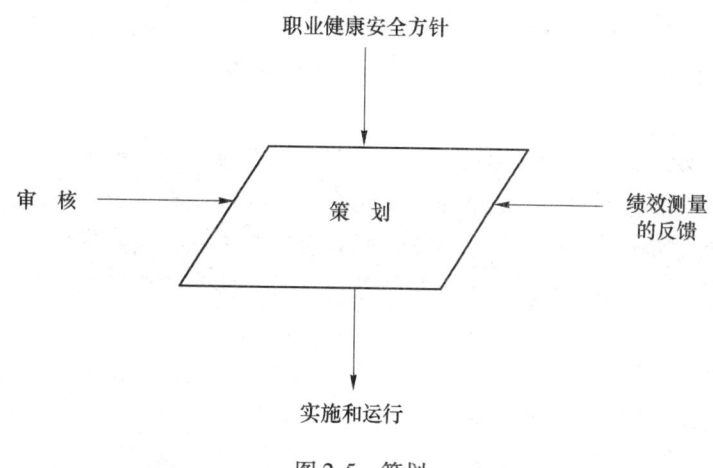

图 2-5　策划

策划阶段包括危险源辨识、风险评价和风险控制的策划；法律、法规和其他要求；目标；职业健康安全管理方案四个方面的内容，它是建立体系的启动阶段。

1. 对危险源辨识、风险评价和风险控制的策划（4.3.1）

组织应建立并保持程序，以持续进行危险源辨识、风险评价和实施必要的控制措施。这些程序应包含：

——常规和非常规的活动；

——所有进入工作场所的人员（包括合同方人员和访问者）的活动；

——工作场所的设施（无论由本组织还是由外界所提供）。

组织应确保在建立职业健康安全目标时，考虑这些风险评价的结果和控制的效果，将此信息形成文件并及时更新。

组织的危险源辨识和风险评价的方法应：

——依据风险的范围、性质和时限性进行确定，以确保该方法是主动性的而不是被动性的；

——规定风险分级，识别可通过4.3.3（目标）和4.3.4（职业健康安全管理方案）中所规定的措施来消除或控制的风险；

——与运行经验和所采取的风险控制措施的能力相适应；

——为确定设施要求、识别培训需求和（或）开展运行控制提供输入信息；

——规定对所要求的活动进行监视，以确保其及时有效地实施。

风险评价的结果应形成文件，作为建立和保持职业健康安全管理体系中各项决策的基础，并为持续改进组织的职业健康安全管理绩效提供衡量基准。组织所制定的风险控制计划应有助于保护员工的健康安全。

组织应定期或及时评审和更新危险源辨识、风险评价和控制措施的信息。

标准要求组织有一个或多个程序用于辨识和评价危险因素，特别是重大危险因素，从而实施控制措施。该条款强调的是对程序而不是危险因素本身的要求。程序应能够满足确定危险因素及判断其重要程度，并在出现新问题时及时更新等要求。

对于尚未建立职业健康安全管理体系的组织，首要的任务是进行初始评审，其目的在于了解组织的职业健康安全管理现状。内容包括，①法律、法规要求；②危险因素识别和重大危险因素的确定；③对所有现行职业健康安全管理活动与程序的审查；④对以往事件、事故调查以及纠正、预防措施的评价。

危险因素的辨识与评价应考虑包括三种状态、三种时态和七种类型。

三种状态是正常、异常和紧急状态。组织的日常生产过程是正常状态。生产车间在试车、停机、检修等情况下，危险因素与正常状态有较大不同，属异常状态。紧急状态则是发生火灾、爆炸、洪水等情况。对可预见的紧急状态，应有相应的策划、措施，以保证其影响最小化。

三种时态是过去、现在和将来。组织在对现场现有的危险因素进行充分辨识时，也应考虑以往遗留的危险以及策划中的活动可能带来的危险性。组织要尽可能全面地考虑生产活动的各个方面，拓开思路，尽可能使危险因素得到全面控制。

七种类型是指，机械能；电能；热能；化学能；放射能；生物因素；人机工程因素（生理、心理）。

危险因素的辨识、评价本身是一个不断发展的过程，该过程也包括明确法律、法规的要求和组织自身业务发展、工艺更新、原材料替代及其相关方要求等方面的影响。标准中明确提出要求组织及时更新这方面的信息。

2. **法规和其他要求（4.3.2）**

组织应建立并保持程序，以识别和获得适用法规和其他职业健康安全要求。

组织应及时更新有关法规和其他要求的信息，并将这些信息传达给员工和其他有关的相关方。

对职业健康安全法律、法规及相关制度的遵守是组织职业健康安全方针中必须予以承诺的，也是组织职业健康安全管理的重点。法律、法规和其他要求是组织评价重大危险因素的主要依据之一。所以组织要有法律、法规意识，要有相应的程序和途径主动了解法律、法规及其他要求，并及时更新。

其他要求指各级政府部门关于职业健康安全的规定、决定、地方标准及有关文件要求；本组织的上级主管部门的要求；本组织的条例、规章制度等方面。组织不仅应获取国家有关法律和法规的要求，也要获取地方标准。另外，组织也必须与行业保持联系，遵守行业规范。当这些要求存在矛盾时，则应与当地职业健康安全管理及行业主管部门商定，形成一致意见。

组织应建立并保持一个程序，从而能够确定并及时获取所有已经批准发布的且适用于组织活动的法律、法规和其他要求，适应法律、法规的变化情况。

3. 目标（4.3.3）

组织应针对其内部各相关职能和层次，建立并保持文件化的职业健康安全目标。如可行，目标宜予以量化。

组织在建立和评审职业健康安全目标时，应考虑：

——法规和其他要求；

——职业健康安全危险源和风险；

——可选择的技术方案；

——财务、运行和经营要求；

——相关方的意见。

目标应符合职业健康安全方针，包括对持续改进的承诺。

目标的重点应放在持续改进员工的职业健康安全防护措施上，以达到最佳的职业健康安全绩效。

组织的职业健康安全目标是职业健康安全方针的具体体现，而要实现这些目标，组织需要制定具体的指标。标准要求组织在建立职业健康安全管理体系时，凡属可行的目标要具体、量化，指标应明确并可测量。在制定组织目标、指标时，应考虑设置可测量的参数，为职业健康安全管理和体系运行提供信息。

组织建立职业健康安全管理体系的重要目的是使组织的职业健康安全管理水平得到整体改善。标准要求做到持续改进，而持续改进的可见证性就是不断更新的目标和指标，它直接反映组织职业健康安全管理整体水平的改善情况。

目标、指标是根据组织的方针和考虑组织的规模、经济、技术等情况制定的，并且要体现出危险识别与评价和控制的连续性。另外，标准要求目标、指标具有层次性，是一个逐渐细化、分解的过程，目标要符合国家职业健康安全规划的要求、安全技术政策的要求。指标的制定要体现先进性、可操作性、可调整性和量化的要求。

组织应注重目标、指标的经济技术可行性，一个组织不能为通过认证而制定出不可行、不合理、空洞的目标。否则，目标和指标不能完成也有可能成为认证不能通过的原因。

职业健康安全目标的类型包括：风险级别的降低、工伤事故和职业病事件的减少等。

标准中明确指出组织在制定目标和指标时要包括对持续改进的承诺。

4. 职业健康安全管理方案（4.3.4）

组织应制定并保持职业健康安全管理方案，以实现其目标。方案应包含形成文件的：

（1）为实现目标所赋予组织有关职能和层次的职责和权限；

（2）实现目标的方法和时间表。

应定期并且在计划的时间间隔内对职业健康安全管理方案进行评审，必要时应针对组织的活动、产品、服务或运行条件的变化对职业健康安全管理方案进行修订。

管理方案包含两方面含义，一是规定职责；二是实现目标的方法和时间表。其中包括，职责落实、资源配置落实、技术措施落实、完成的具体时间。

目标、指标是具体的、有层次的，实现这些目标、指标的责任也要细化分解并落实到各个职能部门，目标和指标的实现方法和时间表，也就是方案具体的实施计划。职业健康安全管理方案要具体，有方案完成的时间，有具体的负责人，用什么方法完成，方案实施的费用分析及批准情况，以保证方案实施的有效性。

职业健康安全管理方案是管理体系成功实施的关键要素，也是组织实现职业健康安全方针的关键。职业健康安全管理方案是按其优先次序来确定该组织为实现职业健康安全目标和指标的专项活动，职业健康安全管理方案有助于改进组织的职业健康安全状况，方案应是动态的，应定期修订以反映组织目标和指标的变化情况。职业健康安全管理方案通常应包括如下内容：

（1）总计划和目标；
（2）各级管理部门的职责和指标要求；
（3）满足危险源辨识、风险评价和控制及法律、法规要求的实施方案；
（4）详细的行动计划、时间表及方法；
（5）方案形成过程的评审和方案执行中的控制；
（6）项目文件的记录方法。

具体编制时可按风险级别序号或优化的目标序号，说明现状、目标、指标、措施、责任单位、责任人、支持条件（人、财、物）、启动日期和完成时间。

四、实施与运行（4.4）

实施和运行如图2-6所示。

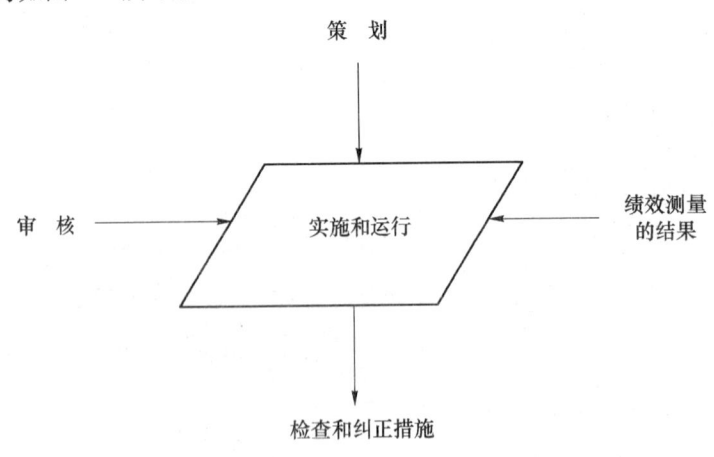

图2-6 实施和运行

实施与运行阶段包括，结构和职责；培训、意识和能力；协商和沟通；文件；文件和资料控制；运行控制；应急准备和响应。

1. 结构和职责（4.4.1）

对组织的活动、设施和过程的职业健康安全风险有影响的从事管理、执行和验证工作的人员，应确定其作用、职责和权限，形成文件，并予以沟通，以便于职业健康安全管理。

职业健康安全的最终责任由最高管理者承担。组织应在最高管理者中指定一名成员（如：某大组织内的董事会或执委会成员）作为管理者代表承担特定职责，以确保职业健康安全管理体系正确实施，并在组织内所有岗位和运行范围执行各项要求。

管理者应为实施、控制和改进职业健康安全管理体系提供必要的资源。

注：资源包括人力资源，专项技能、技术和财力资源。

组织的管理者代表应有明确的职责和权限，以便：

（1）确保本标准建立、实施和保持职业健康安全管理体系要求；

（2）确保向最高管理者提交职业健康安全管理体系绩效报告，以供评审，并为改进职业健康安全管理体系提供依据。

所有承担管理职责的人员，都应表明其对职业健康安全绩效持续改进的承诺。

职业健康安全管理体系的成功实施，依赖于组织全体员工的参与，因此，不能认为只有职业健康安全职能部门才负有这方面的责任，组织内的其他所有部门都不能置身事外，建立职业健康安全管理体系必须覆盖组织的所有部门和活动。

承诺始于最高管理者，他（们）应制定组织的职业健康安全方针，并指定专门的管理者代表，确保职业健康安全管理体系的实施。管理者代表可以是专职的也可以是兼职的，组织可以依据自身的实际情况决定由一人或多人来承担这些职责。最高管理者还应确保提供实施与保持职业健康安全管理体系所需的必备资源。

职业健康安全管理体系是结构化的体系，对于不同部门、不同层次的人员应有明确的权力和职责，并配备相应的资源。职业健康安全目标、指标和管理方案是分级和逐步细化的。结构和职责也应与组织的管理机构相适应，并配置必须的人、财、物。

在组织建立和实施职业健康安全管理体系的过程中，管理者代表负责组织的职业健康安全事务，并对最高管理者负责。在 OHSMS 标准中，管理者代表的责任就是建立、实施、维护职业健康安全管理体系，并向上级汇报。

除了职业健康安全管理者代表，各级管理和职能部门也要承担相应的职责。组织的职业健康安全方针要传达到全体员工，所形成结构和职责的文件也要予以传达，培训与信息交流中也强调了全体员工意识的提高，只有组织的每一个人都做好自己的本职工作，提高安全意识，并共同参与职业健康安全管理体系的建设与维护，才能真正实现持续改进和事故预防。

组织结构和职责是职业健康安全管理体系运行的关键，许多职业健康安全问题是由于职责不清、权限不明确造成的，职业健康安全管理体系标准的特点就是分清职责，严格界线。

职业健康安全管理体系的建立不可完全改变原有的组织管理模式，组织的职业健康安全管理机构的设置是在原有管理基础上补充完成的，这就更要求明确职责、规定权限，为职业健康安全管理体系的运行打好基础。另一方面是要配备必要的资源，保证职业健康安全目标、指标的实现。

2. 培训、意识和能力（4.4.2）

对于其工作可能影响工作场所内职业健康安全的人员，应有相应的工作能力。在教育、培训和（或）经历方面，组织应对其能力作出适当的规定。

组织应建立并保持程序，确保处于各有关职能和层次的员工都意识到：

——符合职业健康安全方针、程序和职业健康安全管理体系要求的重要性；

——在工作活动中实际的或潜在的职业健康安全后果，以及个人工作的改进所带来的职业健康安全效益；

——在执行职业健康安全方针和程序，实现职业健康安全管理体系要求，包括应急准备和响应要求（见4.4.7）方面的作用和职责；

——偏离规定的运行程序的潜在后果。

培训程序应考虑不同层次的：

——职责、能力和文化程度；

——风险。

组织应提出必要的职业健康安全能力要求，制定并保持培训计划，以确保最高管理者和全体员工能够完成其承担的职业健康安全方面的任务和职责，并根据其教育水平、工作经验和接受过的培训对其能力进行鉴定。

组织应定期评审培训计划，必要时予以修订以保证其适宜性和有效性。

应根据组织自身的性质、规模、人员素质确定培训的需求范围，制定和保持培训程序。

培训是手段，而提高职业健康安全意识，达到完成任务所必备的能力才是真正目的。

标准要求提高全体员工的职业健康安全意识是很重要的，因为70%以上的工伤事故是由于人的因素和管理问题引起的，因此对全体员工要进行全面的安全意识的培训。从这一意义上说，职业健康安全管理体系的建立和维护过程，就是一个提高全体员工职业健康安全意识的过程，只有在全体员工的共同参与和支持下，才能保证体系的良好运行。

另一方面则是要根据岗位的不同需要，确定人员培训的内容，并进行专门的培训。如对管理体系的内审人员应进行有关审核知识的培训，以确保审核过程客观公正，能发现体系不足，提出改进办法。

3. 协商和沟通（4.4.3）

组织应具有程序，确保与员工和其他相关方就相关职业健康安全信息进行相互沟通。

组织应将员工参与和协商的安排形成文件，并通报相关方。

员工应：

——参与风险管理方针和程序的制定和评审；

——参与商讨影响工作场所职业健康安全的任何变化；

——参与职业健康安全事务；

——了解谁是职业健康安全的员工代表和指定的管理者代表（见4.4.1）。

协商和沟通包括两方面的含义，一是内部各部门、各层次间的协商和沟通；二是与外部的协商和沟通。内部协商和沟通体现在各层次、部门之间的协作上，如技术部门与生产部门的协作，保证危险因素不仅得到良好控制，而且技术经济指标也在不断地改进。又如管理者代表并不对各部门直接负责，但对组织的职业健康安全事务进行全面的管理，这就要求各部门向管理者代表及时上报有关事宜。任何信息的停滞和不畅都会造成体系运行的失败。

外部沟通是标准特别强调的，即组织要重视相关方的要求。相关方是指那些与组织有着各种关系的人或组织，包括组织的消费者、投资者、官方管理机构、股东、社区居民、供应商、合同方及任何对组织的职业健康安全状况有兴趣的人和组织。组织如何对待这些问题，反映出组织对职业健康安全的总体态度。外部信息的沟通包含了对所有事故、事件、职业健康安全意见的处理及反馈。另外，组织的外部沟通也是确定危险和评价其重要性的手段之一。

沟通包括报纸、广告、宣传单、会议、意见箱等多种方式。

管理体系的监测、审核和管理评审的结果，应传达给组织内部全体员工，使公众更进一步理解和认可组织为改进其职业健康安全状况所作出的努力。

协商的内容包括员工参与职业健康安全方针、目标、计划、制度的制定、评审，参与危险源辨识、评价与控制措施和事故调查处理等事务，从而体现员工在职业健康安全方面的权利和义务。

4. 文件（4.4.4）

组织应以适当的媒介（如：纸或电子形式）建立并保持下列信息：
（1）描述管理体系核心要素及其相互作用；
（2）提供查询相关文件的途径。
注：重要的是，按有效性和效率要求使文件数量尽可能少。

职业健康安全管理体系文件在满足充分性和有效性的前提下，应作到最小化。

以文件的形式描述组织的职业健康安全管理体系，并提供相关文件的查询途径，形成一套职业健康安全管理文件系统，全面支持现有的职业健康安全管理体系，为组织的内部管理和外部审核提供依据。

职业健康安全管理体系文件的内容应足够详尽，能充分描述职业健康安全管理体系的核心要素，以及它们之间相互作用情况。

组织在编写职业健康安全管理体系文件时，应与组织原有的管理体系文件相兼容，并具有可操作性。建议把职业健康安全管理体系文件也分成三个层次，即管理手册、程序文件和作业文件。但职业健康安全管理体系并不严格地要求组织拥有管理手册，也不支持采用复杂的文件系统。

为了便于管理使用和外部审核，各层次文件间应指出查询途径。

建立和保持职业健康安全管理体系文件可以采用传统的书面文件形式，也可以采用先进的电子媒体形式，还可两种形式并存。

制定和建立文件时应对职业健康安全管理体系的文件的需求进行评审，应考虑，①员工的安全知识和技能；②文件的价值；③审核的需要；④若某一过程或活动会因没有文件而导致事故或不符合发生则必须制定文件。

5. 文件和资料控制（4.4.5）

组织应建立并保持程序，控制本标准所要求的所有文件和资料，以确保：
（1）文件和资料易于查找；
（2）对文件和资料进行定期评审，必要时予以修订并由被授权人员确认其适宜性；

（3）凡对职业健康安全体系的有效运行具有关键作用的岗位，都可得到有关文件和资料的现行版本；

（4）及时将失效文件和资料从所有发放和使用场所撤回，或采取其他措施防止误用；

（5）对出于法规和（或）保留信息的需要而留存的档案文件和资料予以适当标识。

职业健康安全管理体系运行和职业健康安全活动的所有重要文件和资料均应予以控制。

对职业健康安全管理体系文件的管理，如文件的标志、分类、归档、保存、更新、处置等，是文件控制的主要内容。文件的保存要有一定场所，有专人保管，并有一套机制保证文件的时效性。过期作废的文件要及时收回处置，新的文件要及时到达使用者手中。为了实施对文件和资料的控制，除管理手册和程序文件外，还应有适当的支持文件。组织可结合自己的特点和需要制订如受控文件登记表、文件修改登记表、收发文件登记表等。文件控制在 ISO 9000 系列中已有较严格的要求，可参照执行。

另一方面，职业健康安全管理体系侧重对体系的运行和危险因素的有效控制，而不是建立过于烦琐的文件控制系统，在建立体系和运行体系中要注重实施。

6. 运行控制（4.4.6）

组织应识别与所认定的、需要采取控制措施的风险有关的运行和活动。组织应针对这些活动（包括维护工作）进行策划，通过以下方式确保它们在规定的条件下执行：

（1）对于因缺乏形成文件的程序而可能导致偏离职业健康安全方针、目标的运行情况，建立并保持形成文件的程序；

（2）在程序中规定运行准则；

（3）对于组织所购买和（或）使用的货物、设备和服务中已识别的职业健康安全风险，建立并保持程序，并将有关的程序和要求通报供方和合同方。

（4）建立并保持程序，用于工作场所、过程、装置、机械、运行程序和工作组织的设计，包括考虑与人的能力相适应，以便从根本上消除或降低职业健康安全风险。

OHSMS 标准要求组织确定与风险有关且需要采取控制措施的作业和活动，对其建立相应的文件化的程序，并予以有效控制，确保其运行不偏离职业健康安全方针、目标和指标。

运行控制是指按照目标、指标及有关程序控制职业健康安全管理体系的运转，保证体系有效运行。组织对具体生产操作，尤其是那些容易引起差错可能引发重大事故的活动，应制定相应的程序和作业指导书予以规范和控制，明确规定运行标准和要求。如产生操作的关键部位和工序应制定严格的作业指导书，告诉操作人员怎样才是正确的操作，不正确的操作可能造成怎样的危害。

组织不仅要对自身的危险因素予以考虑，也要对相关方的危险因素给予关注。这就要求对承包方、供方提出要求，制定程序，使承包方按照组织职业健康安全方针和程序规定从事作业活动。在承包方出现错误行为时，组织应以合同的约定对其实行纠正、处罚、撤销合同等管理措施。

为从根本上消除或降低职业健康安全风险，对于作业场所、工艺过程、装置、机械、运行程序和工作组织的设计，包括考虑它们与人的能力的适应，建立有效的管理程序。

运行控制是职业健康安全管理体系实际的操作过程，也是逐步实现目标、指标的过程，其三个要素是控制、检查、不符合与纠正措施。运行控制的内容包括：

①工作场所危险源辨识与评价；
②产品和工艺设计安全；
③作业许可制度（有限空间、动火、挖掘等）；
④设备维护保养；
⑤安全设备与个体防护用品；
⑥安全标志；
⑦物料搬运与储存；
⑧运输安全；
⑨采购控制；
⑩供应商与承包商评估与控制等。

7. 应急准备和响应（4.4.7）

组织应建立并保持计划和程序，以识别潜在的事件或紧急情况，并作出响应，以便预防和减少可能随之引发的疾病和伤害。

组织应评审其应急准备和响应的计划和程序，尤其是在事件或紧急情况发生后。

如果可行，组织还应定期测试这些程序。

应急准备和响应计划应该与组织的规模和活动的性质相适应，并符合下列要求：

（1）保证在作业场所发生紧急情况时，能提供必要的信息、内部交流和协作以保护全体人员的健康安全；

（2）通知并与有关当局、近邻和应急响应部门建立联系；

（3）阐明急救和医疗救援、消防和作业场所内全体人员的疏散问题。

OHSMS标准要求组织应制定并保持处理意外事故和紧急情况的程序。程序的制定应考虑在异常、事故发生和紧急情况下的事件，尤其是火灾、爆炸、毒物泄漏等重大事故，并规定如何预防事故的发生，并在事故发生时作出响应，减少影响。这类程序应定期检验、评审和修订。组织对可能的重大事故必须按有关规定制定场内应急计划，并协助制定场外应急计划。

要求组织明确潜在的紧急情况，采取预防措施，制定出现紧急情况下的反应程序。具体内容如下：

（1）知道会有什么样的紧急状态，并做好预防措施；
（2）知道发生紧急情况后如何处理；
（3）对采取的纠正措施及程序的更改要予以记录；
（4）对程序要求进行练习和检验。

组织对每一个重大危险设施都应有一个现场应急计划。应急计划的内容包括：①可能的事故性质、后果；②与外部机构的联系（消防、医院等）；③报警、联络步骤；④应急指挥者、参与者的责任、义务；⑤应急指挥中心地点、组织机构；⑥应急措施等。

五、检查和纠正措施（4.5）

检查和纠正措施如图2-7所示。

检查和纠正措施阶段包括：绩效测量和监视；事故、事件、不符合、纠正和预防措

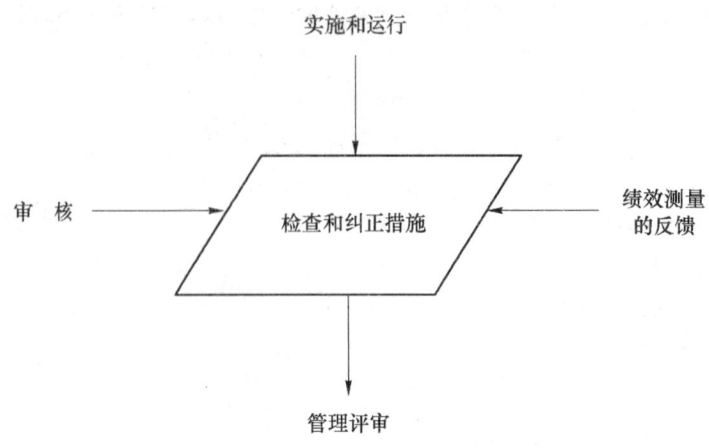

图 2-7 检查和纠正措施

施;记录和记录管理;审核。

1. 绩效测量和监视 (4.5.1)

组织应建立并保持程序,对职业健康安全绩效进行常规监视和测量。程序应规定:

——适合组织需要的定性和定量测量;

——对组织的职业健康安全目标的满足程度的监视;

——主动性的绩效测量,即监视是否符合职业健康安全管理方案、运行准则和适用的法规要求;

——被动性的绩效测量,即监视事故、疾病、事件和其他不良职业健康安全绩效的历史证据;

——记录充分的监视和测量的数据和结果,以便于后面的纠正和预防措施的分析。

如果绩效测量和监视需要设备,组织应建立并保持程序,对此类设备进行校准和维护,并保存校准和维护活动及其结果的记录。

标准强调监视和测量是职业健康安全管理体系的关键活动,它确保了组织按照其职业健康安全管理方案的实施与运行开展工作。一是对组织从事的活动进行监测,OHSMS 标准要求组织对重大的危险因素进行监测,保持它们始终处于受控状态,当然也要包括对监测设备的校准和维护;二是对监测结果的评价,要与国家的职业健康安全标准、法律、法规和组织的职业健康安全目标、指标进行跟踪比较,考查组织活动的符合性。

绩效测量和监视的方法包括,①作业场所安全检查与巡视;②设备、设施安全检查、监控;③作业环境监测;④安全行为、管理水平的监测、评估;⑤事故、事件、职业病统计分析;⑥产品安全检查;⑦记录检查等。

监视与测量活动,都要求有相应的程序予以保证,工作人员应知道如何进行例行的监测工作,如何对使用的监测设备、仪器进行维护,如何参照标准进行评价,何时将出现的问题上报给上级和相应的部门等。主动测量是指超前的、积极的预防性监测;被动测量是指反应性的、必须的测量。例如:

①使用预防性监测检查组织的职业健康安全活动的符合性,例如,通过监测职业健康安全检验的频次和有效性。

②使用事后性监测调查、分析和记录职业健康安全管理体系的失败,包括事故、未遂

过失、职业病和财产损失案例。

2. 事故、事件、不符合、纠正和预防措施（4.5.2）

组织应建立并保持程序，确定有关的职责和权限，以便：

（1）处理和调查：

——事故；

——事件；

——不符合。

（2）采取措施减小因事故、事件或不符合而产生的影响；

（3）采取纠正和预防措施，并予以完成；

（4）确认所采取的纠正和预防措施的有效性。

这些程序应要求，对于所有拟定的纠正和预防措施，在其实施前应先通过风险评价过程进行评审。

为消除实际和潜在不符合原因而采取的任何纠正或预防措施，应与问题的严重性和面临的职业健康安全风险相适应。

组织应实施并记录因纠正和预防措施而引起的对形成文件的程序的任何更改。

当体系出现偏差和不符合法律、法规要求及组织的方针、目标和指标时，要求采取纠正措施以避免再次发生类似现象。对发生的事故要严格按国家法律、法规和标准进行调查、处理，做到"四不放过"。对不符合现象的处理包括：

（1）查明产生不符合的原因；

（2）采取纠正和预防措施；

（3）修改原有的程序；

（4）对不符合和纠正预防措施进行记录。

3. 记录和记录管理（4.5.3）

组织应建立并保持程序，以标识、保存和处置职业健康安全记录以及审核和评审结果。

职业健康安全记录应字迹清楚、标识明确，并可追溯相关的活动。职业健康安全记录的保存和管理应便于查阅，避免损坏、变质或遗失。应规定并记录其保存期限。

应按照适于体系和组织的方式保存记录，用于证实符合本标准的要求。

记录是职业健康安全管理体系中不可缺少的部分。只有把组织真实的职业健康安全活动予以记录，才能清晰地了解管理体系的运行情况。组织应对记录实施程序化管理，记录的管理包括记录的标志、收集、编目、归档、储存、维护、查阅、保管和处置等。记录应具有可追溯性，清晰可辨，记录的管理应便于查阅、避免损坏、变质和丢失。

记录的标识、收集、编目、归档、储存、维护、查阅、保管和处置，是记录管理的重要内容。

应予以保持的记录包括：①培训记录；②职业健康安全检验记录；③审核报告；④协商记录；⑤事故及事件报告；⑥事故及事件跟踪报告；⑦职业健康安全会议记录；⑧医疗测试；⑨健康监测；⑩个体防护设备发放和个体防护设备维护记录；⑪应急响应演习；⑫管理评审；⑬危险辨识记录；⑭危险评价记录；⑮危险控制记录。

记录应体现可追溯性，并便于掌握事件的真实面目。记录应作到字迹清楚，标志明确。保存记录场所应避免记录损坏、变质和遗失，保管方法便于存取、检索、查阅。

4. 审核（4.5.4）

组织应建立并保持审核的方案和程序，定期开展职业健康安全管理体系审核，以便：

（1）确定职业健康安全管理体系是否：

1）符合职业健康安全管理的策划安排，包括满足本标准的要求；

2）得到了正确实施和保持；

3）有效地满足组织的方针和目标。

（2）评审以往审核的结果；

（3）向管理者提供审核结果的信息。

审核方案，包括日程安排，应基于组织活动的风险评价结果和以往审核的结果。审核程序应既包括审核的范围、频次、方法和能力，又包括实施审核和报告审核结果的职责和要求。

如果可能，审核应由与所审核活动无直接责任的人员进行。

注："这里"无直接责任的人员"并不意味着必须来自组织外部。

审核分为内部审核和外部审核两类。内部审核是组织的自我审核，也称为第一方审核。第二方审核是顾客或需方对供方的审核，第三方审核是指具有国家认可资格的审核机构对申请认证的组织进行的审核。第二方、第三方审核也称外部审核。内部审核与外部审核在审核的目的、依据、类型、结果、执行者等方面均不相同。

标准明确要求组织应对其职业健康安全管理体系定期进行内部审核，以确定体系是否符合计划的安排，是否得到正确的实施和保持。

内部审核的目的是评价体系的符合性、有效性，依据是 OHSMS 标准、组织制定的 OHSMS 文件。内部审核应有计划系统地进行，每年都应制定全年审核计划。内部审核可集中一段时间进行，也可以逐要素、逐部门进行。一般体系建立和运行初期审核次数应多些，当体系结构有重大变化或发生严重事故时，要及时审核。

内部审核的效果，很大程度上取决于审核人员的技能和知识，因此，内部审核人员应经过培训和资格认可，内部审核应由与审核对象无直接责任的人员进行。审核前要做好准备，包括组成审核组，制定检查表等。要记录审核结果，提出审核报告、不符合及纠正措施建议，并通知被审核部门的负责人，对不符合负有责任的单位和人员应及时采取纠正措施，内审员要进行跟踪检查，以确认不符合项确实得到纠正。内部审核一般都采用抽样的方法，抽样既要确保一定的数量，又要有一定的代表性。

内部审核是组织的自查过程，目的是对组织的职业健康安全管理体系运行情况进行评价，了解制定的计划和程序是否得到了正确的贯彻，程序文件是否符合标准要求，并把审核结果上报给各层管理者，以此来促进组织职业健康安全管理体系的完善与提高。内部审核是职业健康安全管理体系监控机制中不可缺少的一个重要环节，是发现问题、解决问题和改进体系的重要手段。组织只有完成了内部审核之后才可以进行管理评审，直至申请外部审核。

六、管理评审（4.6）

管理评审如图 2-8 所示。

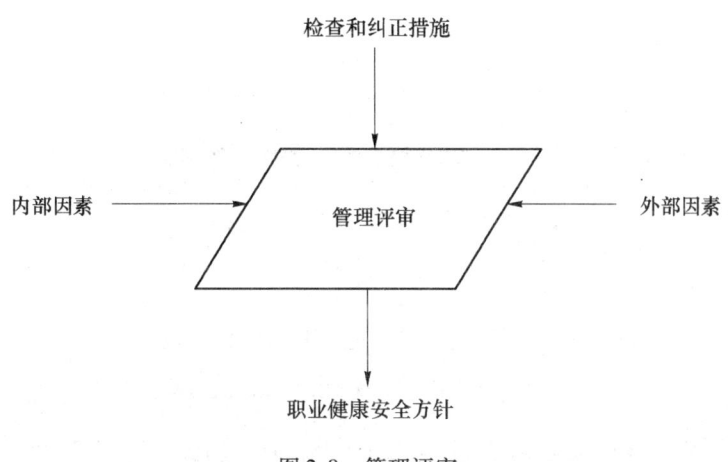

图 2-8　管理评审

组织的最高管理者应按规定的时间间隔对职业健康安全管理体系进行评审，以确保体系的持续适宜性、充分性和有效性。管理评审过程应确保收集到必要的信息以供管理者进行评价。管理评审应形成文件。

管理评审应根据职业健康安全管理体系审核的结果、环境的变化和对持续改进的承诺，指出可能需要修改的职业健康安全管理体系方针、目标和其他要素。

评审工作应形成文件，并将有关结果向负责职业健康安全管理体系相关要素的人员、职业健康安全委员会、员工及其代表通报，以便他们能采取适当措施。

组织的最高管理者应定期组织管理评审，对职业健康安全管理体系的适用性、充分性和有效性作出判断，从而实现组织对持续改进的承诺。管理评审前应收集到足够和必要的信息，如内审的结果、外部要求的变化等。

管理评审的内容包括：①内部审核报告；②方针、目标、计划（方案）及其实施情况；③事故调查、处理情况；④不符合、纠正和预防措施落实情况；⑤现有的危险源辨识、风险评价和风险控制过程的适宜性，现有措施的有效性；⑥相关方的投诉、建议及要求；⑦实施管理体系的资源（人、财、物）是否适宜；⑧体系要素及相应文件是否修订；⑨对体系符合性、有效性的评价等。

管理评审的完成并不意味着体系运行的终结，而是下一个运行过程的开始。通过管理评审形成新的目标和指标，制定新的职业健康安全管理方案，并对所确定的危险因素实施控制和管理，实现新的一轮持续改进。

管理评审工作应形成评审的结果、结论或建议。这些结果与建议都应在评审后予以落实，加以实施。评审过程应形成记录。

第三章 环境管理体系标准
（GB/T 24001—2004/ISO 14001：2004）

第一节 GB/T 24001—2004/ISO 14001：2004 标准的构成、基本结构及运行模式

随着人类环境意识的普遍提高和各国政府严格的环境立法和依法监督，促使世界上许多国家的企业都先后按照环境管理标准建立了环境管理体系并进行环境控制。

GB/T 24001：2004（ISO 14001：2004）环境管理体系标准的目的是为组织规定有效的环境管理体系的要求，以帮助组织实现自己的环境目标和经济目标。其内容既是组织建立环境管理体系的依据，又是对环境管理体系进行审核时的判别准则。组织是否实施、是否申请认证等则由组织自主决定，不以行政或其他方式强迫组织实施。

本标准除了要求组织在方针中对遵循有关法律、法规，实施污染预防和进行持续改进作出承诺外，未提出对环境表现的绝对要求，因此它不仅适用于任何类型与规模的组织，而且适用于各种地理、文化和社会条件的组织。

一、ISO 14000 系列标准的构成

ISO 14000 是一套系列标准，ISO 14000 是这个系列标准的总代号。

ISO/TC 207 从 1996 年 9 月开始到 1999 年 10 月先后发布了 13 个环境方面的标准，如表 3-1 所示，其中 12 个属于环境管理体系和环境审核方面的标准，已等同转化为我国的国家标准，标准代号为 GB/T 24000。在这套系列标准中，GB/T 24001—2004/ISO 14001：2004 标准是《环境管理体系 要求及使用指南》，属于组织建立环境管理体系的标准。

表 3-1 已经正式颁布的 ISO 14000 系列国际标准（截止到 1999 年末）

序号	标准序列号	标准名称	备注
1	ISO 导则 64	产品标准中的环境因素导则	1997 年 3 月正式颁布实施 本标准旨在帮助产品标准的编制者确定产品标准中的环境因素
2	ISO 14001	环境管理体系 要求及使用指南	1996 年 9 月正式颁布实施 本标准规定了对那些用于自我声明或第三方认证/注册目的的可以进行客观审核的一个环境管理体系的要求
3	ISO 14004	环境管理体系 原则、体系和支持技术通用指南	1996 年 9 月正式颁布实施 为组织建立和实施一个环境管理体系提供指南

续表

序号	标准序列号	标 准 名 称	备 注
4	ISO 14010	环境审核指南 通用原则	1996年10月正式颁布实施 本标准提供了环境审核的通用原则
5	ISO 14011	环境审核指南 审核程序 环境管理体系审核	1996年10月正式颁布实施 本标准提供了进行环境管理体系审核的程序，包括审核组成与选择标准
6	ISO 14012	环境审核指南 审核员资格要求	1996年10月正式颁布实施 本标准提供了内部和外部环境审核员及审核组长的资格要求
7	ISO 14020	环境标志和声明 通用原则	1998年8月正式颁布实施 本标准提供了有关制定环境声明的导则及标志的通用原则
8	ISO 14021	环境标志和声明 自行声明的环境申诉（Ⅱ型环境标志）	1999年10月正式颁布实施
9	ISO 14024	环境标志和声明 Ⅰ型环境标志和声明 原则与程序	1999年4月正式颁布实施 本标准提供了用于Ⅰ型环境标志的三方认证的程序和原则
10	ISO 14031	环境管理 环境绩效评估指导纲要	1999年10月正式颁布实施
11	ISO 14040	环境管理 生命周期评价 原则与指南	1997年6月正式颁布实施 本标准提供了生命周期分析的主要内容、方法和应用领域
12	ISO 14041	环境管理 生命周期评价 目标和范围的界定及清单分析	1998年10月正式颁布实施 本标准提供了确定生命周期分析法的目标和范围的导则，并提供了如何进行生命周期"清单分析"的指南
13	ISO 14050	术语和概念 术语使用原则指南	1998年5月正式颁布实施 本标准旨在帮助一个组织理解用于ISO 14000系列标准的术语与定义

二、GB/T 24001—2004/ISO 14001：2004《环境管理体系 要求及使用指南》的基本结构和运行模式

（一）环境管理体系规范的总体结构

环境管理体系的基本结构也是由5个一级要素和17个二级要素构成的，如图3-1和表3-2所示。

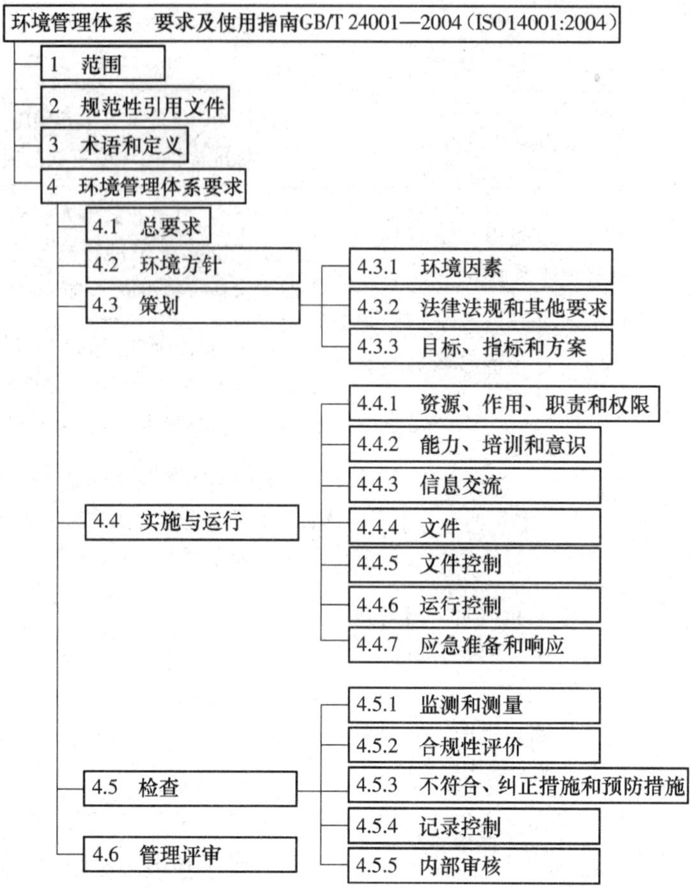

图 3-1　环境管理体系规范总体结构图

表 3-2　环境管理体系一、二级要素表

	一级要素	二级要素
要素名称	（一）环境方针（4.2）	1. 环境方针（4.2）
	（二）策划（4.3）	2. 环境因素（4.3.1） 3. 法律法规和其他要求（4.3.2） 4. 目标、指标和方案（4.3.3）
	（三）实施与运行（4.4）	5. 资源、作用、职责和权限（4.4.1） 6. 能力、培训和意识（4.4.2） 7. 信息交流（4.4.3） 8. 文件（4.4.4） 9. 文件控制（4.4.5） 10. 运行控制（4.4.6） 11. 应急准备和响应（4.4.7）
	（四）检查（4.5）	12. 监测和测量（4.5.1） 13. 合规性评价（4.5.2） 14. 不符合、纠正措施和预防措施（4.5.3） 15. 记录控制（4.5.4） 16. 内部审核（4.5.5）
	（五）管理评审（4.6）	17. 管理评审

17个要素的相互联系、相互作用共同有机地构成环境管理体系的一个整体，如图3-2所示。

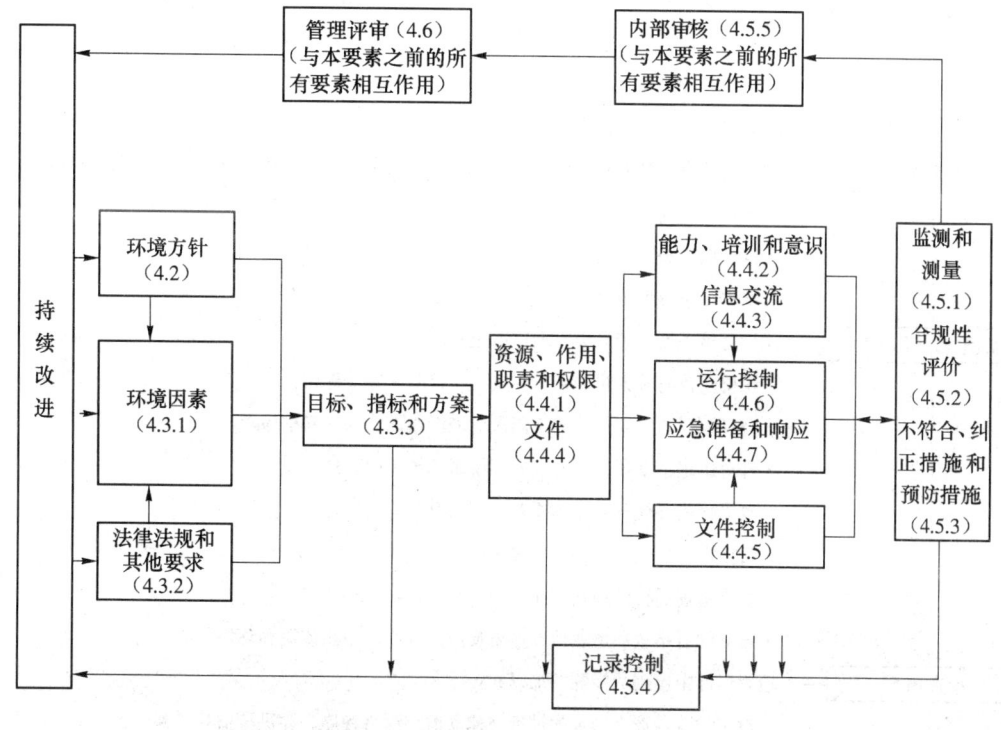

图3-2 环境管理体系要素关系图

（二）环境管理体系的运行模式

环境管理体系结构和运行框图如图3-3所示，整个环境管理体系的运作是从确立"环境方针"开始的（虽然有许多前期工作，那也是为制定方针做准备，如初始环境评审、环境因素的确定和环境影响评价等）；随后进行的是"策划"，即对如何实现环境方针的策划；"实施与运行"则是对策划的实施并使环境管理体系投入运行；"检查"是保持和改进环境管理体系的措施；最后的"管理评审"是对整个循环过程的总结，发现问题及时纠正，如果发现环境方针和目标方面存在问题，则需要提出修改方针的任务，循环到此告一段落。然后通过方针、目标等的修订，又开始了新的循环，如此周而复始永无止境，使组织的环境状况随着每次目标的实现而改善和提高。

环境管理体系的运行形态、模式也采用了类似质量管理的PDCA循环。在环境管理体系运行模式中，方针和策划相当于P（planning）阶段，实施与运行相当于D（do）阶段，检查相当于C（checking）阶段，管理评审相当于A（action）阶段。这实际上是借鉴了质量管理的成功经验，使环境管理体系结构合理、逻辑关系清楚、目的明确、要素简练、普遍适用。

环境管理体系模式图（图3-4）形象、直观地表达了环境管理体系的构成要素和各要素之间的关系以及环境管理体系的运行和持续改进的动态过程。

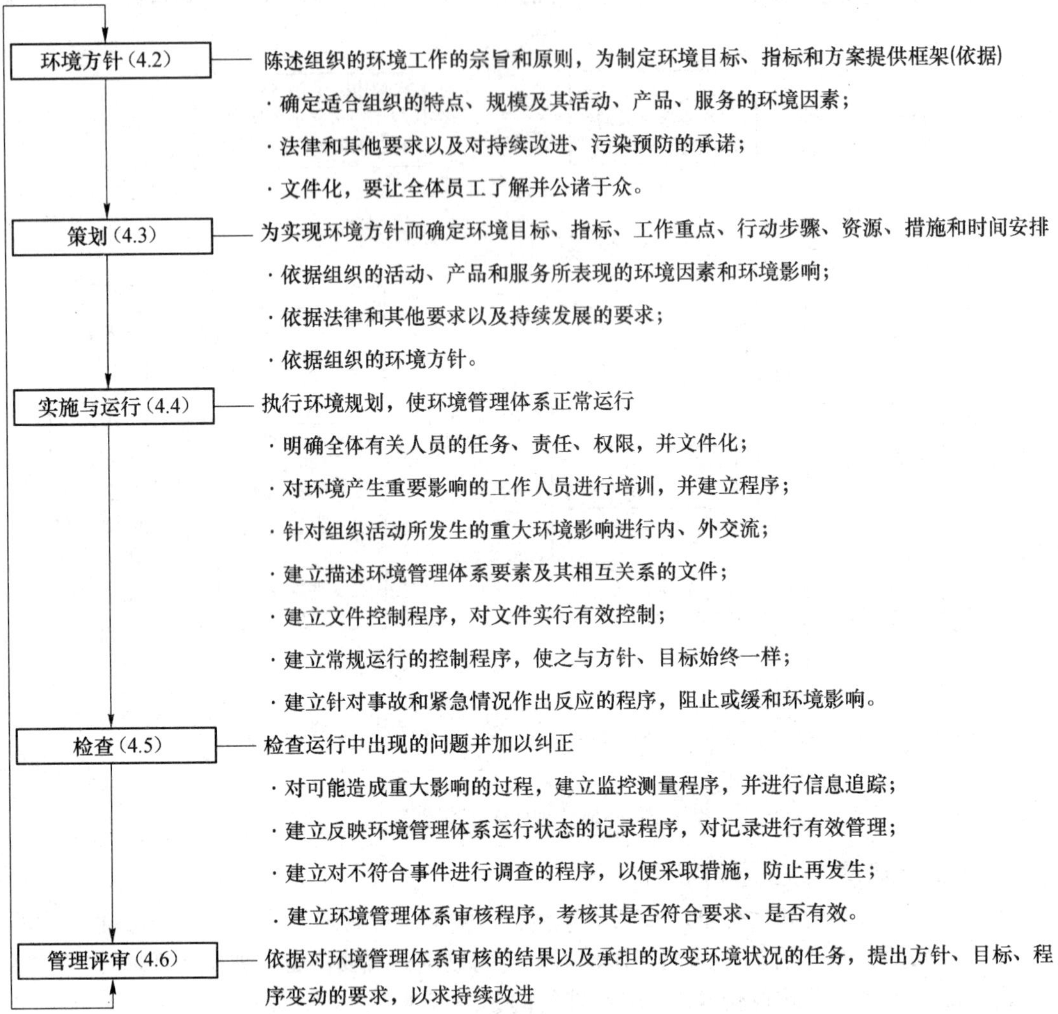

环境方针（4.2）
陈述组织的环境工作的宗旨和原则，为制定环境目标、指标和方案提供框架(依据)
· 确定适合组织的特点、规模及其活动、产品、服务的环境因素；
· 法律和其他要求以及对持续改进、污染预防的承诺；
· 文件化，要让全体员工了解并公诸于众。
策划（4.3）
为实现环境方针而确定环境目标、指标、工作重点、行动步骤、资源、措施和时间安排
· 依据组织的活动、产品和服务所表现的环境因素和环境影响；
· 依据法律和其他要求以及持续发展的要求；
· 依据组织的环境方针。
实施与运行（4.4）
执行环境规划，使环境管理体系正常运行
· 明确全体有关人员的任务、责任、权限，并文件化；
· 对环境产生重要影响的工作人员进行培训，并建立程序；
· 针对组织活动所发生的重大环境影响进行内、外交流；
· 建立描述环境管理体系要素及其相互关系的文件；
· 建立文件控制程序，对文件实行有效控制；
· 建立常规运行的控制程序，使之与方针、目标始终一样；
· 建立针对事故和紧急情况作出反应的程序，阻止或缓和环境影响。
检查（4.5）
检查运行中出现的问题并加以纠正
· 对可能造成重大影响的过程，建立监控测量程序，并进行信息追踪；
· 建立反映环境管理体系运行状态的记录程序，对记录进行有效管理；
· 建立对不符合事件进行调查的程序，以便采取措施，防止再发生；
. 建立环境管理体系审核程序，考核其是否符合要求、是否有效。
管理评审（4.6）
依据对环境管理体系审核的结果以及承担的改变环境状况的任务，提出方针、目标、程序变动的要求，以求持续改进

图 3-3　环境管理体系结构和运行框图

持续改进
环境方针
管理评审
策划
检查
实施与运行

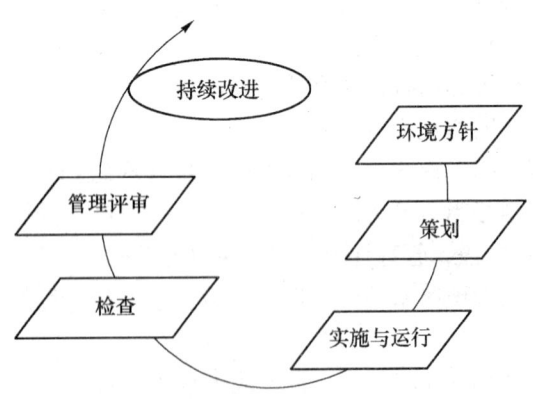

图 3-4　环境管理体系模式

第二节　环境管理体系基本术语

GB/T 24001—2004/ISO 14001：2004 给出了 20 个与环境管理有关的常用术语，应正确理解这些术语的含义。

1. 审核员（auditor）

有能力实施审核的人员。

审核员是指有资格实施审核并能胜任的人员。

审核工作应由与被审核领域或无直接责任并取得审核员资格的人员担任。

2. 持续改进（continual improvement）

不断对环境管理体系进行强化的过程，目的是根据组织的环境方针，实现对整体环境绩效的改进。

注：该过程不必同时发生于活动的所有方面。

持续改进是以组织的环境方针为依据，使环境管理体系的核心要素周而复始地按照类似 PDCA 循环的模式运行，在实现其管理功能的同时，也在运行中不断得到强化。通过对体系的不断修正和完善，达到改进环境行为的目标。

组织的环境因素有轻有重，环境目标有主有次，改进项目也有先有后，所以改进过程是渐进的、有步骤的、持续的。

3. 纠正措施（corrective action）

为消除已发现的不符合的原因所采取的措施。

纠正措施是为了消除已经发现的不合格的原因而采取的措施。

采取纠正措施是为了防止不合格的再次发生，而采取预防措施是为了防止不合格的发生。

4. 文件（document）

信息及其承载媒体。

注：媒体可以是纸张，计算机磁盘、光盘或其他电子媒体，照片或标准样品，或它们的组合。

管理体系文件和记录是管理体系的一个重要组成部分。

管理体系文件按其作用可分为法规性文件和见证性文件两类。法规性文件是用以规定管理工作的原则，阐述管理体系的构成，明确有关部门和人员的职能，规定各项活动的目的要求、内容和程序的文件。管理体系的见证性文件是用以表明管理体系的运行情况和证实其有效性的文件（如记录、报告等），这些文件记载了管理体系各要素的实施情况和状态，是管理体系运行的见证。

文件可以采用纸张、计算机磁盘、光盘、照片作为媒体，或采用其他电子媒体，或采用上述媒体的组合形式。

5. 环境（environment）

组织运行活动的外部存在，包括空气、水、土地、自然资源、植物、动物、人，以及它们之间的相互关系。

注：从这一意义上，外部存在从组织内延伸到全球系统。

空气、水、土地、自然资源、植物、动物、人等因素是组织运行活动时的一种客观的外部存在，它们共同组成一个有着相互联系、相互转化、相互作用的复杂系统，而且随着组织运行活动的开展，它们相互之间的关系也在不断变化。

所以，环境是指组织运行活动时围绕其周边的空气、水、土地、自然资源、植物、动物、人等客观外部因素及它们相互之间的关系。

环境问题不能被简单地认为是某一组织的问题，诸如大气污染、海洋污染、臭氧层破坏之类的问题，都是全球关注的问题。从这个意义上讲，"外部存在"可以从组织内部延伸到全球系统。所以，在考虑环境问题时，不仅包括组织内部和组织外部的周边事物，还应扩展到全省、全国、全人类。

6. 环境因素（environmental aspect）

一个组织的活动、产品和服务中能与环境发生相互作用的要素。

注：重要环境因素是指具有或能够产生重大环境影响的环境因素。

组织向社会提供的是产品或服务，它们都是活动或过程的结果。

组织在向社会提供的产品或服务的活动或过程中，都可能对环境发生作用，例如，资源和能源的消耗，生产过程中有毒、有害气体的排放，含有害物质废水的排放，植被破坏或植树造林绿化荒山等，都属于与环境发生相互作用的要素，也就是环境因素。

环境因素和环境影响之间的关系是因果关系，能产生重大环境影响的环境因素称为重要环境因素。

7. 环境影响（environmental impact）

全部或部分地由组织的环境因素给环境造成的任何有害或有益的变化。

环境影响是由环境因素引起的环境变化。这种变化可能是有害的，也可能是有益的。如"环境因素"中的向大气排放有毒、有害气体，所造成的后果是空气被污染、损害人体健康，受到损害是属于造成环境有害变化的因素；而植树造林绿化荒山的作用是使环境质量改善，这种变化有益于人类的健康和生活，所以是属于造成环境有益变化的因素。

所以，环境影响是指组织在向社会提供产品或服务的活动或过程中，所造成的全部或部分有益的或有害的影响。

8. 环境管理体系（environmental management system，EMS）

组织管理体系的一部分，用来制定和实施其环境方针，并管理其环境因素。

注1：管理体系是用来建立方针和目标，并进而实现这些目标的一系列相互关联的要素的集合。

注2：管理体系包括组织结构、策划活动、职责、惯例、程序、过程和资源。

环境管理体系是由环境方针、策划、实施和运行、检查和纠正措施及管理评审的5个一级要素和17个二级要素组成的有机整体，这些要素相互关联、相互作用。这个环境管理体系又是组织整个（全面）管理体系的一个组成部分。

环境管理体系的诸要素中，环境方针是起主导作用的要素。为了保证这些要素（活动）的实施，需要建立相应的组织机构、承担相应的职责、配置必要的资源、规划相关的活动和过程、制定和实施必要的程序和惯例等。

环境管理体系是这些要素系统的组织和有机的结合，使之循环运转、螺旋上升，达到持续改进的目的。

9. 环境目标（enviromental objective）

组织依据其环境方针规定的自己所要实现的总体环境目的。

环境目标是依据环境方针制定的，是组织期望实现的总体环境目的。

组织在制定环境目标时，除应充分考虑落实环境方针外，还应考虑环境评审结果、已确定的环境因素（尤其是重大环境因素），法律、法规和其他相关要求以及技术、经济、运行和经营等方面的情况，使所定目标切实可行。

目标应尽可能量化并运用环境表现参数来表达，以便目标分解和考核。环境目标应定期评审、修订。

10. 环境绩效（enviromental performance）

组织对其环境因素进行管理所取得的可测量结果。

注：在环境管理体系条件下，可对照组织的环境方针、环境目标、环境指标及其他环境绩效要求对结果进行测量。

环境绩效又可称为环境表现或环境行为。

环境绩效是组织依据所制定的环境方针、环境目标和指标对环境因素进行控制所得到的结果，也就是组织的环境管理体系运行的结果。

组织应定期监测环境绩效，用以判定所确立的目标、指标以及环境管理方案是否切实可行、环境管理体系是否合理、有效。

11. 环境方针（environmental policy）

由最高管理者就组织的环境绩效正式表述的总体意图和方向。

注：环境方针为采取措施，以及建立环境目标和环境指标提供了一个框架。

环境方针是组织总方针的一个组成部分，由组织的最高管理者制定并正式颁布。它既是组织开展环境管理工作的方向、意图和原则的公开声明，又是组织内部实施环境管理体系的指导思想和行为准则。

环境方针应包括对遵守法规、持续改进和污染预防的承诺，并为采取环境治理措施、建立和评审环境目标和指标提供了一个框架。环境方针对外可以树立组织的形象，对内可以起到提高全体职工的环境意识，并成为组织指导环境管理工作的纲领。

12. 环境指标（enviromental target）

由环境目标产生，为实现环境目标所须规定并满足的具体的绩效要求，它们可适用于整个组织或其局部。

组织不仅应依据环境目标确定环境指标，还应对整个组织的环境绩效作出具体规定和时限要求，以确保在规定时间内环境目标的实现，还应将指标分解落实到相关层次直到相关岗位或人员。

环境指标应尽可能量化，使其具有可测量性。

13. 相关方（interested party）

关注组织的环境绩效或受其环境绩效影响的个人或团体。

相关方可以是团体，也可以是个人。他们的共同特点是关注组织的环境绩效，或受到组织环境绩效的影响。

受组织环境绩效影响的相关方和与组织环境绩效的改善具有较为密切的关系，可能造成其经济或生活质量损失的相关方有，与组织相邻的，如工厂、周围的居民、下风向的企业等；与组织的经营生产活动相关的，如股东、供应方、客户、员工等。

关注组织环境行为的相关方还可包括，银行、信贷、政府部门（如规划部门、环境部门等）、环境保护组织等。某种意义上讲，组织的相关方可以是整个社会。

14. 内部审核（internal audit）

客观地获取审核证据并予以评价，以判定组织对其设定的环境管理体系审核准则满足程度的系统的、独立的、形成文件的过程。

注：在许多情况下，尤其是对于小型组织，独立性可通过与所审核活动无责任关系来体现。

"证据"通常又叫"审核证据"，它是指关于事实的可验证的信息、记录和陈述。审核证据是审核员在现场审核时获得的、用以对环境管理体系及相关要素是否符合要求进行判定的客观证明材料。它可以是某种信息或记录，也可以是对某事项的陈述。

"审核准则"是审核员将所获得的审核证据与之对比作出判断的依据，是审核实施前由审核组与委托方共同商定的。通常作为审核准则的有，规范、指南、法律、法规和组织的要求等。

环境管理体系审核需要制定文件化的程序，以保证审核活动的系统性、一致性和客观公正性。审核的结果应呈报给管理者，作为管理评审的依据。

15. 不符合（nonconformity）

未满足要求。

不符合也可称为不合格。

要求包括明示的要求和隐含的要求。明示的要求一般是指需方提出明确的需要或要求，通常是通过法律、合同、标准、规范、图纸、技术文件作出明文规定，由供方保证实现。隐含要求是指需方未提出要求，而需要供方通过调研进行识别或探明的需要或要求。

因此，未满足明示要求和隐含要求的情况即可称为不符合或不合格。

16. 组织（organization）

具有自身职能和行政管理的公司、集团公司、商行、企事业单位、政府机构、社团或其结合体，或上述单位中具有自身职能和行政管理的一部分，无论其是否具有法人资格、公营或私营。

注：对于拥有一个以上运行单位的组织，可以把一个运行单位视为一个组织。

组织都必须有其自身职能，即从事某种活动、生产某类产品或提供某种服务；同时也应具有其自身的行政管理能力，能够管理、控制、改变这些活动、产品或服务，使其完成规定的职能。

组织是指具有自身职能和行政管理能力的集团公司、商行、企业、政府机构、事业单位，也可能是这些单位的部分或结合体。

17. 预防措施（preventive action）

为消除潜在不符合原因所采取的措施。

预防措施是指为了消除还未发生、但有可能发生的不符合或不合格原因所采取的措施。

18. 污染预防（prevention of pullution）

为了降低有害的环境影响而采用（或综合采用）过程、惯例、技术、材料、产品、服务或能源以避免、减少或控制任何类型的污染物或废物的产生、排放或废弃。

注：污染预防可包括源削减或消除，过程、产品或服务的更改，资源的有效利用，材料或能源替代，再利用、回收、再循环、再生和处理。

污染预防是指为避免或减少有害的环境影响，组织应从产品开发、资源利用、生产活动直到废弃物回收利用等各个环节，采取控制污染和有效利用资源的各种可行的管理手段和技术措施；是环境管理体系处理和解决环境问题的基本原则。

污染预防的原则：不产生污染为最优先选择，其次减少污染产出，最后才采取必要的末端治理，控制污染。

19. 程序（procedure）

为进行某项活动或过程所规定的途径。

注：程序可以形成文件，也可以不形成文件。

程序是为了进行某项活动或过程所规定的途径或步验。程序可以形成文件，也可以不形成文件，当程序形成文件时，通常称为书面程序或形成文件的程序。

管理体系程序是描述实施管理体系过程中所需活动的文件，即程序文件，它是管理体系的重要组成部分。管理体系程序的范围和详细程度取决于组织的规模、过程的复杂程度、方法和相互作用，还有人员素质等因素。

20. 记录（record）

阐明所取得的结果或提供所从事活动的证据的文件。

记录可以说明活动所取得的结果或所从事活动的证据，也可以为管理体系运行的有效性提供客观证据。

组织应保存足够的记录，以便证实符合要求并验证质量管理体系的有效运行，这些记录也能为保持并改进管理体系提供信息。

组织应对记录进行分析，以便为采取纠正和预防措施以及对过程改进提供输入。对记录的分析也可为管理体系的进一步完善提供信息。

第三节 环境管理体系基本要素的内容

GB/T 24001—2004/ISO 14001：2004《环境管理体系 要求及使用指南》的第 4 章是对环境管理体系框架的具体要求。无论是组织环境管理体系的建立，还是认证审核机构对环境管理体系进行审核，都必须符合这些要求，以这些要求为依据。

一、总要求（4.1）

组织应根据本标准的要求建立、实施、保持和持续改进环境管理体系，确定如何实现这些要求，并形成文件。

组织应界定环境管理体系的范围，并形成文件。

"建立"是指从组织决定按 GB/T 24001—2004/ISO 14001：2004 标准要求建立环境管理体系开始，到环境管理体系建成的全过程，包括环境管理体系的策划、目标指标设定、文件编写、机构设置、人员和资源配置及运行等。

"保持"是指环境管理体系建成后，按要求运行，在运行过程中实施监督检查和采取纠正措施，并通过审核和评审促进环境管理体系的持续改进。

组织建立的环境管理体系要符合 GB/T 24001—2004/ISO 14001：2004《环境管理体系 要求及使用指南》的要求，环境管理体系文件要充分描述该章各要素及其相互关系。

环境管理体系建成后要加以保持，即及时调整或采取纠正及预防措施。

二、环境方针（4.2）

最高管理者应确定本组织的环境方针，并在界定的环境管理体系范围内确保其：

（1）适合于组织活动、产品或服务的性质、规模与环境影响；
（2）包括对持续改进和污染预防的承诺；
（3）包括对遵守与其环境因素有关的适用法律法规和其他要求的承诺；
（4）提供建立和评审环境目标和指标的框架；
（5）形成文件，付诸实施，并予以保持；
（6）传达到所有为组织或代表组织工作的人员；
（7）可为公众所获取。

环境方针的制定与实施是最高管理者的职责。

环境方针的内容必须包括"两个承诺和一个框架"。两个承诺是承诺遵守法律及其他要求，承诺持续改进和污染预防；一个框架就是要为环境目标和指标的制定及评审提供框架（依据）。

组织的环境方针应适合于组织的活动、产品或服务的性质、规模与环境影响，并形成文件、向全体职工传达且可为公众所获取（公开性）。

环境方针应定期评审、修订。如果该组织从属于更大的组织，其方针还应符合上级组织的环境方针并得到其认可。

三、策划（4.3）

1. 环境因素（4.3.1）

组织应建立、实施并保持一个或多个程序，用来：

（1）识别其环境管理体系覆盖范围内的活动、产品或服务中能够控制、或能够施加影响的环境因素，此时应考虑到已纳入计划的或新的开发、新的或修改的活动、产品和服务等因素；
（2）确定对环境具有、或可能具有重大影响的因素（即重要环境因素）。

组织应将这些信息形成文件并及时更新。

组织应确保在建立、实施和保持环境管理体系时，对重要环境因素加以考虑。

组织应建立并保持一个或多个程序（建多少以满足要求为准）。程序的作用（功能）是确定环境因素，判定对环境具有重大影响的重要环境因素：

（1）确定环境因素，包括与组织活动、产品或服务相关的、能够控制的以及可望对其施加影响的因素。
（2）在判定环境因素时，要针对组织活动、产品或服务的全过程，分析时要考虑到"三种状态"（正常、异常、紧急）、"三种时态"（过去、现在、将来）和向大气排放、向水体排放、废弃物管理、土地污染、原材料和自然资源的利用、社区性问题和当地其他特殊环境问题。
（3）制定环境目标时应考虑与重大环境影响有关的环境因素。

组织应及时建立和更新环境因素方面的信息（如环境因素清单、重要环境因素清单等），必要时调整环境因素的识别方法和评价依据。

2. 法律法规和其他要求（4.3.2）

组织应建立并保持一个或多个程序，用来：

（1）识别适用于其活动、产品和服务中环境因素的法律法规和其他应遵守的要求，并建立获取这些要求的渠道。

（2）确定这些要求如何用于组织的环境因素。

组织应确保在建立、实施和保持环境管理体系时，对这些适用的法律法规和其他要求加以考虑。

组织应建立并保持与法律法规和其他要求相关的程序，程序的作用是确定适用于本组织活动、产品或服务中环境因素的法律和其他应遵守的要求。

组织还应建立获得上述法律法规和其他要求的渠道，包括对变动信息的跟踪。

"法律法规"是指主要包括国家、地方政府或相关部门制定、颁布的法律、法规、条例、规章、制度等。

"其他要求"是指如产业实施规范、与官方机构的协定、非法规性指南（如国家有关部委发布的规定、通知、标准、行业设计规范）及相关方的要求等。

3. 目标、指标和方案（4.3.3）

组织应针对其内部有关职能和层次，建立、实施并保持形成文件的环境目标和指标。

如可行，目标和指标应可测量。目标和指标应符合环境方针，包括对污染预防、持续改进和遵守适用的法律法规和其他要求的承诺。

组织在建立和评审目标和指标时，应考虑法律法规和其他要求，以及自身的重要环境因素。此外，还应考虑可选的技术方案、财务、运行和经营要求，以及相关方的观点。

组织应制定、实施并保持一个或多个用于实现目标和指标的方案，其中应包括：

（1）规定组织内各有关职能和层次实现目标和指标的职责；

（2）实现目标和指标的方法和时间表。

组织内部各管理层次、各有关部门和岗位均应建立并保持目标和指标（"建立"是指作出规定，"保持"是指执行和更新）。

组织内各层次的环境目标和指标均应形成文件。

组织在建立和评审目标时，应考虑的因素包括：

（1）法律法规和其他要求。组织应在环境方针中承诺遵守法律、法规，这个承诺应在环境目标中落实。如果组织尚存在或潜在违反有关要求的环境因素，在制定目标、指标时应充分考虑这些因素，而且目标、指标的制定也应符合有关要求。

（2）自身的重要环境因素。组织通过评审已识别的重要环境因素，在制定目标、指标时应以这些因素为主攻方向。

所确定的目标、指标应符合组织的规模、经济、技术、经营状况等实际情况，要切实可行。

相关方的观点是指客户、周围居民，特别是受组织环境绩效影响较大的相关方的有关要求，应考虑纳入目标和指标。

组织的目标和指标应与环境方针中的要求相呼应，充分体现环境方针中的承诺（其中包括对污染预防的承诺）。

组织应制定、实施并保持一个或多个旨在实现环境目标和指标的环境管理方案，方案中应包括如下内容：

（1）规定组织的每个有关职能和层次实现环境目标和指标的职责；

（2）实现目标和指标的职责方法和时间表。

如果一个项目涉及到新的开发和新的或修改的活动、产品或服务，就应对有关方案进行修订，以确保环境管理与该项目相适应。

组织应制定一个或多个环境管理方案。环境管理方案的作用是保证环境目标、指标的实现。

根据组织的目标、指标的分解落实情况，环境管理方案也应相应地逐步细化，可以具体到组织运行的基本要素（如岗位），并使各相关层次与职能的环境管理方案与其所承担的目标、指标相对应。

规定实现目标、指标的职责、方法和时间表。

环境管理方案的内容是环境管理方案应随情况变化（如新产品或服务项目的开发、新的或修改的活动、产品或服务）及时作相应修订。

四、实施和运行（4.4）

1. 资源、作用、职责和权限（4.4.1）

管理者应确保为环境管理体系的建立、实施、保持和改进提供必要的资源。资源包括人力资源和专项技能、组织的基础设施，以及技术和财力资源。

为便于环境管理工作的有效开展，应对作用、职责和权限作出明确规定，形成文件，并予以传达。

组织的最高管理者应任命专门的管理者代表，无论他（们）是否还负有其他方面的责任，应明确规定其作用、职责和权限，以便：

（1）确保按照本标准的要求建立、实施与保持环境管理体系；

（2）向最高管理者报告环境管理体系的运行情况以供评审，并提出改进建议。

环境管理体系的有效实施要靠组织的所有部门承担相关的环境职责，所以必须对每一管理层次的任务、职责、权限作出明确规定（目标、指标和环境管理方案都要逐级细化），形成文件并予以传达。

最高管理者应指定管理者代表并明确其任务、职责、权限。管理者代表应做到，对环境管理体系建立、实施、保持负责，向最高管理者报告环境管理体系运行情况——评审、改进的依据。

最高管理者应对环境管理体系的实施提供各种必要的资源。

2. 能力、培训和意识（4.4.2）

组织应确保所有为它或代表它从事被确定为可能具有重大环境影响的工作的人员，都具备相应的能力。该能力基于必要的教育、培训或经历。组织应保存相关的记录。

组织应确定与其环境因素和环境管理体系有关的培训的需求并提供培训，或采取其他措施来满足这些需求。应保存相关的记录。

组织应建立、实施并保持一个或多个程序，使为它或代表它工作的人员都意识到：

（1）符合环境方针与程序和符合环境管理体系要求的重要性；

（2）他们工作中的重要环境因素和实际或潜在环境影响，以及个人工作的改进所带来的环境效益；

（3）他们在实现与环境管理体系要求符合性方面的作用与职责；

（4）偏离规定的运行程序的潜在后果。

组织应明确培训需求（包括对象、目的、内容……），应明确哪些岗位或人员的工作可能产生重大环境影响，需要特殊培训。

建立培训程序，通过培训应达到上述（1）~（4）项的效果。

对可能产生重大影响的工作，工作人员必须经过教育、培训，并提出工作经验、能力方面的要求，以保证他能胜任所担负的工作。

3. 信息交流（4.4.3）

组织应建立、实施并保持一个或多个程序，用于有关其环境因素和环境管理体系的：

（1）组织内部各层次和职能间的信息交流；

（2）与外部相关方联络的接收、形成文件和回应。

组织应决定是否就其重要环境因素与外界进行信息交流，并决定形成文件。如决定进行信息交流，则应规定交流的方式并予以实施。

组织应建立对内、对外双向信息交流的程序。程序的功能是，能在组织的各层次和职能间交流有关环境因素和环境管理体系的信息，外部相关方信息的接收、成文和答复。

特别应注意，涉及重要环境因素的外部信息的处理并记录其决定（例如，组织适用的法律和其他要求的变化信息，客户对组织所提供产品或服务的环境要求，废弃物处理处置的相关信息、市场环境需求的变化等）。

4. 文件（4.4.4）

环境管理体系文件应包括：

（1）环境方针、目标和指标；

（2）对环境管理体系覆盖范围的描述；

（3）对环境管理体系主要要素及其相互作用的描述，以及相关文件的查询途径；

（4）本标准要求的文件，包括记录；

（5）组织为确保对涉及重要环境因素的过程进行有效策划、运行和控制所需的文件和记录。

组织应以书面或电子形式建立并保持下列信息：

（1）环境方针、目标和指标，环境管理体系的覆盖范围；

（2）对管理体系核心要素及其相互作用的描述；

（3）查询相关文件的途径。

环境管理体系文件可以是书面的或电子形式的，环境管理体系文件应充分描述环境管理体系核心要素及其相互作用（这里所说的核心要素，是指本标准所包含的17个二级要素，环境管理体系文件应清楚表达各要素的实施要求和实施程序，以及各要素之间的相互关系），并应给出查询相关文件的途径。

本标准并未要求单独编写环境管理手册，也不主张采用复杂烦琐的文件系统。

"相关文件"是指表格、记录、报告、作业指导书、其他体系中的文件、环境因素清单、法规及要求清单、环境影响报告书（环境影响报告表）及"三同时"报告、初始评审报告、排污许可证、组织结构图、地下管网布置图、现场平面图等。

5. 文件控制（4.4.5）

应对本标准和环境管理体系所要求的文件进行控制。记录是一种特殊类型的文件，应依据4.5.4的要求进行控制。

组织应建立、实施并保持一个或多个程序，以规定：

（1）在文件发布前进行审批，确保其充分性和适宜性；
（2）必要时对文件进行评审和更新，并重新审批；
（3）确保对文件的更改和现行修订状态做出标识；
（4）确保在使用处能得到适用文件的有关版本；
（5）确保文件字迹清楚，易于识别；
（6）确保对策划和运行环境管理体系所需的外来文件做出标识，并对其发放予以控制；
（7）防止对过期文件的非预期使用。如须将其保留，要做出适当的标识。

组织应建立并保持一套程序，以控制本标准所要求的所有文件，从而确保：

（1）文件便于查找；
（2）对文件进行定期评审，必要时予以修订并由授权人员确认其适宜性；
（3）凡对环境管理体系的有效运行具有关键作用的岗位，都可能得到有关文件的现行版本；
（4）迅速将失效文件从所有发放和使用场所撤回，或采取其他措施防止误用；
（5）由于法律和（或）保留信息的需要而留存的失效文件予以标识。

所有文件均须字迹清楚，注明日期（包括修订日期），标识明确，妥善保管，并在规定期间内予以留存。应规定并保持有关建立和修改各类文件的程序与职责。

组织应建立并保持对本标准要求的所有文件实施有效控制的程序。

程序的作用是确保上述（1）~（5）项要求的实现。这5项要求既是编制程序文件的依据也是衡量程序是否符合要求的准则。

环境管理体系文件要达到字迹清楚，注明日期（包括修订日期），标识日期，妥善保管并在规定期间内予以留存等要求。应建立并保持有关制定和修改各类文件的程序。

6. 运行控制（4.4.6）

组织应根据其方针、目标和指标，识别和策划与所确定的重要环境因素相关的运行，以确保其通过下列方式在规定的条件下进行：

（1）建立、实施并保持一个或多个形成文件的程序，以控制因缺乏程序文件而导致偏离环境方针、目标和指标的情况；
（2）在程序中规定运行准则；
（3）对于组织使用的产品和服务中所确定的重要环境因素，应建立、实施并保持程序，并将适用的程序和要求通报供方及合同方。

运行控制是指环境管理体系实际运作过程，控制的对象是与重要环境因素有关的运行与活动。

组织应根据其方针、目标和指标，确定与所确认的重要环境因素有关的运行和活动，对上述的运行与活动（包括维护工作）按以下要求加以规划，确保它们在程序规定的条件下运行：

（1）对缺乏程序指导可能偏离方针、目标、指标的运行应建立并保持一套以文件支持的程序，并不要求所有的活动和过程都建立文件化的程序；

（2）为对那些可能有重大影响的活动实施有效控制，也应建立程序，在程序中还要规定具体的运行标准（或作业指导书）；

（3）对组织使用的产品或服务中，可标识的重要环境因素，建立并保持环境管理程序，并将有关程序与要求通报供方和承包方，以促使他们提供的产品或服务符合组织的要求。

在一般情况下，运行控制的内容可包括，项目建设、产品开发、原材料选用与采购、生产过程、产品和原材料的储存与运输、设备维护、动力供应、产品售后服务与服务的提供、产品的报废处理等。

7. 应急准备和响应（4.4.7）

组织应建立、实施并保持一个或多个程序，用于识别可能对环境造成影响的潜在的紧急情况和事故，并规定响应措施。

组织应对实际发生的紧急情况和事故作出响应，并预防或减少随之产生的有害环境影响。

组织应定期评审其应急准备和响应的程序，必要时对其进行修订，特别是当事故或紧急情况发生后。

可行时，组织还应定期试验上述程序。

组织应建立并保持一套程序，这套程序的作用是，能用以确定潜在的事故或紧急情况，一旦紧急情况发生时作出响应，并预防或减少由此造成的环境影响。

组织应该知道可能会发生潜在事故和紧急情况（如组织在识别和评审重要环境因素时，就应包括这些方面的内容），如何采取预防措施，一旦发生如何处置等，这些是建立和保持程序的基础。

必要时，特别是在事故或紧急的情况发生后，应对程序予以评审或修订，对纠正措施和程序更改予以记录。在可能的情况下，应定期检验或演练上述程序和有关规定。

五、检查（4.5）

1. 监测和测量（4.5.1）

组织应建立、实施并保持一个或多个程序，对可能具有重大环境影响的运行的关键特性进行例行监测和测量。程序中应规定将监测环境绩效、适用的运行控制、目标和指标符合情况的信息形成文件。

组织应确保所使用的监测和测量设备经过校准或验证，并予以妥善维护，且应保存相关的记录。

"监测"是指遵照有关规定，所进行的检查。应注意明确负责部门和负责人、监测方法、频次、执行的标准、记录内容、人员要求、结果的处置等。

"测量"是指以确定量值为目的的一组操作。

对环境管理体系进行例行监测和测量，既是对体系运行状况的监督手段，又是发现问题及时采取纠正措施，实施有效运行控制的首要环节。

组织应建立一套程序，其作用是对可能具有重大环境影响的运行与活动的关键特性进行例行监测和测量，保证监测活动按规定进行。

监测的内容通常包括，①组织的环境表现（如组织采取污染预防措施收到的效果、节省资源和能源的结果、对重大环境因素控制的结果等），有关的运行控制（对运行加以控制，监测其执行程序情况以及其运行结果是否偏离目标和指标）；②目标、指标的实现程序和环境管理方案实施的效果。

在程序中对监测活动应明确规定：如何进行例行监测，如何使用、维护、保管监测设备，如何记录和如何保管记录，如何参照标准进行评价、什么时候向谁报告监测结果和发现的问题等。

2. 合规性评价（4.5.2）

（4.5.2.1）为了履行遵守法律法规要求的承诺，组织应建立、实施并保持一个或多个程序，以定期评价对适用法律法规的遵守情况。

组织应保存对上述定期评价结果的记录。

（4.5.2.2）组织应评价对其他要求的遵守情况，这可以和4.5.2.1中所要求的评价一起进行，也可以另外制定程序，分别进行评价。

组织应保存对上述定期评价结果的记录。

组织应当能证实其已对遵守法律法规要求（包括有关许可和执照的要求）的情况进行了评价。

组织应当能证实其已对遵守其他要求的情况进行了评价。

3. 不符合、纠正措施与预防措施（4.5.3）

组织应建立、实施并保持一个或多个程序，用来处理实际或潜在的不符合，采取纠正措施和预防措施。程序中应规定以下方面的要求：

（1）识别和纠正不符合，并采取措施减少所造成的环境影响；

（2）对不符合进行调查，确定其产生原因，并采取措施以避免再度发生；

（3）评价采取预防措施的需求；实施所制定的适当措施，以避免不符合的发生；

（4）记录采取纠正措施和预防措施的结果；

（5）评审所采取的纠正措施和预防措施的有效性。

所采取的措施应与问题和环境影响的严重程度相符。

组织应确保对环境管理体系文件进行必要的更改。

组织应建立并保持一套对不符合采取纠正与预防措施的程序，程序的内容包括，规定各相关部门在对不符合进行处理与调查、采取纠正措施、执行、验证和文件更改等方面各自的职责和权限，对不符合进行处理和调查。对不符合进行调查的目的是弄清不符合发生的原因，以便采取有针对性地根治措施，防止不符合的再次发生。针对不符合采取的纠正措施或针对潜在不符合采取的预防措施应切实有效，并采取措施予以实施。

措施应与不符合的原因、问题的严重性和相应的环境影响相对应。

由于采取措施引起的文件更改，应遵照实施并做好更改后的实施记录。

4. 记录控制（4.5.4）

组织应根据需要，建立并保持必要的记录，用来证实对环境管理体系及本标准要求的符合，以及所实现的结果。

组织应建立、实施并保持一个或多个程序，用于记录的标识、存放、保护、检索、留存和处置。

环境记录应字迹清楚，标识明确，并具有可追溯性。

环境记录应字迹清楚，标识明确，具备对相关的活动、产品或服务的可追溯性。对环境记录的保存和管理应使之便于查阅，避免损坏、变质或遗失。应规定其保存期限并予记录。组织应保存记录，在对其体系及自身适宜时，用来证明符合本标准的要求。"

组织应建立一套对记录进行管理的程序。该程序应规定记录和标识、收集、编目、保存、维护、查阅、处置以及记录的种类（应建立哪些记录）等管理内容。

5. 内部审核 (4.5.5)

组织应确保按照计划的时间间隔对环境管理体系进行内部审核，目的是：

（1）判定环境管理体系：

1）是否符合组织对环境管理工作的预定安排和本标准的要求；

2）是否得到了恰当的实施和保持。

（2）向管理者报告审核结果。

组织应策划、制定、实施和保持一个或多个审核方案，此时，应考虑到相关运行的环境重要性和以往的审核结果。

应建立、实施和保持一个或多个审核程序，用来规定：

——策划和实施审核及报告审核结果、保存相关记录的职责和要求；

——审核准则、范围、频次和方法。

审核员的选择和审核的实施均应确保审核过程的客观性和公正性。

组织应制定、保持定期开展环境管理体系内部审核的程序、方案，程序和方案要能达到如下的审核目的：判定环境管理体系是否符合对环境管理工作的预定安排和规范要求（即符合性），环境管理体系是否得到正确实施和保持（即有效性），并向管理者报告审核结果。

组织的审核方案（包括时间表）的制定，应立足与所涉及活动的环境重要性和以前审核的结果。为全面起见，审核程序中应包括审核的范围、频次和方法，以及实施审核和报告结果的职责与要求。"

审核程序的内容应包括：

（1）审核范围。包括审核的地理区域、部门和体系要素，以及审核的频次（即由组织根据环境管理体系的状况、相关方的要求确定）。

（2）审核的方法。如查阅文件、记录，现场查验，面谈等。

（3）对审核组的要求。即如何实施审核。

（4）审核报告的职责与要求等。

六、管理评审 (4.6)

最高管理者应按计划的时间间隔，对组织的环境管理体系进行评审，以确保其持续适宜性、充分性和有效性。评审应包括评价改进的机会和对环境管理体系进行修改的需求，包括环境方针、环境目标和指标的修改需求。应保存环境评审记录。

管理评审的输入应包括：

（1）内部审核和合规性评价的结果；
（2）来自外部相关方的交流信息，包括抱怨；
（3）组织的环境绩效；
（4）目标和指标的实现程度；
（5）纠正和预防措施的状况；
（6）以前管理评审的后续措施；
（7）客观环境的变化，包括与组织环境因素有关的法律法规和其他要求的发展变化；
（8）改进建议。

管理评审的输出应包括为实现持续改进的承诺而作出的，与环境方针、目标、指标以及其他环境管理体系要素的修改有关的决策和行动。

管理评审是组织最高管理者的职责。

管理评审应按规定的时间间隔进行，评审过程要记录，结果要形成文件。

评审的对象是环境管理体系，目的是确保环境管理体系的持续适用性、充分性、有效性。

（1）适用性，即环境管理体系对客观情况（法律、法规、市场、相关要求等）的适应性；

（2）充分性，即环境管理体系是否充分满足本标准和相关法规的要求；

（3）有效性，即对方针的贯彻、目标指标的实施、重大环境因素的控制、环境表现的改善、职工环境意识的提高（按文件操作）、企业自我监督自我完善机制的建立等方面的效果。

评审前要收集充分的必要信息，作为评审的依据。这些信息应包括，环境管理体系内部审核结果，不断变化的客观环境（法规、市场、相关方要求等），组织对持续改进的承诺，经过评审应提出需要加以修正的方针、目标及环境管理体系的其他要素。

管理评审应根据环境管理体系审核的结果、不断变化的客观环境和对持续改进的承诺，指出对方针、目标以及环境管理体系的其他要素加以修正的可能的需要。

第四章 职业健康安全管理体系和环境管理体系的建立

第一节 概 述

职业健康安全管理体系和环境管理体系建立的基本程序主要包括以下几个步骤：建立体系的准备工作（领导决策和准备，组织学习和培训，制定计划，初始状态评审）；体系策划和设计（制定职业健康安全和环境方针、目标和指标，确定组织机构和职责）；体系文件编写（职业健康安全和环境管理手册，管理体系程序文件，作业文件）；体系的试运行；内部审核及管理评审。

建立的职业健康安全管理体系和环境管理体系应与组织现有的体系相结合，也就是说按照标准的要求来建立管理体系就是对组织原有的体系加以规范，对原有的机构、制度、过程和资源进行调整，通过明确职责、制定方针和目标来加强对职业健康安全和环境管理活动的控制，以增强体系的适宜性和有效性。

建立动态的职业健康安全和环境管理体系是一个动态的持续改进的过程，即根据标准要素所规定的方针、策划、实施与运行、检查与纠正措施及管理评审等环节，不断改进体系的绩效。同时每经过一个新的循环，都要进行目标和指标的更新，调整体系中存在的不适应的功能，实现体系的不断完善。

由于组织经营的性质、规模和风险的大小及复杂程度、员工的素质等因素千差万别，所以组织在建立体系时应结合自身的实际情况来实施标准的要求，做到切实可行，以达到强化管理的目的。

虽然职业健康安全管理体系标准 GB/T 28001—2001（OHSAS 18001：1999）、环境管理体系标准 GB/T 24001—2004/ISO 14001：2004 和质量管理体系标准 GB/T 19001—2000/ISO 9001：2000 所针对的管理内容不同，但都是为了规范组织的管理行为，实现可持续发展，所涉及到的要素都是全面管理的一部分，建立和实施管理体系的思路也极为相似，都强调预防为主、全过程控制和程序化、文件化管理，而且体系的运行模式基本相同。因此，组织在建立管理体系时，应充分考虑这一客观实际情况，进行合理的机构调整、职责分配及资源的配置，使各类管理体系互相兼容，形成一个完善的全面管理体系。

表 4-1 中列出了职业健康安全管理体系标准 GB/T 28001—2001、环境管理体系标准 GB/T 24001—2004 和质量管理体系标准 GB/T 19001—2000 中的相应章节和要素，可供对照和比较。

建立管理体系的根本目的是力图通过组织制定的方针、目标和管理方案，在落实职责分工和资源配置的条件下，对组织的管理活动进行程序化及文件化的控制，实现持续改进，不断改善组织的绩效。

表 4-1 职业健康安全管理体系标准 GB/T 28001—2001、环境管理体系标准 GB/T 24001—2004 和质量管理体系标准 GB/T 19001—2000 中相应章条间的对应关系表

GB/T 28001—2001	GB/T 24001—2004	GB/T 19001—2000
1 范围	1 范围	1 范围 1.1 总则 1.2 应用
2 规范性引用文件	2 规范性引用文件	2 引用标准
3 术语和定义	3 术语和定义	3 术语和定义
4 职业健康安全管理体系要素	4 环境管理体系要素	4 质量管理体系
4.1 总要求	4.1 总要求	4.1 总要求 5.5 职责、权限与沟通 5.5.1 职责和权限
4.2 职业健康安全方针	4.2 环境方针	5.1 管理承诺 5.3 质量方针 8.5 改进
4.3 策划	4.3 策划	5.4 策划
4.3.1 对危险源辨识、风险评价和风险控制的策划	4.3.1 环境因素	5.2 以顾客为关注焦点 7.2.1 与产品有关的要求的确定 7.2.2 与产品有关的要求的评审
4.3.2 法规和其他要求	4.3.2 法律法规和其他要求	5.2 以顾客为关注焦点 7.2.1 与产品有关的要求的确定
4.3.3 目标	4.3.3 目标、指标和方案	5.4.1 质量目标
4.3.4 职业健康安全管理方案		5.4.2 质量管理体系策划 8.5.1 持续改进
4.4. 实施和运行	4.4. 实施与运行	7 产品实现 7.1 产品实现的策划
4.4.1 结构和职责	4.4.1 资源、作用、职责和权限	5 管理职责 5.1 管理承诺 5.5.1 职责和权限 5.5.2 管理者代表 6 资源管理 6.1 资源提供 6.2 人力资源 6.2.1 总则 6.3 基础设施 6.4 工作环境
4.4.2 培训、意识和能力	4.4.2 能力、培训和意识	6.2.2 能力、意识和培训
4.4.3 协商和沟通	4.4.3 信息交流	5.5.3 内部沟通 7.2.3 顾客沟通
4.4.4 文件	4.4.4 文件	4.2 文件要求 4.2.2 质量手册

续表

GB/T 28001—2001	GB/T 24001—2004	GB/T 19001—2000
4.4.5 文件和资料控制	4.4.5 文件控制	4.2.3 文件控制
4.4.6 运行控制	4.4.6 运行控制	7 产品实现
		7.1 产品实现的策划
		7.2 与顾客有关的过程
		7.2.1 与产品有关的要求的确定
		7.2.2 与产品有关的要求的评审
		7.3 设计和开发
		7.3.1 设计和开发策划
		7.3.2 设计和开发输入
		7.3.3 设计和开发输出
		7.3.4 设计和开发评审
		7.3.5 设计和开发验证
		7.3.6 设计和开发确认
		7.3.7 设计和开发更改的控制
		7.4 采购
		7.4.1 采购过程
		7.4.2 采购信息
		7.4.3 采购产品的验证
		7.5 生产和服务的提供
		7.5.1 生产和服务的提供的控制
		7.5.2 生产和服务的提供过程的确认
		7.5.3 标识和可追溯性
		7.5.4 顾客财产
		7.5.5 产品防护
4.4.7 应急准备和响应	4.4.7 应急准备和响应	8.3 不合格品控制
4.5 检查和纠正措施	4.5 检查	8 测量、分析和改进
4.5.1 绩效测量和监视	4.5.1 监测和测量	7.6 监视和测量装置的控制
		8.1 总则
		8.2 监视和测量
		8.2.1 顾客满意
		8.2.3 过程的监视和测量
		8.2.4 产品的监视和测量
		8.4 数据分析
4.5.2 事故、事件、不符合、纠正和预防措施	4.5.3 不符合、纠正措施和预防措施	8.3 不合格品控制 8.5.2 纠正措施 8.5.3 预防措施
4.5.3 记录和记录管理	4.5.4 记录控制	4.2.4 记录控制

续表

GB/T 28001—2001	GB/T 24001—2004	GB/T 19001—2000
4.5.4 审核	4.5.5 内部审核	8.2.2 内部审核
4.6 管理评审	4.6 管理评审	5.6 管理评审
		5.6.1 总则
		5.6.2 评审输入
		5.6.3 评审输出

第二节 建立管理体系的准备工作

一、领导决策和准备

组织要建立职业健康安全和环境管理体系,首先需要最高管理者作出遵守有关法律、法规和其他要求的承诺和实现持续改进的承诺,这对领导者来说是一个重要的决策。同时还必须为体系的建立、实施和运行提供必要的资源(如时间、资金、办公条件、协助部门和信息资料等)保障。

体系的建立和实施涉及各个方面的组织工作,为此,最高管理者应按标准要求任命管理者代表来具体负责体系的日常工作,即按标准要求建立、实施和维护组织的管理体系,向最高管理者定期汇报体系的运行情况,供管理评审时使用。管理者代表还要注意协调体系建立和运行过程中各部门之间的关系,为最高管理者的决策提供建议。

最高管理者同时还应向管理者代表授权建立一个专门的工作小组,来完成组织的初始状态评审以及建立体系的各项任务。工作小组成员最好由来自各个部门的管理或技术骨干组成,并应接受有关体系标准方面的培训。

二、组织学习和培训

学习和培训的目的是使组织内的有关人员了解建立职业健康安全和环境管理体系的重要意义,了解职业健康安全和环境管理标准的主要思想和内容,以使广大职工都能积极地参与职业健康安全和环境管理体系的建立和运行。

培训工作要分层次、分阶段进行,要运用各种形式广泛、深入地开展宣传,作到人人皆知,人人参加。

一般可将参加培训的人员分为四个层次,即最高管理层;中层领导和技术负责人;具体负责建立体系的主要骨干人员;普通员工。中层以上领导人员要进行重点培训。

首先是最高管理层进行学习;然后是参与建立和实施管理体系的有关人员和内审员接受职业健康安全和环境管理体系标准及相关知识的培训和学习,要求掌握职业健康安全和环境管理体系标准的基本内容、原理、原则,理解标准的内涵;最后是组织普通员工进行学习。

三、制定总体计划

由于体系的建立是一项十分复杂和涉及面很广的工作,需要较长时间,所以在建立体系时应制定详细的工作计划。工作计划应目标明确,控制进程,突出重点。制定时可以采用倒排时间表的方法，表 4-2 所示为某组织建立职业健康安全管理体系工作的总计划表。总计划表批准后，就可制定每项具体工作的分计划。

表 4-2　建立职业健康安全管理体系工作总计划表

工作项目		进行时间	2006 年								2007 年						
			5月	6月	7月	8月	9月	10月	11月	12月	1月	2月	3月	4月	5月	6月	7月
领导和骨干培训			△														
制定计划			△														
现状调查	机构调整			△													
	人员调查			△													
	文件调查			△													
	活动调查			△	△												
现状评估					△												
体系设计	确定方针				△												
	调整机构				△	△											
	职能分配				△	△											
	定文件结构					△											
	拟文件项目					△	△										
体系文件编写								△	△	△	△						
体系文件培训										△	△						
运行											△	△	△	△	△	△	△
内审													△	△			
体系评估														△	△		
管理性复查															△		
纠正															△	△	
外审																	△

注："△"表示在相应时间内应完成的工作。

除排出建立管理体系工作总计划表和每项具体工作的分计划表外，还需提出资源需求，报组织最高管理层批准。

四、初始状态评审

初始状态评审是对组织过去和现在的职业健康安全与环境的信息、状态进行收集、调查分析、识别和获取现有的适用于组织的健康安全与环境的法律法规和其他要求，进行危险源辨识和风险评价、环境因素识别和重要环境因素评价。评审的结果将作为确定职业健康安全与环境方针、制定管理方案、编制体系文件和建立职业健康安全与环境管理体系的基础。

（一）初始状态评审的主要内容

（1）明确适用的法律、法规及其他要求，并评价组织的职业健康安全和环境行为与法律、法规及其他要求的符合性。

（2）识别和评价组织活动、生产或服务过程中的危险因素和环境因素，特别是重大危险因素和环境因素，进行危险分级，并列出具有重大危险的设备、设施或场所。

（3）审查所有现行职业健康安全和环境的组织机构、职责划分、管理制度及其活动与程序，评价其有效性。

（4）分析组织现有的职业健康安全和环境管理的操作惯例和程序的适用性。

（5）对以往事件、事故以及纠正、预防措施进行调查并评价其适用性。

（6）了解相关方的观点和要求。

（二）初始状态评审的步骤

1. 准备工作

包括界定初始评审范围、组成评审小组和制定评审计划。

2. 现状调查

主要任务是收集组织过去和现在有关职业健康安全和环境及其管理状况的资料与信息等。如组织的职业健康安全和环境管理机构、人员的职能分配与适用情况；组织的职业健康安全和环境管理规章；组织适用的国际公约以及国内有关法律、法规和标准及其执行情况；组织的职业健康安全和环境管理方针、目标及其贯彻情况；近年来组织的事故情况和原因分析等。现状调查的方法一般有查阅文件及记录、使用检查清单或调查表、现场调查及面谈等。

3. 危险源辨识及风险评价

主要是对组织的重要危险因素加以确定和评价。

组织通过实施初始评审，将对自己的活动、危险因素、法律与法规及其他要求以及职业健康安全和环境管理现状作到心中有数，特别是对重大危险因素和环境因素的确定和评价。

常见的危险源辨识评价的方法有，作业条件危险性评价；安全检查表；预先危险性分析；故障类型及影响分析；危险可操作性研究；事件树分析；事故树分析；危险指数方法；风险概率评价法等。

4. 编制适用的法律、法规等清单并对其符合性进行评估

5. 结果分析与评价

主要任务是对调查结果进行分析，评价现有职业健康安全和环境管理体系运行的可行性、有效性，找出现有体系要素在构成、运行、协调、监督中的缺陷。

为了便于分析，可采用表4-3所示的职业健康安全和环境管理体系要素对照分析表，通过对现有体系要素和标准规定体系要素的对照分析，为重新建立和选择要素提供依据。

表4-3 职业健康安全和环境管理体系要素对照分析表

序号	体系要素		对照评价					
	标准要求	组织现行的	已实施	未实施	有关	无关	选取	舍去
1								
2								
3								
⋮								

6. 初评报告

初始评审最终结果应提交初评报告，报告的结构和内容没有统一要求，一般应包括以下内容：

（1）评审的目的、范围；
（2）组织职业健康安全和环境现状及环境管理现状；
（3）法律、法规等的符合情况以及所确认的重大危险因素；
（4）依据初始评审结果所提出的制定职业健康安全和环境方针、目标、指标及体系要素的建议；
（5）应采取的措施及其先后次序；
（6）其他需要报告的内容。

第三节 体系策划和设计

组织应该在初始评审的基础上，结合组织现有的资源（包括人力、财力和物力）及技术水平，进行职业健康安全管理体系的整体策划和设计。这一过程的主要工作有，制定职业健康安全和环境方针、目标、指标及管理方案，并补充、完善或重新划分组织机构与职责。

一、制定职业健康安全和环境方针、目标、指标及管理方案

（一）制定职业健康安全和环境方针

方针是组织对其健康安全与环境行为的原则和最高纲领，也是组织自觉承担其责任和义务的承诺。方针不仅为组织确定了总的指导方向和行动准则，而且是评价一切后续活动的依据，并为更加具体的目标和指标提供一个框架。

制定职业健康安全和环境方针时应依据初始评审的结果、相关法律及法规的要求、组织的经营战略方针、组织的职业健康安全和环境状况、危险性质和环境特点、组织的规模及已做过的承诺等。

（二）制定职业健康安全和环境目标和指标

制定目标和指标的依据和准则为，依据并符合方针；考虑法律、法规和其他要求；考虑自身潜在的危险和重要环境因素；考虑商业机会和竞争机遇；考虑可实施性；考虑监测考评的现实性；考虑相关方的观点。

组织的职业健康安全和环境目标一定要具体，要有针对性，要明确解决的职业健康安全和环境问题，能量化的尽可能量化。指标是目标的分解，必须是可测量的、量化的指标。

（三）制定职业健康安全和环境管理方案

管理方案是目标和指标的实施方案，制定管理方案的基本要求主要包括以下几个方面：

（1）依据组织所制定的目标和指标，编制管理方案；
（2）配备实施管理方案的人力、物力及财力资源；
（3）确定实施管理方案的责任及其职责和权限；
（4）落实实施管理方案的财务预算，确保资金按计划到位；
（5）确定实施管理方案的时间进度表；

(6) 建立管理方案的监督与管理制度。

管理方案应该是文件化的，按照大多数组织的惯例，一般是用一份清晰的一览表来表示，表中应包括目标、指标、方法措施（包括步骤）；方案执行部门和负责人；财务预算；时间限制等。

二、确定组织机构和职责

在确定机构时，要坚持精简高效的原则，尽量避免和减少部门职能交叉。结合体系标准中的管理需求和组织的性质、规模及特点，调整原有的或设置新的管理体系运行的管理部门，使其负责管理体系的建立、实施、协调及监督管理，不断地发现管理体系运行中的问题，以便及时调整、改进。落实和完善组织结构关系；将组织结构形成文件，使每个员工认识到自己工作中所承担的职业健康安全职责和义务，认识到履行其职责、遵守方针以及执行管理程序是他们工作的一个有机组成部分。

在进行职能分配时，要求把标准中的各要素全面展开并转换成职能，分配到组织的各部门，确保通过职能分配，使标准的各项要素都能得到覆盖，避免遗漏。进行职能分配时，要坚持一项职能由一个部门主管的原则，当一项要素必须由两个或两个以上部门负责时，要明确主管负责部门或撤并相关部门。职能分配可通过职能分配表来进行，将管理体系标准中各要素活动所涉及的职能逐一分配到部门。表4-4是某组织职业健康安全职责划分方案，可供参考。

表4-4 某组织职业健康安全职责分配方案

部门 要素	办公室	安全部	人事部	技术部	其他部门	车间
4.2 职业健康安全方针	▲	△	△	△	△	△
4.3.1 对危险源辨识、风险评价和风险控制的策划	△	▲	△	▲	△	△
4.3.2 法规和其他要求	△	▲	△	△	△	△
4.3.3 目标	△	▲	△	△	△	△
4.3.4 职业健康安全管理方案	△	▲	△	▲	△	△
4.4.1 结构和职责	▲	△	△	△	△	△
4.4.2 培训、意识和能力	△	△	▲	△	△	△
4.4.3 协商和沟通	▲	△	△	△	△	△
4.4.4 文件	△	▲	△	△	△	△
4.4.5 文件和资料控制	△	▲	△	△	△	△
4.4.6 运行控制	△	△	△	▲	△	▲
4.4.7 应急准备和响应	△	▲	△	△	△	△
4.5.1 绩效测量和监视	△	▲	△	△	△	△
4.5.2 事故、事件、不符合、纠正和预防措施	△	▲	△	▲	△	△

续表

部门 要素	办公室	安全部	人事部	技术部	其他部门	车间
4.5.3 记录和记录管理	△	▲	△	△	△	△
4.5.4 审核	▲	△	△	△	△	△
4.6 管理评审	▲	△	△	△	△	△

注：▲为责任部门；△为协调配合部门。

在确定组织机构和职责的划分时，要注意避免出现以下情况：
（1）职责配置含糊不清，出现前后矛盾、重复或疏忽；
（2）培训和资源不足；
（3）权限不明确，各部门间缺乏协调；
（4）当某人缺席时，无人代理其职责。

第四节　体系文件编写

文件化管理是评价管理体系的绩效、实现体系持续改进的客观证据，同时也为获得外部审核认证提供文字根据。因此，要求对管理体系的全部要素进行具体的描述，根据组织的特点形成不同层次的文件，文件可以是书面或电子媒体形式。

一、体系文件的结构

管理体系文件是由不同层次的文件组成的有机整体。不同层次的文件具有各自不同的功能和作用，同时和其他文件之间通过一定方式相互联系、相互支持。

体系文件的结构可分为两类，一类是将体系文件分为三个层次，即管理手册、程序文件和作业文件（即工作指令、作业指导书、记录表格证据等）；另一类是将体系文件分为四个层次，即管理手册、程序文件、作业文件和记录。

一般是将管理体系文件结构分成三个层次，如图4-1所示。

1. 管理手册

管理手册是根据职业健康安全和环境管理体系标准及本组织的职业健康安全和环境方针、目标而全面描述本组织职业健康安全和环境管理体系的文件，主要供组织内的中、高层管理人员和提供客户以及第三方审核机构审核时使用，集中表述本组织的职业健康安全和环境保证能力。

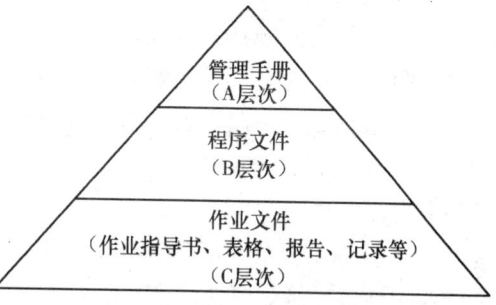

图 4-1　管理体系文件结构示意图

2. 程序文件

程序文件是根据管理手册的要求，为达到既定的方针、目标所需要的程序和对策，用来描述实施管理体系所要涉及的各个职能部门活动的文件，供各职能部门使用。

3. 作业文件

作业文件是围绕手册和程序文件的要求，描述具体的工作岗位和工作现场如何完成某项工

作任务的具体做法,是一个详细的工作文件,主要供个人或小组使用。这种文件可分为两类:

(1) 工作指令。如工作指导书、作业指导书、检验指导书等。通常包括三个内容,即指令干什么、如何干和出了问题怎么办。

(2) 记录。记录是体系文件的最基础部分,包括设计、检验、试验、调研、审核、复审的记录和图表,事故、事件记录以及用户的职业健康安全和环境状况信息的反馈记录等。这些都是证明各生产阶段职业健康安全和环境是否达到要求和检查其运行有效性的证据,因而具有可追溯性的特点。

二、体系文件编写的步骤

(1) 编写初始职业健康安全和环境管理评审报告。

(2) 编写标准要求建立的11个要素的程序。

1) 危险源辨识、风险评价和风险控制程序,环境因素控制程序;

2) 法律、法规及其他要求获取、更新程序;

3) 教育培训程序;

4) 协商与信息交流管理程序;

5) 文件和资料控制管理程序;

6) 运行控制管理程序;

7) 应急准备和响应控制程序;

8) 绩效测量和监视控制程序;

9) 事故、事件、不符合、纠正和预防措施管理程序;

10) 记录和记录管理控制程序;

11) 内部审核程序。

(3) 如果组织规模较大,还可以编写以下几个程序:

1) 管理评审程序;

2) 目标、指标确定更新程序;

3) 职业健康安全和环境管理方案定期评审程序。

(4) 执行危险源辨识、风险评价与风险控制程序,评价出重要危险、危害因素并进行分级,制定重要危险因素清单。执行环境因素控制,评价出重要环境因素。

(5) 根据重要危险因素和重要环境因素确定或修订职业健康安全和环境方针。

(6) 根据方针和重要危险因素或重要环境因素及技术经济可行性,确定目标、指标和管理方案。

(7) 根据重要危险因素和环境因素、方针、目标、指标和管理方案策划运行控制程序和作业指导书。策划时应注意以下几点:

1) 为使重要危险因素和环境因素受到控制,应针对每一个重要的危险因素和环境因素建立相应的管理方案和运行控制程序;

2) 对同一个重要危险因素或环境因素,既可以有管理方案又可以有运行控制程序,当然也可以只有其一;

3) 同一个目标可以分解成多个指标,相应地同一个目标也就可以由多个管理方案或多个运行控制程序来实现。

（8）通过上述各程序提出各部门的职责，并补充完善，将其提炼到管理手册相应的条款中。

（9）将上述各程序中的主要内容，提纲挈领地提炼到手册对应的要素中。

（10）最后再详细描述手册中没有程序文件支持的要素。

三、职业健康安全和环境管理手册

管理手册是在实施和保持体系的正常运行中应长期遵循的纲领性文件，是组织建立管理体系的总体规划，是统一和协调组织各部门活动、实现事故与职业病以及环境因素预防和控制的根本依据和法规，是组织向上级主管部门、需方或第三方提供职业健康安全和环境保证能力和水平的文字表述。

（一）管理手册的内容

管理手册通常包括以下内容：

（1）组织简介；

（2）组织的职业健康安全和环境方针；

（3）目标和指标要求；

（4）管理实施方案描述；

（5）组织结构及管理工作的职责和权限；

（6）依据职业健康安全管理体系规范的要求，并结合组织活动、产品或服务的特点，对规范中全部管理要素的实施要点进行描述；

（7）管理手册的审批、管理和修改的规定。

管理手册的书写格式没有统一要求，但应全面、简明、准确地阐述组织在职业健康安全和环境方面的宗旨，近期实现的目标和指标以及在规范行为、改善绩效中的实施要点，需要时可向社会展示，并可以为相关方所索取。

（二）管理手册的基本格式

管理手册的基本格式如下：

（1）发布令。首页应是由最高管理者签署的全面实施管理体系的发布令。从发布日起组织即按管理体系文件的要求来规范其安全生产管理行为，实施管理工作。

（2）任命书。对管理者代表的任命书。

（3）职业健康安全和环境方针。组织应以文件的形式向社会展示其确保安全生产、员工健康和环境的意图和宗旨；对遵守法律、法规和其他要求的承诺；对遵守危险控制、环境因素控制和持续改进的承诺；对实现目标和指标的框架要求。

（4）组织概况。其主要内容包括：

1）组织简介。应包括组织的地址、投资方、建立日期、投资规模、企业活动、产品或服务内容、产值、员工人数及组成。

2）组织生产工艺。生产工艺流程简图、易发生事故的区域及工艺流程。

3）组织职业健康安全和环境状况。曾发生过的事故、职业病、主要危害和主要环境问题。

4）其他有关资料。

（5）管理手册目录。按手册的章、节列出标题及页码以便于查阅。

（6）管理手册正文。包括：

1）目的和适用范围。编制管理手册的目的、用途及其适用范围。

2）引用标准、定义、术语及缩写代号。列出编写手册所依据的标准，以及行业中常用的或组织内部通用的术语定义，便于其他相关人员理解，同时给出手册中采用的缩写代号所对应的术语。

3）手册的管理。管理体系文件是具有法规性的文件，应当确保在有需要的岗位都有现行有效版本，防止使用作废版本。因此，应对管理手册的评审、发放、使用、修改、回收、作废等工作制定相应的管理规定。

4）职业健康安全和环境管理体系要素的描述，其描述的内容如下：

①总则。简单地描述该管理要素在组织活动、产品或服务过程中的实施目的和适用的活动、产品或服务的范围。

②职责。列出实施该管理要素的主管部门及相关部门，明确职责及权限。

③控制要求。管理体系管理要素有以下两类。

a. 有文件要求，没有规定编制程序文件的要素，如职业健康安全和环境方针；目标；职业健康安全和环境管理方案；机构和职责；文件化；管理评审。对于这 6 个管理要素，应简要描述实施该管理要素工作的内容和要求，并结合组织活动、产品或服务的特点以文件的形式来表达这些管理要素的成果。如方针；目标计划表；管理方案计划表；管理体系组织结构图；管理体系要素职责分配表。

b. 规定编制程序文件的要素有，危险源辨识、风险评价和风险控制（环境因素控制）的策划；法律、法规及其他要求；培训、意识和能力；协商和沟通；文件和资料控制；运行控制；应急准备和响应；绩效测量和监视；事故、事件、不符合、纠正和预防措施；记录和记录管理；审核。对于这 11 个管理要素，依据管理要素的基本要求，仅简要描述实施该管理要素工作的内容和要求，而对实施的方法和程序则不做描述。

④相关文件。对于只有文件要求，而没有规定编制程序文件的要素，则应列出该管理要素完成的文件化成果，如职业健康安全和环境目标计划表、职业健康安全和环境管理方案计划表等；对于规定编制程序文件的要素，则应列出该管理要素所包含的程序文件及相关程序文件清单。

（7）附录。附录实际上是管理手册的附件，是对管理手册的补充说明，其主要内容如下：

1）重要危险因素和重要环境因素清单；

2）组织适用的法律、法规、标准及其他要求清单；

3）职业健康安全和环境目标及管理方案；

4）组织结构图；

5）管理体系要素职责分配表；

6）管理体系程序文件清单；

7）职业健康安全和环境记录清单；

8）其他有关资料。

（三）管理手册编制的程序

管理手册是在管理体系设计阶段形成的文件，该文件应当按照体系分析的结果，对体系的构成、各要素的内容及其相互之间的联系作出系统、明确和原则的规定，在初始评审和体系设计之后编制。

编制管理手册工作的程序如图4-2所示。

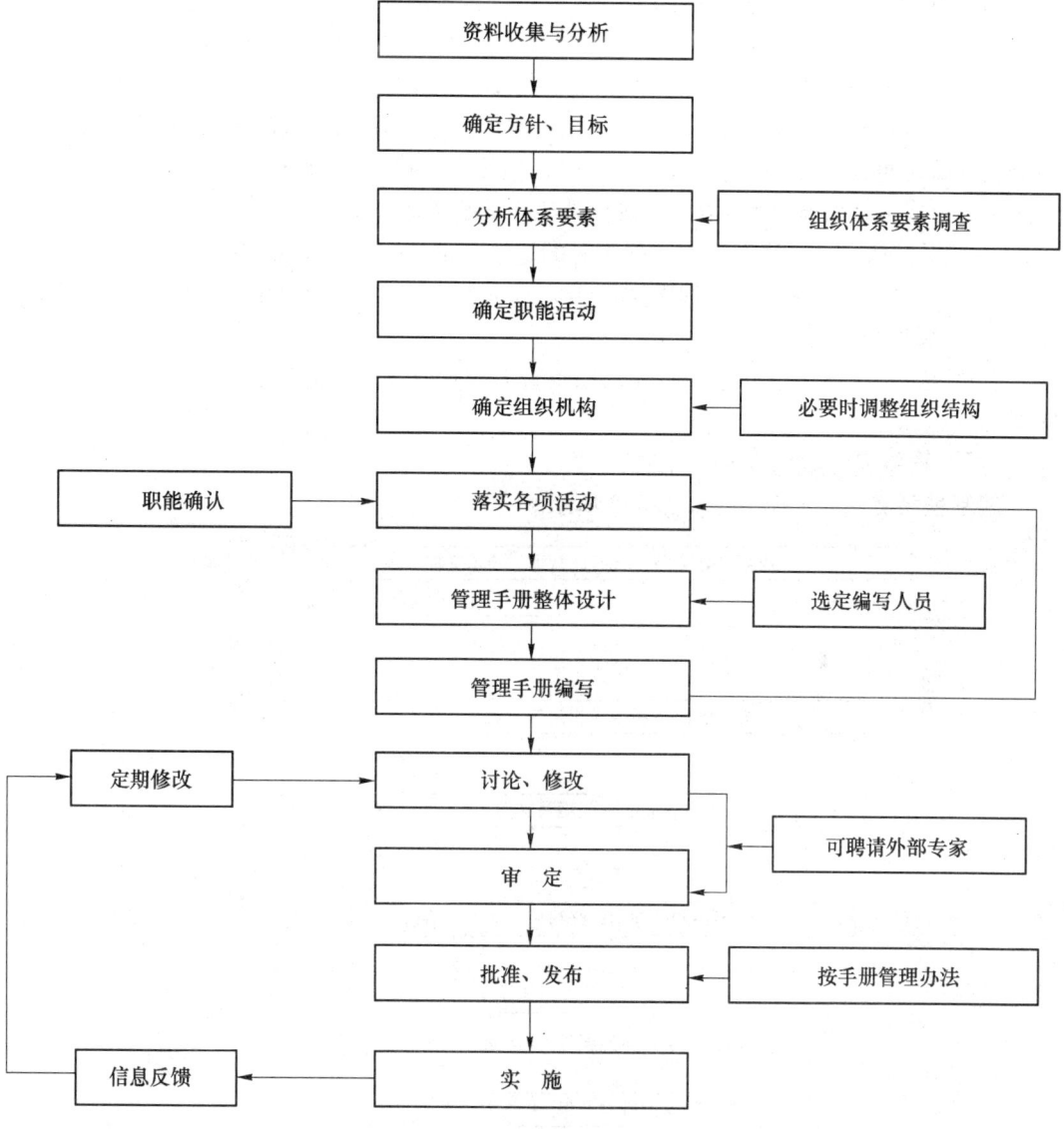

图4-2 编制管理手册的工作程序

四、管理体系程序文件

管理体系程序文件是组织开展管理工作的基础性文件，是管理手册的支持性文件，也是管理手册中原则性要求的进一步展开和落实。因此，编制程序文件必须以管理手册为依据，符合管理手册的有关规定和要求。

（一）程序文件的内容

程序文件的内容通常包括：

（1）目的和适用范围。简要说明该程序管理活动的目的和适用范围。

（2）引用标准及文件。包括国家、行业以及企业内部制定的与本程序实施相关的文件。

（3）定义。本程序文件中涉及的行业及企业常用的术语定义，便于理解。

（4）职责。指明实施该程序文件的主管部门和相关部门及其职责、权限、相互关系。

（5）工作程序。列出实施此项管理活动的步骤，保持合理的编写顺序，明确输入、转移和输出的内容；明确各项活动的接口关系、职责、协调措施；明确每个过程中各项活动由谁做，什么时间做，在什么场合（地点）做，做什么、怎么做、如何控制，以及所要达到的要求，需形成记录和报告的内容；出现例外情况下的处理措施等，必要时辅以流程图。

（6）报告和记录。确定使用该程序时的记录和报告格式及其保存期限。

（7）相关文件。列出与该程序文件相关的作业指导书、操作规程、工艺卡及其他有关规程等支持性文件的清单。

程序文件应简明易懂，并经主管部门负责人同意以及相关部门对接口关系的认可，经审批后实施。

（二）程序文件编写的工作程序

编制程序文件的工作程序如图4-3所示。

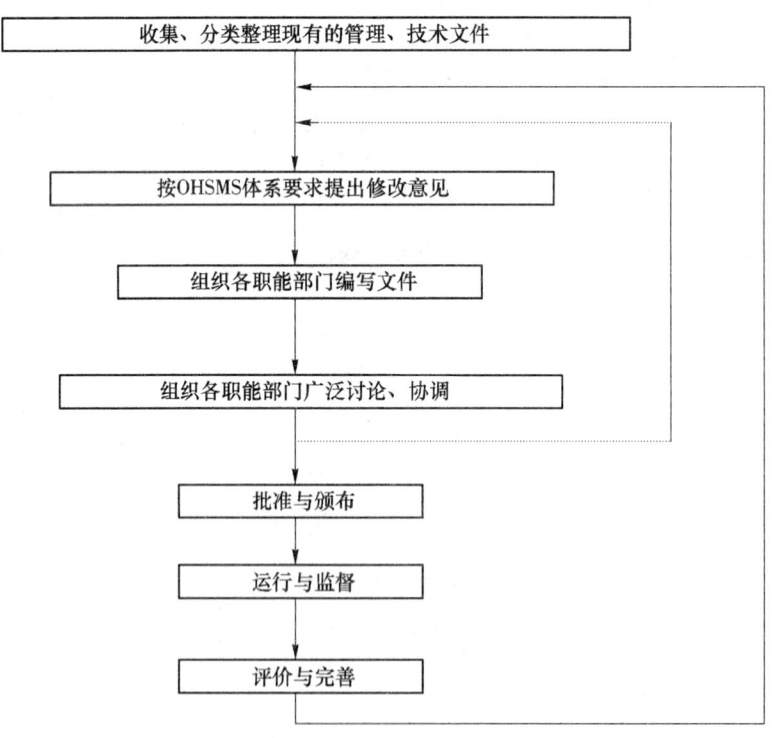

图4-3　编制程序文件的工作程序

（三）程序文件示例

例1　某公司职业健康安全运行控制程序

职业健康安全运行控制程序	编号：	起草：
	版本：	审核：
	页次：	批准：

1　目的

　　为对公司的重大危险因素有关的运行与活动进行有效控制，确保其符合职业健康安全方针、目标与指标的要求，以实现职业健康安全的不断改进，特制定本程序。

2　适用范围

　　本程序适用于公司职业健康安全管理体系运行过程的控制。

3　职责

　　3.1　设计部在设计阶段应考虑如何减少生产过程中的职业健康安全风险，并纳入设计评审。

　　3.2　设备部负责生产设备及安全监测监控设备的维护保养。

　　3.3　生产部、仓库等部门负责化学物品的管理。

　　3.4　行政部负责废弃物的分类处置。

　　3.5　安全部负责设置职业健康安全控制，制定公司安全管理制度和安全技术操作规程，检查各部门职业健康安全管理的执行情况。

4　工作程序

　　4.1　公司在日常的职业健康安全管理中，对与重大危险因素相关的运行与活动进行重点控制，对其中可能造成重大事故的作业点，由安全部将其设置为安全控制点，列入《职业健康安全控制点清单》，明确控制的要求。

　　4.1.1　设计部在设计过程中应考虑防止工伤事故和职业病，在设计评审阶段，需对原材料的使用或生产工艺可能引起的职业危害进行评审；提倡采用无害化的工艺技术，并简化制造工艺，提倡使用无毒害的材料并减少其用量。

　　4.1.2　生产部严格按照相应工艺规程和作业指导书的要求进行生产；设备部参照《生产过程控制程序》的要求对生产设备以及职业健康安全监测、监控设备进行维护保养。

　　4.1.3　公司对可能造成重大事故的设备、设施、场所采取相应措施进行管理，如对噪声采取隔声、吸声等措施防止噪声超标；对于漏、滴油现象采用导油槽予以收集等，具体详见《设备通用安全管理标准》。

　　4.1.4　生产部、仓库等部门负责化学物品（如酸液、碱液、有机溶剂等）的储存和使用，要防止直接倾倒、泄漏等异常现象的发生，具体详见《化学物品管理标准》。

　　4.1.5　各部门按规定地点分类放置废弃物，由行政部统一进行处理，具体详见《废弃物处置管理标准》：

　　①对可直接回收利用的废弃物，如废纸箱、废金属等，由行政部组织出售；

　　②对不可直接回收利用的废弃物，如废机油、废油布、废电池、废灯管、废电线电缆等，由行政部安排分类处置。

4.1.6 各部门严格依据以上程序和标准的要求,开展职业健康安全管理工作,并作好相应记录。当出现不符合情况时,参照《纠正和预防措施控制程序》处理,安全部负责随时检查各部门的执行情况。

4.2 对新上工程、工程技术改造等新项目的职业健康安全管理详见《新项目职业健康安全评价管理程序》。

4.3 对于所提供的产品或服务中涉及重要职业健康安全因素的供应商,公司依据《对相关方职业健康安全管理程序》对其施加影响,使他们的行为符合程序和有关要求。

4.4 对紧急情况的处理详见《应急准备和响应管理程序》。

5 相关文件和相关记录

5.1 相关文件

(1)《生产过程控制程序》;
(2)《纠正和预防措施控制程序》;
(3)《新项目职业健康安全评价管理程序》;
(4)《应急准备和响应控制程序》;
(5)《对相关方职业健康安全管理程序》;
(6)《设备通用职业健康安全管理标准》;
(7)《化学物品管理标准》;
(8)《固体废弃物处置管理标准》;
(9)《危险控制点清单》;
(10)《安全技术操作规程》;
(11)《OHSMS 运行考核细则》。

5.2 相关记录

《文件修改记录》

例2 某公司应急准备和响应管理程序

应急准备和响应管理程序	编号:	起草:
	版本:	审核:
	页次:	批准:

1 目的

为了预防和控制潜在的事故或紧急情况,作出应急准备和响应,最大限度地减少可能产生的事故后果,特制定本程序。

2 适用范围

本程序适用于在本公司区域内有可能发生的火灾、爆炸事故以及特殊的气候(如台风、暴雨、洪水等)紧急情况。

3 职责

3.1 安全部、生产部负责制定重大事故的应急策划。

3.2 安全部负责定期对义务消防队进行安全防火技能培训和组织消防演习,发生火灾时组织救护工作。

3.3 安全部负责与消防、医疗等单位紧急联系。

3.4 职工医疗部门负责事故现场的人员抢救工作。
3.5 安全部、工程部、生产部负责遭受台风袭击或发生洪水灾害时组织抢险工作。
3.6 安全部负责对紧急情况发生后所采取的纠正措施进行验证,并完善本程序。
3.7 生产副经理负责应急现场的统一指挥和调度工作。

4 工作程序

4.1 应急准备

4.1.1 公司成立应急准备领导小组,由生产副经理任组长,职业健康安全管理者代表任副组长,组员由安全部、生产部、工程部、职工医疗部门等单位组成。

4.1.2 事故易发生单位(车间、班组)成立应急队并落实应急措施。

4.1.3 每年举行一次应急演习,验证应急计划和措施。

4.1.4 安全部负责健全包括有市消防队、医院等单位以及公司各相关部门、管理人员、关键技术人员的通信联络表,并与消防队、安全生产局等保持联络,以获取健康及安全方面的相关资讯。

4.2 应急响应

4.2.1 火灾发生时,发现人员应迅速将此信息传递给安全部和职业健康安全管理者代表、经理,同时采取措施控制事故扩大,由安全部联络工程部、生产部负责人及义务消防队立即赶赴现场,组织救灾。

4.2.2 若火势不能控制,在应急领导小组统一指挥下,立即通知市消防队,报警时必须讲明起火地点、火势大小、起火物资、公司电话号码等详细情况,并派人到路口接警。

4.2.3 安全部负责组织将受伤人员转送医院或通知医院赶赴现场进行紧急救护。

4.2.4 其他管理人员参与协助现场的指挥、救护、通信、车辆的使用调度等工作。

4.3 纠正与完善

4.3.1 事故发生后安全部应组织进行原因分析,填写《事故调查表》,针对导致意外事故的原因,如异常作业、操作人员缺乏培训等由责任部门采取纠正措施,交管理者代表确认后予以实施,并将《事故调查表》交事故发生部门备案一份,以对其实施效果进行监督验证。

4.3.2 由安全部组织对本程序进行评审与修订,使其不断完善。

4.4 当遭受台风袭击或发生洪涝灾害时,安全部应紧急通知各部门对人员及财产采取保护措施。同时,工程部、生产部等负责组织对设备及化学物品妥善保管或处置,以尽可能减少因设备发生异常事故、化学物品泄漏等带来的事故后果。事后总结经验,完善本文件。

4.5 如果公司的发展需要增加有毒、有害化学品的使用,需要增设高压容器或重要环保设施等,则需针对泄漏、爆炸、设施事故等可能的隐患,及时更新本程序,增加相应的内容。

5 相关文件与相关记录

5.1 相关文件

《事故报告、调查、处理程序》;
《动火作业管理程序》;
《重大事故应急计划》。

5.2 相关记录

《事故记录表》

例3 某公司职业健康安全管理体系内部审核程序

职业健康安全管理体系内部审核程序	编号：	起草：
	版本：	审核：
	页次：	批准：

1 目的

为了进行职业健康安全管理体系内部审核，特编制本程序。

2 范围

2.1 本文件所述之程序满足本组织的职业健康安全管理方针及职业健康安全管理手册的需求，也满足 OHSMS 标准 4 节的要求。

2.2 本文件不包括其他形式的职业健康安全管理体系审核的要求，如对供应商职业健康安全方面的要求。

3 职责

3.1 职业健康安全管理者代表职责：

3.1.1 策划职业健康安全管理体系审核计划纲要和所需的资源（包括人力、财力和物力）。

3.1.2 任命审核组长，成立审核组。

3.1.3 协助解决对纠正措施要求方面解释上的不符合或反应延迟等问题。

3.1.4 对审核结果进行评审，并将审核发现及审核结果提交给管理者评审。

3.2 被委派的审核组长的职责：

3.2.1 按本程序准备、实施审核并向职业健康安全管理者代表提交审核发现及审核报告。

3.2.2 评审建议的纠正措施并使之形成文件。

3.2.3 对前一次审核时提出的纠正措施的完成情况进行验证。

3.3 其他有关人员应对内部职业健康安全管理体系审核工作进行全面的合作。

4 工作程序

4.1 编制审核计划

4.1.1 每年年初，职业健康安全管理者代表编制一份该年度的审核计划表（表5-1）。各部门或各要素的审核频次应取决于其现状和重要性，并考虑前几次审核所发现的问题。审核计划表应呈交最高管理者批准。

4.1.2 应在审核前 5 天内向各有关部门的领导通知确切的审核日期。

4.1.3 职业健康安全管理者代表应为每次审核委派负责该项审核的审核员。

4.2 实施审核

4.2.1 受委派的审核员应在实施审核前研究有关的程序文件，并应：

①决定是否需取得其他文件；

②编制检查表；

③决定是否需要一名陪同人员。

4.2.2 审核员应通知部门领导何时开始审核。

4.2.3 审核员应使用编制好的检查表作为进行审核的工具之一。

4.2.4 如发现有任何问题,应尽早给予口头反馈;如有任何误解亦应尽早解决之。

4.2.5 审核的目的是寻找不符合适用标准或程序的客观证据。不应在任何发现的问题中加入个人的责备。

4.3 报告审核中发现的问题

4.3.1 审核员应在审核完成后通知有关的部门领导,并对所发现的问题作一次口头报告,并对这些问题发布纠正措施要求表。

4.3.2 纠正措施要求表可采用表5-3所示的格式。这种表格可由职业健康安全管理者代表根据审核员的需要发给,并编上顺序号。

4.3.3 纠正措施要求表的细节及纠正措施进行的状态将由审核员用登记表的格式加以登记。

4.3.4 审核员应在纠正措施要求表中填写不合格的详细内容,但不要填写纠正措施栏。

4.3.5 审核的总结报告可采用表5-2所示的格式编写,必要时还可采用续页。

4.3.6 审核总结报告和纠正措施要求表应由职业健康安全管理者代表批准并发给有关的部门领导。

4.4 对审核所发现的问题的反应

4.4.1 对每一份纠正措施要求表必须在5个工作日内作出书面反应,详细说明建议采取的纠正措施、完成期限。

①建议中应包括立即采取的纠正措施以及必要采取的长期预防措施。

②在预防措施比较复杂的情况下,建议中可包括建立一个解决问题的工作组并进行调查,以及一个附有最后期限的计划表。这些是对纠正措施要求表的一种可以接受的最初反应。

4.4.2 这些反应记录在纠正措施要求表中的"建议采取的纠正措施"一栏中,并退回给职业健康安全管理者代表。如果该建议不能接受,则职业健康安全管理者代表将与接收纠正措施要求表者联系,并向他解释不接受的原因。在这种情况下,应编制一份修正的纠正措施建议。

4.4.3 对纠正措施要求表不作出反应时,职业健康安全管理者代表应加以追查并向最高管理者报告。

4.4.4 如果对纠正措施的需要或对纠正措施的性质不能达成一致意见时,职业健康安全管理者代表应报告最高管理者进行仲裁。

4.5 跟踪

4.5.1 当纠正措施预定完成日期已到,或当职业健康安全管理者代表已接到完成的通知时,应委派一名审核员去验证其完成情况。

4.5.2 去验证的审核员应检查纠正措施已被采取并证明有效后,再在纠正措施要求表中的"验证"栏中签字。

4.5.3 在下次计划中对该部门进行审核时,审核员应检查此纠正措施是否仍然有效。如不再生效,则应发出一张新的纠正措施要求表,在表中说明原来发现的问题。

4.5.4 如在规定的期限内未能完成纠正措施,职业健康安全管理者代表应对此进行跟踪。如无正当理由或未能规定出可接受的修正期限,应向最高管理者报告。

4.6 记录的保存

4.6.1 职业健康安全管理者应保存一份档案，内存所有的审核报告及纠正措施要求表，并有一览表记录他们的完成状态。

4.6.2 以下各种文件应作为 OHSMS 标准 3 中规定的"记录"来对待，保存期至少 3 年。

①年度审核计划及其修正版；
②审核记录表；
③审核报告；
④纠正措施；
⑤审核员培训/认可记录。

五、体系的其他文件

体系的其他文件主要有作业文件和记录。

1. 作业文件

作业文件是程序文件的支持性文件。作业文件可以包括作业指导书、操作规范、工艺工程图表、技术说明、规章制度、有关规定和办法等。作业文件的内容是描述为实施程序文件所涉及到的各职能部门的具体活动，主要供各项具体活动和具体岗位的管理和操作人员使用。为了使各项活动具有可操作性，一个程序文件可分解成几个作业文件，能在程序文件中交代清楚的活动，就不需要再编制作业文件。作业文件必须与采用要素的程序相对应，为配合程序文件的执行，引用某些现有的、专门性的技术规范或企业内部的操作惯例、制度、规定等，作为对程序文件的补充、细化。国家、行业、组织的技术标准、规范不作为作业文件，单独在"在用标准目录"中列出。作业文件通常包括活动的目的和范围，做什么和由谁来做，何时、何地以及如何做，应采用什么方法、设备和文件，如何对活动进行控制和记录，即按"5W+1H"原则。

2. 记录

记录是体系运行过程和运行结果的信息，为体系的运行提供支持和见证。从广义上说，它是一种特殊形式的体系文件。记录并不单独构成一个层次，而是贯穿在三级体系文件中，并存在于体系文件执行的全过程。记录有如下功能：

（1）是体系文件的组成部分，是职能活动的反映和载体。

（2）是验证管理体系的运行结果是否达到预期目标的主要证据，是体系有效性的证明文件，具有可追溯性。

记录可以是书面形式的，也可以是其他方式的，如电脑软件储存的资料。

（3）为采取预防和纠正措施提供依据。

第五章 职业健康安全管理体系和环境管理体系的运行与保持

第一节 职业健康安全管理体系和环境管理体系的运行

一、体系试运行的目的

管理体系文件编制完成后，体系将进入试运行阶段。试运行的目的是要在实践中检验体系的充分性、适用性和有效性。在此阶段，组织应通过实施其手册、程序和作业文件，充分发挥体系本身的各项功能，及时发现问题，找出问题的根源，采取改进和纠正措施，并对体系加以修改，以达到进一步完善的目的。

二、体系运行的程序

体系运行是指按照已建立体系的要求实施，在实施中通过培训、意识和能力，信息交流，文件管理，执行控制程序文件，监测，不符合、纠正和预防措施，记录等活动推进体系的运行工作。上述运行活动简述如下：

1. 培训、意识和能力

由主管培训的部门根据体系、体系文件（培训意识和能力程序文件）的要求，判定详细的培训计划，明确培训的组织部门、时间、内容、方法和考核要求，组织对全体员工实施培训。作为高层管理人员，应着重掌握职业健康安全和环境管理体系的原理、原则、功能以及控制的方法；中层管理人员应主要掌握本部门体系要素的工作内容；普通员工应着重掌握手册的支持性文件中涉及各自岗位的操作标准、规定、程序等的内容。培训计划、培训需求、培训内容、考卷等记录应保持一致，并保证培训效果。

2. 信息交流

信息交流是确保各要素构成一个完整的、动态的、持续改进的体系和基础。管理体系涉及组织所有部门，在运行过程中，各项活动往往不可避免地发生偏离标准的现象，因此，组织应通过信息交流和利用信息反馈系统对异常信息进行处理，对体系运行进行动态监控。运用体系的运行机制，在领导主持下对各部门进行组织协调工作，对出现的问题及时加以改进，完善并保证体系的持续正常运行。

所有与管理体系活动有关的人员都应按体系文件要求做好信息的收集、分析、传递、反馈、处理和归档等工作。记录要完整、规范。

3. 文件管理

管理体系文件具有针对性和层次性，组织内各个岗位都应有其主导性文件和相关性文件。要使组织的管理体系有效地运行，必须使必要的体系文件分发到位，同时还应加强文件管理，做好以下工作：

(1) 对现有有效文件进行整理编号,方便查询索引。

(2) 对适用的规范、规程等行业标准应及时购买补充,对适用的表格要及时发放。

(3) 对在内容上有抵触的文件和过期的文件要及时作废并妥善处理。作废文件需保留的要有作废标记,回收的要登记。

4. 执行控制程序文件

体系的运行离不开程序文件的指导,程序文件及其相关的作业文件在组织内部都具有法定效力,必须严格执行,才能保证体系正确运行。

文件、手册有受控文件与非受控文件之分,给咨询机构、认证机构的文件可以是非受控文件,文件领取要有登记,特别是管理人员和健康安全、环境部门及管理体系推进部门的文件更要严格手续。作废文件需保留的要有作废标记,收回的要登记。

5. 监测

为保证体系正确有效地运行,必须严格监测体系的运行情况。监测中应明确监测的对象和监测的方法。

6. 不符合、纠正措施和预防措施

体系在运行过程中,不符合的出现是不可避免的,所以应采取相应的预防措施和纠正措施。

7. 记录

在体系运行过程中及时按文件要求进行记录,如实反映体系运行情况。

第二节 职业健康安全管理体系和环境管理体系的保持

管理体系建立后,要在运行中保持下去,不断有效地发挥其作用,必须体现持续改进的思想。为此应做好以下工作:

1. 严格监测体系的运行情况

为了保持管理体系正确、有效地运行,必须严格监测体系的运行情况,避免出现与管理体系标准不符合的现象。所以要对体系的运行情况进行监测。监测要全面,应包括管理活动、生产操作、工艺运行等方面。

2. 对不符合要及时采取有效的纠正和预防措施

在管理体系的运行过程中,不符合的出现是不可避免的,包括事故、事件也难免要发生,关键是是否有相应的及时有效的纠正与预防措施,以保证今后不再出现或少出现类似的不符合、事故、事件,确保管理体系的有效运行。

3. 定期开展内部审核和管理评审

一个组织的内部情况和外部环境都是在不断变化的,其管理体系是否适应新的情况和环境,需要通过最高管理者组织的管理评审来判定。通过管理评审,可判定组织的管理体系面对变化的内部情况和外部环境,是否充分、适用、有效,由此决定是否对方针、目标、机构、程序等作出调整。

为保证内部审核的质量,正确反映体系存在的问题,在审核人员、方法、程序等方面应严格按内审程序的规定进行。

4. 采用 PDCA 管理方法,不断持续改进

组织除保持管理体系正确、有效运行外,还要达到持续改进。组织在不断完成管理体

系要素要求的同时，还必须通过 PDCA 管理方法完成新的职业健康安全和环境目标，从而使组织的职业健康安全和环境状况得到进一步改进，实现持续改进的要求。

第三节 职业健康安全管理体系和环境管理体系的内部审核

一、管理体系内审的目的和要求

内部审核的目的是为了系统地、独立地检查和评价：
（1）体系各要素是否按照计划有效实施；
（2）体系运行是否正常；
（3）体系运行是否达到了规定的目标；
（4）管理职能是否落实；
（5）资源（包括人力、物力、财力、信息等）配置是否合理。

内部审核一般要对体系的全部要素进行全面审核，应由与被审核对象无直接责任的人员来实施，对不符合项的纠正措施必须跟踪审查，并确定其有效性。内部审核由管理者代表组织实施，由组织的内审员参与，必要时也可请外单位有审核资格的人员参加。

二、管理体系内审的种类

管理体系的内审可分常规内审和追加内审两类。

例行的常规内审一般每年进行一次，当出现下列情况时可追加内审。
（1）适应组织的法律、法规、标准、国际公约发生重大改变；
（2）组织发生重大事故或相关方有严重抱怨；
（3）组织有新建、扩建、改建项目；
（4）组织机构有重大变动；
（5）即将进行第二、第三方审核时，也可追加内审为其做准备。

内部审核的依据：
（1）职业健康安全和环境管理体系标准；
（2）职业健康安全和环境管理体系文件；
（3）有关职业健康安全和环境的法律、法规和标准等。

内部审核的基本步骤：
（1）确定任务（策划）；
（2）审核准备；
（3）（实施）现场审核；
（4）编写审核报告；
（5）纠正措施的跟踪；
（6）全面审核报告的编写和纠正措施计划完成情况的汇总。

三、内部审核的策划

管理体系的内部审核应做好以下工作：
（1）领导重视是做好管理体系内部审核的关键。

(2) 管理者代表要亲自抓内部审核工作。

(3) 组建合格的内部审核员队伍,通过培训,经考核后由领导正式任命,授予进行审核的权力。

(4) 内部审核需要有一套正规的程序,明确审核的目的、范围、执行者的职责以及具体的实施方法,以规范审核过程。

四、审核的准备

审核的准备是内审工作的一个重要阶段,大致包括下列内容:

1. 制定计划

内部审核一般应编制一份年度计划,计划表的格式如表 5-1 所示。每月对一个或几个部门或要素进行一次审核,使一年内能把所有部门和要素都至少审核一次。计划的内容应包括:

(1) 审核目的;

(2) 审核范围;

(3) 审核准则;

(4) 审核时间;

(5) 审核部门;

(6) 审核组成员;

(7) 日程安排。

表 5-1 某公司职业健康安全管理体系年度审核计划表

体系要求		20____年											
条款号	名称	一月	二月	三月	四月	五月	六月	七月	八月	九月	十月	十一月	十二月
4.2	职业健康安全方针												
4.3.1	对危险源辨识、风险评价和风险控制的策划												
4.3.2	法规和其他要求												
4.3.3	目标												
4.3.4	职业健康安全管理方案												
4.4.1	结构和职责												
4.4.2	培训、意识和能力												
4.4.3	协商和沟通												
4.4.4	文件												
4.4.5	文件和资料控制												
4.4.6	运行控制												
4.4.7	应急准备和响应												
4.5.1	绩效测量和监视												
4.5.2	事故、事件、不符合、纠正和预防措施												
4.5.3	记录和记录管理												
4.5.4	审核												
4.6	管理评审												

2. 组成审核组

在进行内审前,管理者代表应任命审核组长及审核员,组成审核组。

审核组长必须是组织领导任命、经过培训的内部审核员，与被审核部门无直接责任关系，但对被审核部门的业务有一定了解，并具有较多的审核经验。内审员必须是组织任命、经过培训并与被审核部门无直接关系的内部审核员。

内审员应熟悉组织的管理体系运行情况，包括管理体系文件的编写是否符合标准、是否便于操作，在实际运作中，哪些要素、哪些职业健康安全和环境活动、哪些部门、哪些过程是薄弱环节等。

3. 收集有关文件

内部审核收集文件的工作重点是与受审核部门的职业健康安全和环境活动有关的程序文件、作业指导书等，并以有关法律、法规及标准等为依据对程序文件等进行检查，看其是否符合这些依据。在审阅程序文件时，不仅要检查该部门自身中心工作的程序文件，还要检查与其他部门程序文件的接口是否明确，内容是否协调。

4. 编写检查表

检查表是内审员进行审核时的一种自用工具，主要对以下内容起备忘作用。

（1）明确与审核目标有关的作用。审核采用的主要方法是抽样检查，抽什么样本、每种样本应抽取多少数量、如何抽样等问题。

（2）使审核程序规范化。

（3）按检查表的要求进行调查研究可使审核目标始终保持明确。

（4）保持审核进度。按调查的问题及样本的数量分配时间，使审核按计划进度进行。

（5）作为审核记录存档。

5. 通知受审核部门并约定审核时间

五、审核的实施

1. 审核的步骤和工作内容

实施审核的步骤和工作内容主要包括：

（1）召开首次会议；

（2）进行现场审核；

（3）确定不符合项并编写不符合报告；

（4）汇总分析审核结果；

（5）召开末次会议，宣布审核结果。

2. 审核报告的编写

审核报告是说明审核结果的正式文件，每次审核都必须填写审核报告，并附上具体资料、数据、图表和记录等。在审核报告中，还要对前一次审核后提出的纠正措施、建议的落实情况和效果作出评价。审查报告一般应包括下列内容：

（1）审核的目的和范围；

（2）审核组成员和受审核部门的名称及其负责人；

（3）审核的日期；

（4）审核所依据的文件；

（5）不符合项的观察结果；

（6）职业健康安全和环境管理体系运行有效性的结论性意见；

(7)审核报告的分发清单。

内部审核报告应经管理者代表或其指定的负责人批准后分发至有关的领导和部门。表5-2 是审核报告的格式。

表 5-2　内部审核报告

编号：　　　　　　　　　　　　　　　　　　　　　第　页　共　页

审核范围			
审核组长		审核组成员	审核日期
审核目的：			
审核依据：			
审核内容：			
不符合项描述：			
审核结论：			
备注：			

附件：不符合项报告＿＿＿＿份，共＿＿＿＿页。

六、纠正措施

审核组在现场审核中发现不符合项时，除要求受审核部门负责人确认不符合事实外，还要求他们调查分析造成不符合的原因，并且填写纠正措施要求表，提出纠正措施的建议，其中包括完成纠正措施的时间。表 5-3 是纠正措施要求表的格式。

表 5-3　纠正措施要求表

文件号　　　　　　　　　　　　　　　　　　　　　第　页　共　页

纠正措施要求表	编号
受审核的部门	
审核员	日期：
不符合事实的描述	
不符合程序＿＿＿＿＿＿＿ 　条款＿＿＿＿＿＿ 不符合类型（划圈）　　严重　　轻微 签名＿＿＿＿＿＿（审核员）　　　日期＿＿＿＿＿＿	
建议的纠正措施	
完成日期：＿＿＿＿＿＿ 签　名：＿＿＿＿＿＿（经理）　　　日期： 认　可：＿＿＿＿＿＿（审核员）　　日期： 批　准：＿＿＿＿＿＿（管理者代表）日期：	

受审核部门负责人提出的纠正措施的建议首先要经过审核组的认可,然后还要经过管理者代表批准,尤其是全局性的纠正措施或是牵涉到几个部门的纠正措施。经管理者代表批准后,该措施计划正式成立,即纠正措施建议变为正式的纠正措施计划。

纠正措施实施中如发生问题不能按期完成,须由受审核部门向管理者代表说明原因,经管理者代表批准后通知相关部门修改措施计划;如在实施中几个有关部门对实施问题有争执,难以解决,也应提请管理者代表协调。

纠正措施实施情况应保存有关记录。

内审组还应对纠正措施实施情况进行跟踪,如有问题应及时向管理者代表或相关部门反映。纠正措施完成后,内审员应对纠正措施完成情况进行验证,验证的内容包括:

(1)计划是否按规定日期完成;
(2)计划中的各项措施是否都已完成;
(3)措施完成后的效果如何;
(4)实施情况是否有记录可查,记录是否按规定编号并妥为保存。

七、管理评审

(一)管理评审的目的

管理评审是由组织的最高管理者对职业健康安全和环境现状进行系统的评价,以确定职业健康安全和环境方针、管理体系和程序是否仍适合于目标、法规和变化了的内外部条件。内部审核与管理评审的关系如表5-4所示。

表5-4 内部审核与管理评审的关系

比较项目	管理体系内部审核	管理评审
人 员	审核员	最高管理者
内 容	审核体系文件的符合程度,验证体系运行的有效性	对管理体系内部审核结论评定,能否达到目标,体系是否需要调整改变
类 型	内部或请外部	内部
方 式	现场	会议或现场
结 果	提出不合格的纠正措施	提出体系改进措施

管理评审通过年度计划安排,一般每年进行一次,也可随着内、外部条件的变化而及时进行管理评审。管理评审一般由总经理主持,各部门负责人和有关人员(如内审员等)参加。评审会议应对有关提案或问题作出明确决定。

(二)管理评审的内容

管理评审的内容一般包括:
(1)职业健康安全和环境方针的持续有效性;
(2)职业健康安全和环境目标、指标的持续适宜性;
(3)职业健康安全和环境目标、指标及职业健康安全和环境绩效的实现程度;
(4)职业健康安全和环境管理体系内部审核的结果,内审报告提出的所有建议及纠正措施实施情况;

（5）风险控制措施、环境影响的适宜性，事故教训；

（6）相关方关注的问题，内部、外部反馈的信息；

（7）是否需要对职业健康安全和环境方针、计划、管理手册及有关文件进行修订。

（三）管理评审的步骤

管理评审一般按下列步骤进行：

1. 制定评审计划

根据最高管理者提出的要求，由管理者代表或指派主管部门编制管理评审计划，报最高管理者批准后由主管部门于评审前两周分发，通知参加评审的人员。

2. 资料准备

由管理者代表组织主管部门及有关部门汇集、准备评审资料。评审资料一般包括：

（1）本部门执行管理体系的有关文件；

（2）对有关文件的执行计划、措施及执行记录或报告；

（3）相关方要求的信息反馈单、职业健康安全和环境记录；

（4）内部审核提出的不符合项及改进措施的执行、验证记录或报告；

（5）本部门对执行计划、目标、指标情况的自我评价，包括成绩、问题、改进措施、目标；

（6）本部门实现改进职业健康安全和环境绩效的关键环节、风险和范围，资源方面有何困难、所需帮助等。

3. 召开评审会议

最高管理者主持召开评审会议，由主管部门记录评审会议结果并编制评审报告。

4. 批发评审报告

评审报告报管理者代表审核，最高管理者批准，分发参加评审的人员和相关部门。

5. 报告留存

管理评审记录及报告由主管部门保存并归档，保存期至少3年。

6. 评审后的要求

（1）通过管理评审发现的问题，由管理者代表签发"纠正（预防）措施通知单"，由主管部门发至责任部门。

（2）责任部门组织调查分析产生不符合的原因，制定改进和纠正措施并组织实施，填写过程和结果记录。

（3）主管部门组织改进和纠正措施结果的验证，填写验证报告。

（4）由原编制、审批部门办理改进和纠正措施所涉及的文件更改。

管理评审的形式可以采取现场调查、分析研究并形成评审报告讨论稿，由最高管理者或委托职业健康安全和环境管理者代表主持会议，讨论评审报告讨论稿，并形成结论。由最高管理者审批后形成文件，下达、存档。

第六章 职业健康安全管理体系和环境管理体系的认证

职业健康安全和环境管理体系认证是由获得认可资格的体系认证机构依据审核准则对受审核方的管理体系通过实施审核及认证评定，确认受审核方管理体系的符合性及有效性，并颁发证书与标志的过程。管理体系认证工作的程序如图 6-1 所示。

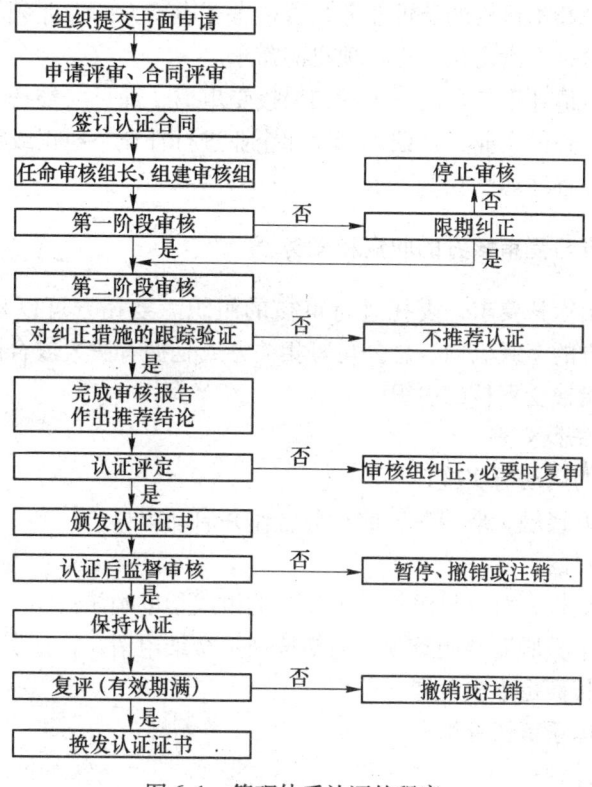

图 6-1 管理体系认证的程序

第一节 体系认证的申请和受理

一、提出申请

职业健康安全和环境管理体系已建立并有效运行的组织，可向认证机构提出体系认证申请。

申请认证的组织应按认证机构的要求填写认证申请书，并附上相关材料，认证申请也可由委托方提出。

在认证申请中一般认证机构需要了解组织的背景情况，包括名称、地址、法律地位、联系方式、产品及其用途、产量、产值、所有制形式、员工人数、占地面积、建筑面积以及经济活动类型等一般情况，组织有可能造成较大职业健康安全和环境影响的活动、产品及服务等，组织的职业健康安全和环境管理状况，如体系建立情况、组织机构及绩效。组织还应向认证机构明确希望开始审核的时间及审核范围。

二、受理申请

认证机构在接到申请表及相关材料以后，应对申请组织进行申请评审和合同评审，以确定是否可以受理认证申请。

合同评审是认证机构对承担该认证项目的能力进行自我评价的工作过程。合同评审通常包括对申请方的产品、活动、服务进行归类，分析其主要的危险危害因素和环境因素，确定其专业类别，判断本机构的认可业务是否包含了申请方的专业领域，同时分析自身具备的审核资源与能力是否满足认证审核项目的需求。

认证机构通过申请评审与合同评审后如果接受申请，即可与委托方或受审核方签订认证合同。对未通过审查的企业，认证机构通知企业进行补充、纠正或重新申请。

管理体系认证的程序如图6-1所示。

三、明确委托方与受审核方的职责和义务

委托方是指提出审核要求，委托进行审核的组织。委托方可以是受审核方或其相关方，例如是受审核方的上级机构、总公司等相关方或是拥有法人或合同权力提出审核委托的组织。受审核方指接受审核的组织。

1. 委托方的责任和义务

（1）决定审核的启动与实施；
（2）与受审核方接触，取得后者的充分合作并启动审核；
（3）确定审核目的；
（4）选择审核机构，对审核组长及审核组的组成予以确认；
（5）提供开展审核所需要的资源，包括按规定交纳申请、认证费用及年监费用；
（6）与审核组长商定审核范围；
（7）确认管理体系审核准则；
（8）确定审核计划；
（9）接受审核报告并决定其分发范围；
（10）如对认证活动、人员及认证结果有争议，可向认证机构提出申诉和投诉。

2. 受审核方的责任和义务

（1）视需要向员工传达审核的目的与范围；
（2）向认证机构提供管理体系文件及资料；
（3）向审核组提供必要的工作条件，保证审核的有效进行；
（4）选派人员配合审核组工作，担任现场向导，向审核员介绍审核现场的健康、安全、环境及其他有关要求；
（5）应审核员的要求，为他们提供有关信息和记录以及现场观察的便利条件；
（6）协助审核组实现审核目的；

（7）如无委托方的明令禁止，接受审核报告副本。

第二节 体系的审核和认证评定

一、审核的策划和准备

审核的策划和准备主要包括：
（1）确定审核范围；
（2）组成审核组；
（3）制定审核计划；
（4）准备审核工作文件。

审核范围是指受审核的管理体系所覆盖的活动、产品和服务的范围。确定审核范围实质上就是明确受审核方作出持续改进及遵守相关法律法规和其他要求的承诺，保证其职业健康安全和环境管理体系实施和正常运行的责任范围。

确定审核范围之后，认证机构应根据申请方的规模、特点和危险因素、环境影响因素，确定审核组的规模，委派合适人选担任审核组长，并由审核组长组成审核组。

二、审核实施

管理体系审核通常分为两个阶段。第一阶段的审核称为初始审核，简称初审；第二阶段的审核称为正式审核，也称现场审核。初审又分为文件审核和初访两部分。初访是审核组与受审核方之间的正式接触，是正式审核前双方第一次相互了解和沟通。初访并不是认证过程中必不可少的程序，是否进行初访主要取决于认证机构对组织的了解情况和文件审查的结果。

现场审核的目的是为了验证管理体系标准和体系文件的实际执行情况。通过现场采集客观证据，对体系运行状况是否符合标准的要求和体系文件规定作出判断，并据此对受审核方是否通过体系认证作出结论。

现场审核工作包括：
（1）召开首次会议；
（2）现场收集审核证据；
（3）汇总分析审核结果并确定不符合项；
（4）召开末次会议并宣布现场审核结果；
（5）编写审核报告等环节。

三、纠正措施及跟踪

对于通过初审提出的各项不符合项，审核组应要求受审核方在规定期限内进行整改，包括针对每一个不符合项进行原因分析，制定合理有效的纠正措施及预防措施，并付诸实施，且将纠正措施与结果报告审核组，同时附上相关证明材料，包括：照片、实施记录、报告、监测报告、资格部门证明、合同副本等形式证明。

审核组应对纠正与预防措施予以验证，验证分为文件验证与现场跟踪验证两种方式。验证方式可根据不符合及纠正的实际情况由审核组长决定。如果某些审核项目的实施效果确需较长的时间才能最终体现,可作为遗留问题待下一次例行审核时再检查。

纠正措施的提出、完成及验证一般应以文件化的形式体现,受审核方和审核组均应以签字表示相应责任,纠正措施的报告、验证资料将汇同审核报告以及其他审核记录由审核组一并提交认证评定。

四、认证评定

认证机构应设有负责认证评定的组织或部门(常称为技术委员会,它由有较丰富经验的专家组成),授权对审核过程及其结果进行评定,作出认证结论。认证评定应独立于审核工作之外,具备相对客观公正性。

审核组长整理出全部审核资料之后汇同审核报告、不符合纠正措施报告及验证材料以及体系文件一并提交技术委员会,技术委员会委员通过审阅资料、召开会议等方式形成认证结论,即通过认证、不通过认证或暂缓通过认证三种结论。

认证评定通过以后即可签发认证证书,认证证书一般由认证机构的最高管理者签发。认证机构将认证评定结论正式通知受审核方,并在有关媒体进行公布。

第三节 体系认证后的监督和复评

认证机构对获准认证的受审核方,在证书有效期内(一般为3年)应定期实施监督审核,以验证其是否持续满足认证标准的要求。

认证后监督包括监督审核和管理,对在监督审核和管理过程中所发现的问题受审核方应及时进行整改,如遇特殊情况认证机构可组织复审。监督审核和复审程序应与对受审核方进行初次审核的程序一致。受审核方的认证证书有效期满时,可通过复评再次获准认证。

一、监督审核

监督审核的目的是验证获证组织的管理体系是否持续满足认证标准的要求或考察组织运行引起的管理体系的变化是否符合认证要求。

1. 监督审核的实施

(1) 认证机构对组织管理体系监督的频次和深度应视组织危险危害因素或环境因素及其影响决定,通常至少一年一次,对初次通过认证的组织,首次监督审核应在通过认证后半年内进行。

(2) 每次监督审核,认证机构均应派出正式审核组按初次现场审核的程序进行。

(3) 监督审核可采用抽样的方式进行。但应确保在三年中覆盖全部现场,其中每年对其总部的审核至少一次。

(4) 每次监督审核应涉及全部管理体系要素,但每次对各个要素审查的深度和广度可各有侧重。

(5) 监督审核之后,审核组应为认证评定提供审核记录及报告,以便对受审核方管理体系作出保持认证证书、认证暂停或认证撤销的决定。

2. 监督审核方式

监督审核同认证审核一样,可以采用审阅文件、查阅记录、现场观察、交谈及会谈的方式。

审核组应根据获证组织对其管理体系所做的重大更改（或发生了可能影响其认证资格的其他变化）或其具体的问题及时调整其监督方案，以保证监督方案的合理性。

3. 监督审核结论

监督审核结束以后，审核组应作出以下主要结论：

（1）职业健康安全和环境管理体系是否得到正确的实施和保持；

（2）职业健康安全和环境管理体系是否确保持续适用性和有效性；

（3）重要危险危害因素和环境影响因素是否得到有效的控制；

（4）组织是否持续遵守职业健康安全和环境的法律、法规及其他要求，有无违法超标现象；

（5）不符合项是否破坏体系的完整性、有效性，是否得到纠正；

（6）是否推荐保持认证证书或暂停、撤销认证证书；

（7）对下一次监督审核应关注的要点及需要重点抽查的要素提出线索和建议。

二、存在问题的处置

根据监督审核和管理中所发现问题的轻重程度，有以下三种处置方式：

1. 认证暂停

有下列情况之一的，认证机构暂停认证证书持有者使用认证证书和标志的资格。

（1）认证证书持有者未经认证机构批准，对获准认证的职业健康安全和环境管理体系进行了重要更改，且该项更改影响到认证资格。

（2）监督审核发现认证证书持有者职业健康安全和环境管理体系达不到规定要求，但严重程度尚不构成撤销认证资格。

（3）认证证书持有者对认证证书和标志的使用不符合认证机构的规定。

（4）认证证书持有者未按期交纳认证费用且经指出后未予以纠正。

（5）发现其他违反认证规则的情况。

认证暂停后，若认证证书持有者在规定的时间内满足规定的条件后，认证机构取消暂停，否则撤销认证资格，收回认证证书。

2. 认证撤销

有下列情况之一的，认证机构应撤销认证证书持有者使用认证证书和标志的资格，收回认证证书。

（1）暂停认证资格的通知发出后，认证证书持有者未按规定要求采取适当纠正措施。

（2）监督审核发现认证证书持有者职业健康安全和环境管理体系存在严重不符合规定要求的情况。

（3）出现认证机构与认证证书持有者之间正式协议中特别规定的其他构成认证资格撤销的情况。

3. 认证注销

认证注销是认证机构注销认证证书持有者使用认证证书和标志的资格，并收回职业健康安全和环境管理体系认证证书。有下列情况之一时，应予以认证注销。

（1）由于认证规则发生变更，认证证书持有者不愿或不能确保符合新的要求。

（2）在认证证书有效期届满时，认证证书持有者未在认证证书有效期届满前足够时间内向认证机构提出重新认证申请。

（3）认证证书持有者正式提出注销。

三、复评

复评是对组织的管理体系再一次的认证审核，包括认证证书有效期届满时，组织重新提出认证申请后的审核，以及组织发生重大变更而进行的再一次认证审核。

复评的目的是为了证实组织的管理体系持续满足职业健康安全和环境管理体系标准的要求，并且得到了很好的实施和保持。

1. 复评的要求

（1）对组织管理体系的定期复评一般不应超过三年，复评应在认证证书有效期限终止前三个月内进行。

（2）获准认证的受审核方在认证证书有效期内出现以下情况时，由认证机构组织复评。

①获准认证的受审核方出现重大变更可能影响组织的活动与运行（例如组织所有权、人员或设备的改变等）时；

②获准认证的受审核方发生了影响到其认证基础的更改（如体系认证标准变更或体系认证范围扩大或缩小）；

③相关方的严重投诉、抱怨，或其他来自相关方的信息的分析，表明已获认证的组织不再满足认证机构的要求。

（3）复评所需的人数和天数在认证基础无更改的情况下可比初次审核略少。

（4）复评的审核方法与初次审核相同，复评方案应考虑上一次审核的结果，并至少包括管理体系文件的审核和现场的审核。

（5）复评至少应确保以下内容：

①管理体系的所有要素之间要统一协调；

②发生变更后，管理体系运行良好；

③管理体系得到有效保持。

（6）复评过程中，审核组应检查组织投诉、申诉及对其所采取的纠正措施的实施记录，并检查组织是否符合认证要求。

（7）复评报告除应包括审核报告要求的全部内容外还应包括对前次审核发现的不符合的纠正情况。

2. 复评的结论

认证机构根据复评结果，作出是否换发证书的决定。

第七章 安全法规

第一节 我国的安全法规体系

安全法规是保护劳动者在生产过程中的生命安全和身体健康的有关法令、规程、条例规定等法律文件的总称,又称劳动保护法规。

一、安全法规体系

我国的安全法规体系由5个效力层次的法规组成:
(1) 宪法。
(2) 劳动法典。
(3) 综合性基本法。集中规定安全方面基本问题、统帅所有安全法规的基本法,如"职业健康安全法"或"劳动保护法"之类的法律。目前我国尚没有这样的法律。
(4) 专门性基本法。就某个方面的安全问题制定的专门法规,如矿山安全法等。
(5) 单项法规。就某个方面的单项安全问题制定的专门法规,一般是部门规章或地方法规。

在专门性基本法和单项法规中,按照安全法规调整的对象可以大致划分为5类,即劳动安全技术法规、劳动卫生技术法规、综合安全管理法规、劳动安全监察法规和特殊主体(妇女、未成年)劳动保护法规。

二、现行的主要安全法规

我国现行的有关职业健康安全方面的主要法规和条例有:
(1) 2002年6月29日发布,2002年11月1日起施行的《中华人民共和国安全生产法》,该法规对生产经营单位的安全生产保障制度,从业人员的权利和义务,安全生产的监督管理,生产安全事故的应急救援与调查处理和法律责任等方面,都做了明确的规定,是安全生产的重要法规,第七章第二节所述是该法规的有关规定。
(2) 1994年7月5日发布,1995年1月1日起施行的《中华人民共和国劳动法》,该法规对劳动者的工作时间和休息休假,劳动健康安全,女职工和未成年工的特殊保护,社会保险与福利及劳动纠纷等,都做了明确规定,第七章第三节所述是该法规的有关规定。
(3) 2001年10月27日发布,2002年5月1日起施行的《中华人民共和国职业病防治法》,该法规对职业病的前期预防,劳动过程中的防护与管理,职业病诊断与职业病病人保障,职业病防治工作的监督检查和法律责任等做了明确规定,第七章第四节所述是该法规的有关规定。
(4) 2002年5月12日国务院发布并施行的《使用有毒物品作业场所劳动保护条例》,该条例对作业场所的预防措施,劳动过程的防护,职业健康监护,劳动者的权利与义务,监督管理和处罚等做了明确规定,第七章第五节所述是该条例的有关规定。

(5) 2002年3月28日卫生部发布,2002年5月1日起施行的《职业病危害事故调查处理办法》该办法对职业病危害事故的报告和事故的处理做了相关规定,第七章第六节所述是该办法的有关规定。

1963年5月国务院颁发的《关于加强企业生产中事故预防工作的几项规定》中规定,企业应从安全生产责任制、安全技术措施计划、安全生产教育、安全生产定期检查和伤亡事故的调查和处理5个方面加强安全管理工作。这5个方面构成了我国企业的安全管理基本制度,故又称"五项制度"。随着生产的发展,我国在安全生产管理方面也取得了长足进步和发展,但是上述五项基本制度仍然是目前企业健康安全生产管理的基础。

其他安全法规还有:

(1)《锅炉压力容器安全监察暂行条例》。该条例规定所有受压锅炉和额定压力为表压0.1MPa以上的各种压力容器的设计、制造、安装单位必须经主管部门批准和省、市、地区劳动部门审查批准。使用单位必须向当地锅炉压力容器安全监察机构登记,对操作人员进行安全技术培训,接受安全监察。使用单位发生事故,应向当地公安、监察机构报告。

(2)《中华人民共和国矿山安全法》。该法简称《矿山安全法》,是在我国境内从事矿产资源开采活动的企业必须遵守的法律。它以法律条文的形式对矿山建设的安全保障、矿山开采的安全保障、矿山企业的安全管理、矿山事故处理、矿山安全的行政管理及法律责任等做了明确规定。

(3)《尘肺病防治条例》。该条例要求各地和所有粉尘作业的企事业单位加强尘肺病防治工作的领导,并制定防治规划,落实防尘措施,完善监督、监测机构及制度,加强对从事粉尘作业人员的健康管理。

此外,我国还颁布了大量的有关职业健康安全方面的标准、规范、规程和规则,对职业健康安全方面的活动做了全面规定和管理。

第二节 《中华人民共和国安全生产法》有关规定

(2002年11月1日起施行)

一、生产经营单位的安全生产保障制度

1. 生产经营单位应当具备本法和有关法律、行政法规和国家标准或者行业标准规定的安全生产条件;不具备安全生产条件的,不得从事生产经营活动。

2. 生产经营单位的主要负责人对本单位安全生产工作负有下列职责:

(1) 建立、健全本单位安全生产责任制;

(2) 组织制定本单位安全生产规章制度和操作规程;

(3) 保证本单位安全生产投入的有效实施;

(4) 督促、检查本单位的安全生产工作,及时消除生产安全事故隐患;

(5) 组织制定并实施本单位的生产安全事故应急救援预案;

(6) 及时、如实报告生产安全事故。

3. 生产经营单位应当具备的安全生产条件所必需的资金投入,由生产经营单位的决

策机构、主要负责人或者个人经营的投资人予以保证，并对由于安全生产所必需的资金投入不足导致的后果承担责任。

4. 矿山、建筑施工单位和危险物品的生产、经营、储存单位，应当设置安全生产管理机构或者配备专职安全生产管理人员。

前款规定以外的其他生产经营单位，从业人员超过三百人的，应当设置安全生产管理机构或者配备专职安全生产管理人员；从业人员在三百人以下的，应当配备专职或者兼职的安全生产管理人员，或者委托具有国家规定的相关专业技术资格的工程技术人员提供安全生产管理服务。

生产经营单位依照前款规定委托工程技术人员提供安全生产管理服务的，保证安全生产的责任仍由本单位负责。

5. 生产经营单位的主要负责人和安全生产管理人员必须具备与本单位所从事的生产经营活动相应的安全生产知识和管理能力。

危险物品的生产、经营、储存单位以及矿山、建筑施工单位的主要负责人和安全生产管理人员，应当由有关主管部门对其安全生产知识和管理能力考核合格后方可任职。考核不得收费。

6. 生产经营单位应当对从业人员进行安全生产教育和培训，保证从业人员具备必要的安全生产知识，熟悉有关的安全生产规章制度和安全操作规程，掌握本岗位的安全操作技能。未经安全生产教育和培训合格的从业人员，不得上岗作业。

7. 生产经营单位采用新工艺、新技术、新材料或者使用新设备，必须了解、掌握其安全技术特性，采取有效的安全防护措施，并对从业人员进行专门的安全生产教育和培训。

8. 生产经营单位的特种作业人员必须按照国家有关规定经专门的安全作业培训，取得特种作业操作资格证书，方可上岗作业。

特种作业人员的范围由国务院负责安全生产监督管理的部门会同国务院有关部门确定。

9. 生产经营单位新建、改建、扩建工程项目（以下统称建设项目）的安全设施，必须与主体工程同时设计、同时施工、同时投入生产和使用。安全设施投资应当纳入建设项目概算。

10. 矿山建设项目和用于生产、储存危险物品的建设项目，应当分别按照国家有关规定进行安全条件论证和安全评价。

11. 建设项目安全设施的设计人、设计单位应当对安全设施设计负责。

矿山建设项目和用于生产、储存危险物品的建设项目的安全设施设计应当按照国家有关规定报经有关部门审查，审查部门及其负责审查的人员对审查结果负责。

12. 矿山建设项目和用于生产、储存危险物品的建设项目的施工单位必须按照批准的安全设施设计施工，并对安全设施的工程质量负责。

矿山建设项目和用于生产、储存危险物品的建设项目竣工投入生产或者使用前，必须依照有关法律、行政法规的规定对安全设施进行验收；验收合格后，方可投入生产和使用。验收部门及其验收人员对验收结果负责。

13. 生产经营单位应当在有较大危险因素的生产经营场所和有关设施、设备上，设置明显的安全警示标志。

14. 安全设备的设计、制造、安装、使用、检测、维修、改造和报废，应当符合国家标准或者行业标准。

生产经营单位必须对安全设备进行经常性维护、保养，并定期检测，保证正常运转。维护、保养、检测应当做好记录，并由有关人员签字。

15. 生产经营单位使用的涉及生命安全、危险性较大的特种设备，以及危险物品的容器、运输工具，必须按照国家有关规定，由专业生产单位生产，并经取得专业资质的检测、检验机构检测、检验合格，取得安全使用证或者安全标志，方可投入使用。检测、检验机构对检测、检验结果负责。

涉及生命安全、危险性较大的特种设备的目录由国务院负责特种设备安全监督管理的部门制定，报国务院批准后执行。

16. 国家对严重危及生产安全的工艺、设备实行淘汰制度。

生产经营单位不得使用国家明令淘汰、禁止使用的危及生产安全的工艺、设备。

17. 生产、经营、运输、储存、使用危险物品或者处置废弃危险物品的，由有关主管部门依照有关法律、法规的规定和国家标准或者行业标准审批并实施监督管理。

生产经营单位生产、经营、运输、储存、使用危险物品或者处置废弃危险物品，必须执行有关法律、法规和国家标准或者行业标准，建立专门的安全管理制度，采取可靠的安全措施，接受有关主管部门依法实施的监督管理。

18. 生产经营单位对重大危险源应当登记建档，进行定期检测、评估、监控，并制定应急预案，告知从业人员和相关人员在紧急情况下应当采取的应急措施。

生产经营单位应当按照国家有关规定将本单位重大危险源及有关安全措施、应急措施报有关地方人民政府负责安全生产监督管理的部门和有关部门备案。

19. 生产、经营、储存、使用危险物品的车间、商店、仓库不得与员工宿舍在同一座建筑物内，并应当与员工宿舍保持安全距离。

生产经营场所和员工宿舍应当设有符合紧急疏散要求、标志明显、保持畅通的出口。禁止封闭、堵塞生产经营场所或者员工宿舍的出口。

20. 生产经营单位进行爆破、吊装等危险作业，应当安排专门人员进行现场安全管理，确保操作规程的遵守和安全措施的落实。

21. 生产经营单位应当教育和督促从业人员严格执行本单位的安全生产规章制度和安全操作规程；并向从业人员如实告知作业场所和工作岗位存在的危险因素、防范措施以及事故应急措施。

22. 生产经营单位必须为从业人员提供符合国家标准或者行业标准的劳动防护用品，并监督、教育从业人员按照使用规则佩戴、使用。

23. 生产经营单位的安全生产管理人员应当根据本单位的生产经营特点，对安全生产状况进行经常性检查；对检查中发现的安全问题，应当立即处理；不能处理的，应当及时报告本单位有关负责人。检查及处理情况应当记录在案。

24. 生产经营单位应当安排用于配备劳动防护用品、进行安全生产培训的经费。

25. 两个以上生产经营单位在同一作业区域内进行生产经营活动，可能危及对方生产安全的，应当签订安全生产管理协议，明确各自的安全生产管理职责和应当采取的安全措施,并指定专职安全生产管理人员进行安全检查与协调。

26. 生产经营单位不得将生产经营项目、场所、设备发包或者出租给不具备安全生产条件或者相应资质的单位或者个人。

生产经营项目、场所有多个承包单位、承租单位的,生产经营单位应当与承包单位、承租单位签订专门的安全生产管理协议,或者在承包合同、租赁合同中约定各自的安全生产管理职责;生产经营单位对承包单位、承租单位的安全生产工作统一协调、管理。

27. 生产经营单位发生重大生产安全事故时,单位的主要负责人应当立即组织抢救,并不得在事故调查处理期间擅离职守。

28. 生产经营单位必须依法参加工伤社会保险,为从业人员缴纳保险费。

二、从业人员的权利和义务

29. 生产经营单位与从业人员订立的劳动合同,应当载明有关保障从业人员劳动安全、防止职业危害的事项,以及依法为从业人员办理工伤社会保险的事项。

生产经营单位不得以任何形式与从业人员订立协议,免除或者减轻其对从业人员因生产安全事故伤亡依法应承担的责任。

30. 生产经营单位的从业人员有权了解其作业场所和工作岗位存在的危险因素、防范措施及事故应急措施,有权对本单位的安全生产工作提出建议。

31. 从业人员有权对本单位安全生产工作中存在的问题提出批评、检举、控告;有权拒绝违章指挥和强令冒险作业。

生产经营单位不得因从业人员对本单位安全生产工作提出批评、检举、控告或者拒绝违章指挥、强令冒险作业而降低其工资、福利等待遇或者解除与其订立的劳动合同。

32. 从业人员发现直接危及人身安全的紧急情况时,有权停止作业或者在采取可能的应急措施后撤离作业场所。

生产经营单位不得因从业人员在前款紧急情况下停止作业或者采取紧急撤离措施而降低其工资、福利等待遇或者解除与其订立的劳动合同。

33. 因生产安全事故受到损害的从业人员,除依法享有工伤社会保险外,依照有关民事法律尚有获得赔偿的权利的,有权向本单位提出赔偿要求。

34. 从业人员在作业过程中,应当严格遵守本单位的安全生产规章制度和操作规程,服从管理,正确佩戴和使用劳动防护用品。

35. 从业人员应当接受安全生产教育和培训,掌握本职工作所需的安全生产知识,提高安全生产技能,增强事故预防和应急处理能力。

36. 从业人员发现事故隐患或者其他不安全因素,应当立即向现场安全生产管理人员或者本单位负责人报告;接到报告的人员应当及时予以处理。

37. 工会有权对建设项目的安全设施与主体工程同时设计、同时施工、同时投入生产和使用进行监督,提出意见。

工会对生产经营单位违反安全生产法律、法规,侵犯从业人员合法权益的行为,有权要求纠正;发现生产经营单位违章指挥、强令冒险作业或者发现事故隐患时,有权提出解决的建议,生产经营单位应当及时研究答复;发现危及从业人员生命安全的情况时,有权向生产经营单位建议组织从业人员撤离危险场所,生产经营单位必须立即作出处理。

工会有权依法参加事故调查，向有关部门提出处理意见，并要求追究有关人员的责任。

三、安全生产的监督管理

38. 县级以上地方各级人民政府应当根据本行政区域内的安全生产状况，组织有关部门按照职责分工，对本行政区域内容易发生重大生产安全事故的生产经营单位进行严格检查；发现事故隐患，应当及时处理。

39. 依照本法第九条规定对安全生产负有监督管理职责的部门（以下统称负有安全生产监督管理职责的部门）依照有关法律、法规的规定，对涉及安全生产的事项需要审查批准（包括批准、核准、许可、注册、认证、颁发证照等，下同）或者验收的，必须严格依照有关法律、法规和国家标准或者行业标准规定的安全生产条件和程序进行审查；不符合有关法律、法规和国家标准或者行业标准规定的安全生产条件的，不得批准或者验收通过。对未依法取得批准或者验收合格的单位擅自从事有关活动的，负责行政审批的部门发现或者接到举报后应当立即予以取缔，并依法予以处理。对已经依法取得批准的单位，负责行政审批的部门发现其不再具备安全生产条件的，应当撤销原批准。

40. 负有安全生产监督管理职责的部门对涉及安全生产的事项进行审查、验收，不得收取费用；不得要求接受审查、验收的单位购买其指定品牌或者指定生产、销售单位的安全设备、器材或者其他产品。

41. 负有安全生产监督管理职责的部门依法对生产经营单位执行有关安全生产的法律、法规和国家标准或者行业标准的情况进行监督检查，行使以下职权：

（1）进入生产经营单位进行检查，调阅有关资料，向有关单位和人员了解情况。

（2）对检查中发现的安全生产违法行为，当场予以纠正或者要求限期改正；对依法应当给予行政处罚的行为，依照本法和其他有关法律、行政法规的规定作出行政处罚决定。

（3）对检查中发现的事故隐患，应当责令立即排除；重大事故隐患排除前或者排除过程中无法保证安全的，应当责令从危险区域内撤出作业人员，责令暂时停产停业或者停止使用；重大事故隐患排除后，经审查同意，方可恢复生产经营和使用。

（4）对有根据认为不符合保障安全生产的国家标准或者行业标准的设施、设备、器材予以查封或者扣押，并应当在十五日内依法作出处理决定。

监督检查不得影响被检查单位的正常生产经营活动。

42. 生产经营单位对负有安全生产监督管理职责的部门的监督检查人员（以下统称安全生产监督检查人员）依法履行监督检查职责，应当予以配合，不得拒绝、阻挠。

43. 安全生产监督检查人员应当忠于职守，坚持原则，秉公执法。

安全生产监督检查人员执行监督检查任务时，必须出示有效的监督执法证件；对涉及被检查单位的技术秘密和业务秘密，应当为其保密。

44. 安全生产监督检查人员应当将检查的时间、地点、内容、发现的问题及其处理情况，作出书面记录，并由检查人员和被检查单位的负责人签字；被检查单位的负责人拒绝签字的，检查人员应当将情况记录在案，并向负有安全生产监督管理职责的部门报告。

45. 负有安全生产监督管理职责的部门在监督检查中，应当互相配合，实行联合检查；确需分别进行检查的，应当互通情况，发现存在的安全问题应当由其他有关部门进行处理的，应当及时移送其他有关部门并形成记录备查，接受移送的部门应当及时进行处理。

46. 监察机关依照行政监察法的规定，对负有安全生产监督管理职责的部门及其工作人员履行安全生产监督管理职责实施监察。

47. 承担安全评价、认证、检测、检验的机构应当具备国家规定的资质条件，并对其作出的安全评价、认证、检测、检验的结果负责。

48. 负有安全生产监督管理职责的部门应当建立举报制度，公开举报电话、信箱或者电子邮件地址，受理有关安全生产的举报；受理的举报事项经调查核实后，应当形成书面材料；需要落实整改措施的，报经有关负责人签字并督促落实。

49. 任何单位或者个人对事故隐患或者安全生产违法行为，均有权向负有安全生产监督管理职责的部门报告或者举报。

50. 居民委员会、村民委员会发现其所在区域内的生产经营单位存有事故隐患或者安全生产违法行为时，应当向当地人民政府或者有关部门报告。

51. 县级以上各级人民政府及其有关部门对报告重大事故隐患或者举报安全生产违法行为的有功人员，给予奖励。具体奖励办法由国务院负责安全生产监督管理的部门会同国务院财政部门制定。

52. 新闻、出版、广播、电影、电视等单位有进行安全生产宣传教育的义务，有对违反安全生产法律、法规的行为进行舆论监督的权利。

四、生产安全事故的应急救援与调查处理

53. 县级以上地方各级人民政府应当组织有关部门制定本行政区域内特大生产安全事故应急救援预案，建立应急救援体系。

54. 危险物品的生产、经营、储存单位以及矿山、建筑施工单位应当建立应急救援组织；生产经营规模较小，可以不建立应急救援组织的，应当指定兼职的应急救援人员。

危险物品的生产、经营、储存单位以及矿山、建筑施工单位应当配备必要的应急救援器材、设备，并进行经常性维护、保养，保证正常运转。

55. 生产经营单位发生生产安全事故后，事故现场有关人员应当立即报告本单位负责人。

单位负责人接到事故报告后，应当迅速采取有效措施，组织抢救，防止事故扩大，减少人员伤亡和财产损失，并按照国家有关规定立即如实报告当地负有安全生产监督管理职责的部门，不得隐瞒不报、谎报或者拖延不报，不得故意破坏事故现场、毁灭有关证据。

56. 负有安全生产监督管理职责的部门接到事故报告后，应当立即按照国家有关规定上报事故情况。负有安全生产监督管理职责的部门和有关地方人民政府对事故情况不得隐瞒不报、谎报或者拖延不报。

57. 有关地方人民政府和负有安全生产监督管理职责的部门的负责人接到重大生产安全事故报告后，应当立即赶到事故现场，组织事故抢救。

任何单位和个人都应当支持、配合事故抢救，并提供一切便利条件。

58. 事故调查处理应当按照实事求是、尊重科学的原则，及时、准确地查清事故原因，查明事故性质和责任，总结事故教训，提出整改措施，并对事故责任者提出处理意见。事故调查和处理的具体办法由国务院制定。

59. 生产经营单位发生生产安全事故，经调查确定为责任事故的，除了应当查明事故单位的责任并依法予以追究外，还应当查明对安全生产的有关事项负有审查批准和监督职责的行政部门的责任，对有失职、渎职行为的，依照本法第七十七条的规定追究法律责任。

60. 任何单位和个人不得阻挠和干涉对事故的依法调查处理。

61. 县级以上地方各级人民政府负责安全生产监督管理的部门应当定期统计分析本行政区域内发生生产安全事故的情况，并定期向社会公布。

五、法律责任

62. 负有安全生产监督管理职责的部门的工作人员，有下列行为之一的，给予降级或者撤职的行政处分；构成犯罪的，依照刑法有关规定追究刑事责任：

（1）对不符合法定安全生产条件的涉及安全生产的事项予以批准或者验收通过的；

（2）发现未依法取得批准、验收的单位擅自从事有关活动或者接到举报后不予取缔或者不依法予以处理的；

（3）对已经依法取得批准的单位不履行监督管理职责，发现其不再具备安全生产条件而不撤销原批准或者发现安全生产违法行为不予查处的。

63. 负有安全生产监督管理职责的部门，要求被审查、验收的单位购买其指定的安全设备、器材或者其他产品的，在对安全生产事项的审查、验收中收取费用的，由其上级机关或者监察机关责令改正，责令退还收取的费用；情节严重的，对直接负责的主管人员和其他直接责任人员依法给予行政处分。

64. 承担安全评价、认证、检测、检验工作的机构，出具虚假证明，构成犯罪的，依照刑法有关规定追究刑事责任；尚不够刑事处罚的，没收违法所得，违法所得在五千元以上的，并处违法所得二倍以上五倍以下的罚款，没有违法所得或者违法所得不足五千元的，单处或者并处五千元以上二万元以下的罚款，对其直接负责的主管人员和其他直接责任人员处五千元以上五万元以下的罚款；给他人造成损害的，与生产经营单位承担连带赔偿责任。

对有前款违法行为的机构，撤销其相应资格。

65. 生产经营单位的决策机构、主要负责人、个人经营的投资人不依照本法规定保证安全生产所必需的资金投入，致使生产经营单位不具备安全生产条件的，责令限期改正，提供必需的资金；逾期未改正的，责令生产经营单位停产停业整顿。

有前款违法行为，导致发生生产安全事故，构成犯罪的，依照刑法有关规定追究刑事责任；尚不够刑事处罚的，对生产经营单位的主要负责人给予撤职处分，对个人经营的投资人处二万元以上二十万元以下的罚款。

66. 生产经营单位的主要负责人未履行本法规定的安全生产管理职责的，责令限期改正；逾期未改正的，责令生产经营单位停产停业整顿。

生产经营单位的主要负责人有前款违法行为，导致发生生产安全事故，构成犯罪的，依照刑法有关规定追究刑事责任；尚不够刑事处罚的，给予撤职处分或者处二万元以上二十万元以下的罚款。

生产经营单位的主要负责人依照前款规定受刑事处罚或者撤职处分的，自刑罚执行完毕或者受处分之日起，五年内不得担任任何生产经营单位的主要负责人。

67. 生产经营单位有下列行为之一的，责令限期改正；逾期未改正的，责令停产停业整顿，可以并处二万元以下的罚款：

（1）未按照规定设立安全生产管理机构或者配备安全生产管理人员的；

（2）危险物品的生产、经营、储存单位以及矿山、建筑施工单位的主要负责人和安全生产管理人员未按照规定经考核合格的；

（3）未按照本法第二十一条、第二十二条的规定对从业人员进行安全生产教育和培训，或者未按照本法第三十六条的规定如实告知从业人员有关的安全生产事项的；

（4）特种作业人员未按照规定经专门的安全作业培训并取得特种作业操作资格证书，上岗作业的。

68. 生产经营单位有下列行为之一的，责令限期改正；逾期未改正的，责令停止建设或者停产停业整顿，可以并处五万元以下的罚款；造成严重后果，构成犯罪的，依照刑法有关规定追究刑事责任：

（1）矿山建设项目或者用于生产、储存危险物品的建设项目没有安全设施设计或者安全设施设计未按照规定报经有关部门审查同意的；

（2）矿山建设项目或者用于生产、储存危险物品的建设项目的施工单位未按照批准的安全设施设计施工的；

（3）矿山建设项目或者用于生产、储存危险物品的建设项目竣工投入生产或者使用前，安全设施未经验收合格的；

（4）未在有较大危险因素的生产经营场所和有关设施、设备上设置明显的安全警示标志的；

（5）安全设备的安装、使用、检测、改造和报废不符合国家标准或者行业标准的；

（6）未对安全设备进行经常性维护、保养和定期检测的；

（7）未为从业人员提供符合国家标准或者行业标准的劳动防护用品的；

（8）特种设备以及危险物品的容器、运输工具未经取得专业资质的机构检测、检验合格，取得安全使用证或者安全标志，投入使用的；

（9）使用国家明令淘汰、禁止使用的危及生产安全的工艺、设备的。

69. 未经依法批准，擅自生产、经营、贮存危险物品的，责令停止违法行为或者予以关闭，没收违法所得，违法所得十万元以上的，并处违法所得一倍以上五倍以下的罚款，没有违法所得或者违法所得不足十万元的，单处或者并处二万元以上十万元以下的罚款；造成严重后果，构成犯罪的，依照刑法有关规定追究刑事责任。

70. 生产经营单位有下列行为之一的，责令限期改正；逾期未改正的，责令停产停业整顿，可以并处二万元以上十万元以下的罚款；造成严重后果，构成犯罪的，依照刑法有关规定追究刑事责任：

（1）生产、经营、贮存、使用危险物品，未建立专门安全管理制度、未采取可靠的安全措施或者不接受有关主管部门依法实施的监督管理的；

（2）对重大危险源未登记建档，或者未进行评估、监控，或者未制定应急预案的；

（3）进行爆破、吊装等危险作业，未安排专门管理人员进行现场安全管理的。

71. 生产经营单位将生产经营项目、场所、设备发包或者出租给不具备安全生产条件或者相应资质的单位或者个人的，责令限期改正，没收违法所得；违法所得五万元以上的，并处违法所得一倍以上五倍以下的罚款；没有违法所得或者违法所得不足五万元的，单处或者并处一万元以上五万元以下的罚款；导致发生生产安全事故给他人造成损害的，与承包方、承租方承担连带赔偿责任。

生产经营单位未与承包单位、承租单位签订专门的安全生产管理协议或者未在承包合同、租赁合同中明确各自的安全生产管理职责，或者未对承包单位、承租单位的安全生产统一协调、管理的，责令限期改正；逾期未改正的，责令停产停业整顿。

72. 两个以上生产经营单位在同一作业区域内进行可能危及对方安全生产的生产经营活动，未签订安全生产管理协议或者未指定专职安全生产管理人员进行安全检查与协调的，责令限期改正；逾期未改正的，责令停产停业。

73. 生产经营单位有下列行为之一的，责令限期改正；逾期未改正的，责令停产停业整顿；造成严重后果，构成犯罪的，依照刑法有关规定追究刑事责任：

（1）生产、经营、储存、使用危险物品的车间、商店、仓库与员工宿舍在同一座建筑内，或者与员工宿舍的距离不符合安全要求的；

（2）生产经营场所和员工宿舍未设有符合紧急疏散需要、标志明显、保持畅通的出口，或者封闭、堵塞生产经营场所或者员工宿舍出口的。

74. 生产经营单位与从业人员订立协议，免除或者减轻其对从业人员因生产安全事故伤亡依法应承担的责任的，该协议无效；对生产经营单位的主要负责人、个人经营的投资人处二万元以上十万元以下的罚款。

75. 生产经营单位的从业人员不服从管理，违反安全生产规章制度或者操作规程的，由生产经营单位给予批评教育，依照有关规章制度给予处分；造成重大事故，构成犯罪的，依照刑法有关规定追究刑事责任。

76. 生产经营单位主要负责人在本单位发生重大生产安全事故时，不立即组织抢救或者在事故调查处理期间擅离职守或者逃匿的，给予降职、撤职的处分，对逃匿的处十五日以下拘留；构成犯罪的，依照刑法有关规定追究刑事责任。

生产经营单位主要负责人对生产安全事故隐瞒不报、谎报或者拖延不报的，依照前款规定处罚。

77. 有关地方人民政府、负有安全生产监督管理职责的部门，对生产安全事故隐瞒不报、谎报或者拖延不报的，对直接负责的主管人员和其他直接责任人员依法给予行政处分；构成犯罪的，依照刑法有关规定追究刑事责任。

78. 生产经营单位不具备本法和其他有关法律、行政法规和国家标准或者行业标准规定的安全生产条件，经停产停业整顿仍不具备安全生产条件的，予以关闭；有关部门应当依法吊销其有关证照。

79. 本法规定的行政处罚，由负责安全生产监督管理的部门决定；予以关闭的行政处罚由负责安全生产监督管理的部门报请县级以上人民政府按照国务院规定的权限决定；给予拘留的行政处罚由公安机关依照治安管理处罚条例的规定决定。有关法律、行政法规对行政处罚的决定机关另有规定的，依照其规定。

80. 生产经营单位发生生产安全事故造成人员伤亡、他人财产损失的，应当依法承担赔偿责任；拒不承担或者其负责人逃匿的，由人民法院依法强制执行。

生产安全事故的责任人未依法承担赔偿责任，经人民法院依法采取执行措施后，仍不能对受害人给予足额赔偿的，应当继续履行赔偿义务；受害人发现责任人有其他财产的，可以随时请求人民法院执行。

第三节 《中华人民共和国劳动法》有关规定

（1995年1月1日起施行）

一、工作时间和休息休假

1. 国家实行劳动者每日工作时间不超过八小时、平均每周工作时间不超过四十四小时的工时制度。
2. 对实行计件工作的劳动者，用人单位应当根据本法第三十六条规定的工时制度合理确定其劳动定额和计件报酬标准。
3. 用人单位应当保证劳动者每周至少休息一日。
4. 企业因生产特点不能实行本法第三十六条、第三十八条规定的，经劳动行政部门批准，可以实行其他工作和休息办法。
5. 用人单位在下列节日期间应当依法安排劳动者休假：
（1）元旦；
（2）春节；
（3）国际劳动节；
（4）国庆节；
（5）法律、法规规定的其他休假节日。
6. 用人单位由于生产经营需要，经与工会和劳动者协商后可以延长工作时间，一般每日不得超过一小时；因特殊原因需要延长工作时间的，在保障劳动者身体健康的条件下延长工作时间每日不得超过三小时，但是每月不得超过三十六小时。
7. 有下列情形之一的，延长工作时间不受本法第四十一条的限制：
（1）发生自然灾害、事故或者因其他原因，威胁劳动者生命健康和财产安全，需要紧急处理的；
（2）生产设备、交通运输线路、公共设施发生故障，影响生产和公众利益，必须及时抢修的；
（3）法律、行政法规规定的其他情形。
8. 用人单位不得违反本法规定延长劳动者的工作时间。
9. 有下列情形之一的，用人单位应当按照下列标准支付高于劳动者正常工作时间工资的工资报酬：
（1）安排劳动者延长工作时间的，支付不低于工资的百分之一百五十的工资报酬；
（2）休息日安排劳动者工作又不能安排补休的，支付不低于工资的百分之二百的工资报酬；
（3）法定休假日安排劳动者工作的，支付不低于工资的百分之三百的工资报酬。

10. 国家实行带薪年休假制度。

劳动者连续工作一年以上的，享受带薪年休假。具体办法由国务院规定。

二、劳动安全卫生

11. 用人单位必须建立、健全劳动安全卫生制度，严格执行国家劳动安全卫生规程和标准，对劳动者进行劳动安全卫生教育，防止劳动过程中的事故，减少职业危害。

12. 劳动安全卫生设施必须符合国家规定的标准。

新建、改建、扩建工程的劳动安全卫生设施必须与主体工程同时设计、同时施工、同时投入生产和使用。

13. 用人单位必须为劳动者提供符合国家规定的劳动安全卫生条件和必要的劳动防护用品，对从事有职业危害作业的劳动者应当定期进行健康检查。

14. 从事特种作业的劳动者必须经过专门培训并取得特种作业资格。

15. 劳动者在劳动过程中必须严格遵守安全操作规程。劳动者对用人单位管理人员违章指挥、强令冒险作业，有权拒绝执行；对危害生命安全和身体健康的行为，有权提出批评、检举和控告。

16. 国家建立伤亡事故和职业病统计报告和处理制度。县级以上各级人民政府劳动行政部门、有关部门和用人单位应当依法对劳动者在劳动过程中发生的伤亡事故和劳动者的职业病状况，进行统计、报告和处理。

三、女职工和未成年工特殊保护

17. 国家对女职工和未成年工实行特殊劳动保护。

未成年工是指年满十六周岁未满十八周岁的劳动者。

18. 禁止安排女职工从事矿山井下、国家规定的第四级体力劳动强度的劳动和其他禁忌从事的劳动。

19. 不得安排女职工在经期从事高处、低温、冷水作业和国家规定的第三级体力劳动强度的劳动。

20. 不得安排女职工在怀孕期间从事国家规定的第三级体力劳动强度的劳动和孕期禁忌从事的劳动。对怀孕七个月以上的女职工，不得安排其延长工作时间和夜班劳动。

21. 女职工生育享受不少于九十天的产假。

22. 不得安排女职工在哺乳未满一周岁的婴儿期间从事国家规定的第三级体力劳动强度的劳动和哺乳期禁忌从事的其他劳动，不得安排其延长工作时间和夜班劳动。

23. 不得安排未成年工从事矿山井下、有毒有害、国家规定的第四级体力劳动强度的劳动和其他禁忌从事的劳动。

24. 用人单位应当对未成年工定期进行健康检查。

四、社会保险和福利

25. 国家发展社会保险事业，建立社会保险制度，设立社会保险基金，使劳动者在年老、患病、工伤、失业、生育等情况下获得帮助和补偿。

26. 社会保险水平应当与社会经济发展水平和社会承受能力相适应。

27. 社会保险基金按照保险类型确定资金来源，逐步实行社会统筹。用人单位和劳动者必须依法参加社会保险，缴纳社会保险费。

28. 劳动者在下列情形下，依法享受社会保险待遇：

（1）退休；

（2）患病、负伤；

（3）因工伤残或者患职业病；

（4）失业；

（5）生育。

劳动者死亡后，其遗属依法享受遗属津贴。劳动者享受社会保险待遇的条件和标准由法律、法规规定。劳动者享受的社会保险金必须按时足额支付。

29. 社会保险基金经办机构依照法律规定收支、管理和运营社会保险基金，并负有使社会保险基金保值增值的责任。社会保险基金监督机构依照法律规定，对社会保险基金的收支、管理和运营实施监督。社会保险基金经办机构和社会保险基金监督机构的设立和职能由法律规定。任何组织和个人不得挪用社会保险基金。

30. 国家鼓励用人单位根据本单位实际情况为劳动者建立补充保险。国家提倡劳动者个人进行储蓄性保险。

31. 国家发展社会福利事业，兴建公共福利设施，为劳动者休息、休养和疗养提供条件。用人单位应当创造条件，改善集体福利，提高劳动者的福利待遇。

五、劳动争议

32. 用人单位与劳动者发生劳动争议，当事人可以依法申请调解、仲裁、提起诉讼，也可以协商解决。调解原则适用于仲裁和诉讼程序。

33. 解决劳动争议，应当根据合法、公正、及时处理的原则，依法维护劳动争议当事人的合法权益。

34. 劳动争议发生后，当事人可以向本单位劳动争议调解委员会申请调解；调解不成，当事人一方要求仲裁的，可以向劳动争议仲裁委员会申请仲裁。当事人一方也可以直接向劳动争议仲裁委员会申请仲裁。对仲裁裁决不服的，可以向人民法院提起诉讼。

35. 在用人单位内，可以设立劳动争议调解委员会。劳动争议调解委员会由职工代表、用人单位代表和工会代表组成。劳动争议调解委员会主任由工会代表担任。劳动争议经调解达成协议的，当事人应当履行。

36. 劳动争议仲裁委员会由劳动行政部门代表、同级工会代表、用人单位方面的代表组成。劳动争议仲裁委员会主任由劳动行政部门代表担任。

37. 提出仲裁要求的一方应当自劳动争议发生之日起六十日内向劳动争议仲裁委员会提出书面申请。仲裁裁决一般应在收到仲裁申请的六十日内作出。对仲裁裁决无异议的，当事人必须履行。

六、法律责任

38. 用人单位制定的劳动规章制度违反法律、法规规定的，由劳动行政部门给予警告，责令改正；对劳动者造成损害的，应当承担赔偿责任。

39. 用人单位违反本法规定，延长劳动者工作时间的，由劳动行政部门给予警告，责令改正，并可以处以罚款。

40. 用人单位有下列侵害劳动者合法权益情形之一的，由劳动行政部门责令支付劳动者的工资报酬、经济补偿，并可以责令支付赔偿金：

（1）克扣或者无故拖欠劳动者工资的；

（2）拒不支付劳动者延长工作时间工资报酬的；

（3）低于当地最低工资标准支付劳动者工资的；

（4）解除劳动合同后，未依照本法规定给予劳动者经济补偿的。

41. 用人单位的劳动安全设施和劳动卫生条件不符合国家规定或者未向劳动者提供必要的劳动防护用品和劳动保护设施的，由劳动行政部门或者有关部门责令改正，可以处以罚款；情节严重的，提请县级以上人民政府决定责令停产整顿；对事故隐患不采取措施，致使发生重大事故，造成劳动者生命和财产损失的，对责任人员比照刑法第一百八十七条的规定追究刑事责任。

42. 用人单位强令劳动者违章冒险作业，发生重大伤亡事故，造成严重后果的，对责任人员依法追究刑事责任。

43. 用人单位非法招用未满十六周岁的未成年人的，由劳动行政部门责令改正，处以罚款；情节严重的，由工商行政管理部门吊销营业执照。

44. 用人单位违反本法对女职工和未成年工的保护规定，侵害其合法权益的，由劳动行政部门责令改正，处以罚款；对女职工或者未成年工造成损害的，应当承担赔偿责任。

45. 用人单位有下列行为之一，由公安机关对责任人员处以十五日以下拘留、罚款或者警告；构成犯罪的，对责任人员依法追究刑事责任：

（1）以暴力、威胁或者非法限制人身自由的手段强迫劳动的；

（2）侮辱、体罚、殴打、非法搜查和拘禁劳动者的。

46. 由于用人单位的原因订立的无效合同，对劳动者造成损害的，应当承担赔偿责任。

47. 用人单位违反本法规定的条件解除劳动合同或者故意拖延不订立劳动合同的，由劳动行政部门责令改正；对劳动者造成损害的，应当承担赔偿责任。

48. 用人单位招用尚未解除劳动合同的劳动者，对原用人单位造成经济损失的，该用人单位应当依法承担连带赔偿责任。

49. 用人单位无故不缴纳社会保险费的，由劳动行政部门责令其限期缴纳，逾期不缴的，可以加收滞纳金。

50. 用人单位无理阻挠劳动行政部门、有关部门及其工作人员行使监督检查权，打击报复举报人员的，由劳动行政部门或者有关部门处以罚款；构成犯罪的，对责任人员依法追究刑事责任。

51. 劳动者违反本法规定的条件解除劳动合同或者违反劳动合同中约定的保密事项，对用人单位造成经济损失的，应当依法承担赔偿责任。

52. 劳动行政部门或者有关部门的工作人员滥用职权、玩忽职守、徇私舞弊，构成犯罪的，依法追究刑事责任；不构成犯罪的，给予行政处分。

53. 国家工作人员和社会保险基金经办机构的工作人员挪用社会保险基金，构成犯罪的，依法追究刑事责任。

54. 违反本法规定侵害劳动者合法权益，其他法律、法规已规定处罚的，依照该法律、行政法规的规定处罚。

第四节 《中华人民共和国职业病防治法》有关规定

(2002年5月1日起施行)

一、前期预防

1. 产生职业病危害的用人单位的设立除应当符合法律、行政法规规定的设立条件外，其工作场所还应当符合下列职业卫生要求：
（1）职业病危害因素的强度或者浓度符合国家职业卫生标准；
（2）有与职业病危害防护相适应的设施；
（3）生产布局合理，符合有害与无害作业分开的原则；
（4）有配套的更衣间、洗浴间、孕妇休息间等卫生设施；
（5）设备、工具、用具等设施符合保护劳动者生理、心理健康的要求；
（6）法律、行政法规和国务院卫生行政部门关于保护劳动者健康的其他要求。

2. 在卫生行政部门中建立职业病危害项目的申报制度。

用人单位设有依法公布的职业病目录所列职业病的危害项目的，应当及时、如实向卫生行政部门申报，接受监督。

职业病危害项目申报的具体办法由国务院卫生行政部门制定。

3. 新建、扩建、改建建设项目和技术改造、技术引进项目（以下统称建设项目）可能产生职业病危害的，建设单位在可行性论证阶段应当向卫生行政部门提交职业病危害预评价报告。卫生行政部门应当自收到职业病危害预评价报告之日起30日内，作出审核决定并书面通知建设单位。未提交预评价报告或者预评价报告未经卫生行政部门审核同意的，有关部门不得批准该建设项目。

职业病危害预评价报告应当对建设项目可能产生的职业病危害因素及其对工作场所和劳动者健康的影响作出评价，确定危害类别和职业病防护措施。

建设项目职业病危害分类目录和分类管理办法由国务院卫生行政部门制定。

4. 建设项目的职业病防护设施所需费用应当纳入建设项目工程预算，并与主体工程同时设计，同时施工，同时投入生产和使用。

职业病危害严重的建设项目的防护设施设计，应当经卫生行政部门进行卫生审查，符合国家职业卫生标准和卫生要求的，方可施工。

建设项目在竣工验收前，建设单位应当进行职业病危害控制效果评价。建设项目竣工验收时，其职业病防护设施经卫生行政部门验收合格后，方可投入正式生产和使用。

5. 职业病危害预评价、职业病危害控制效果评价由依法设立的取得省级以上人民政府卫生行政部门资质认证的职业卫生技术服务机构进行。职业卫生技术服务机构所作评价应当客观、真实。

6. 国家对从事放射、高毒等作业实行特殊管理。具体管理办法由国务院制定。

二、劳动过程中的防护与管理

7. 用人单位应当采取下列职业病防治管理措施：

（1）设置或者指定职业卫生管理机构或者组织，配备专职或者兼职的职业卫生专业人员，负责本单位的职业病防治工作；
　　（2）制定职业病防治计划和实施方案；
　　（3）建立、健全职业卫生管理制度和操作规程；
　　（4）建立、健全职业卫生档案和劳动者健康监护档案；
　　（5）建立、健全工作场所职业病危害因素监测及评价制度；
　　（6）建立、健全职业病危害事故应急救援预案。

　　8. 用人单位必须采用有效的职业病防护设施，并为劳动者提供个人使用的职业病防护用品。
　　用人单位为劳动者个人提供的职业病防护用品必须符合防治职业病的要求；不符合要求的，不得使用。

　　9. 用人单位应当优先采用有利于防治职业病和保护劳动者健康的新技术、新工艺、新材料，逐步替代职业病危害严重的技术、工艺、材料。

　　10. 产生职业病危害的用人单位，应当在醒目位置设置公告栏，公布有关职业病防治的规章制度、操作规程、职业病危害事故应急救援措施和工作场所职业病危害因素检测结果。
　　对产生严重职业病危害的作业岗位，应当在其醒目位置，设置警示标识和中文警示说明。警示说明应当载明产生职业病危害的种类、后果、预防以及应急救治措施等内容。

　　11. 对可能发生急性职业损伤的有毒、有害工作场所，用人单位应当设置报警装置，配置现场急救用品、冲洗设备、应急撤离通道和必要的泄险区。对放射工作场所和放射性同位素的运输、贮存，用人单位必须配置防护设备和报警装置，保证接触放射线的工作人员佩戴个人剂量计。
　　对职业病防护设备、应急救援设施和个人使用的职业病防护用品，用人单位应当进行经常性的维护、检修，定期检测其性能和效果，确保其处于正常状态，不得擅自拆除或者停止使用。

　　12. 用人单位应当实施由专人负责的职业病危害因素日常监测，并确保监测系统处于正常运行状态。
　　用人单位应当按照国务院卫生行政部门的规定，定期对工作场所进行职业病危害因素检测、评价。检测、评价结果存入用人单位职业卫生档案，定期向所在地卫生行政部门报告并向劳动者公布。
　　职业病危害因素检测、评价由依法设立的取得省级以上人民政府卫生行政部门资质认证的职业卫生技术服务机构进行。职业卫生技术服务机构所作检测、评价应当客观、真实。
　　发现工作场所职业病危害因素不符合国家职业卫生标准和卫生要求时，用人单位应当立即采取相应治理措施，仍然达不到国家职业卫生标准和卫生要求的，必须停止存在职业病危害因素的作业；职业病危害因素经治理后，符合国家职业卫生标准和卫生要求的，方可重新作业。

　　13. 向用人单位提供可能产生职业病危害的设备的，应当提供中文说明书，并在设备的醒目位置设置警示标识和中文警示说明。警示说明应当载明设备性能、可能产生的职业病危害、安全操作和维护注意事项、职业病防护以及应急救治措施等内容。

14. 向用人单位提供可能产生职业病危害的化学品、放射性同位素和含有放射性物质的材料的，应当提供中文说明书。说明书应当载明产品特性、主要成分、存在的有害因素、可能产生的危害后果、安全使用注意事项、职业病防护以及应急救治措施等内容。产品包装应当有醒目的警示标识和中文警示说明。储存上述材料的场所应当在规定的部位设置危险物品标识或者放射性警示标识。

国内首次使用或者首次进口与职业病危害有关的化学材料，使用单位或者进口单位按照国家规定经国务院有关部门批准后，应当向国务院卫生行政部门报送该化学材料的毒性鉴定以及经有关部门登记注册或者批准进口的文件等资料。

进口放射性同位素、射线装置和含有放射性物质的物品的，按照国家有关规定办理。

15. 任何单位和个人不得生产、经营、进口和使用国家明令禁止使用的可能产生职业病危害的设备或者材料。

16. 任何单位和个人不得将产生职业病危害的作业转移给不具备职业病防护条件的单位和个人。不具备职业病防护条件的单位和个人不得接受产生职业病危害的作业。

17. 用人单位对采用的技术、工艺、材料，应当知悉其产生的职业病危害，对有职业病危害的技术、工艺、材料隐瞒其危害而采用的，对所造成的职业病危害后果承担责任。

18. 用人单位与劳动者订立劳动合同（含聘用合同，下同）时，应当将工作过程中可能产生的职业病危害及其后果、职业病防护措施和待遇等如实告知劳动者，并在劳动合同中写明，不得隐瞒或者欺骗。

劳动者在已订立劳动合同期间因工作岗位或者工作内容变更，从事与所订立劳动合同中未告知的存在职业病危害的作业时，用人单位应当依照前款规定，向劳动者履行如实告知的义务，并协商变更原劳动合同相关条款。

用人单位违反前两款规定的，劳动者有权拒绝从事存在职业病危害的作业，用人单位不得因此解除或者终止与劳动者所订立的劳动合同。

19. 用人单位的负责人应当接受职业卫生培训，遵守职业病防治法律、法规，依法组织本单位的职业病防治工作。

用人单位应当对劳动者进行上岗前的职业卫生培训和在岗期间的定期职业卫生培训，普及职业卫生知识，督促劳动者遵守职业病防治法律、法规、规章和操作规程，指导劳动者正确使用职业病防护设备和个人使用的职业病防护用品。

劳动者应当学习和掌握相关的职业卫生知识，遵守职业病防治法律、法规、规章和操作规程，正确使用、维护职业病防护设备和个人使用的职业病防护用品，发现职业病危害事故隐患应当及时报告。

劳动者不履行前款规定义务的，用人单位应当对其进行教育。

20. 对从事接触职业病危害的作业的劳动者，用人单位应当按照国务院卫生行政部门的规定组织上岗前、在岗期间和离岗时的职业健康检查，并将检查结果如实告知劳动者。职业健康检查费用由用人单位承担。

用人单位不得安排未经上岗前职业健康检查的劳动者从事接触职业病危害的作业；不得安排有职业禁忌的劳动者从事其所禁忌的作业；对在职业健康检查中发现有与所从事的职业相关的健康损害的劳动者，应当调离原工作岗位，并妥善安置；对未进行离岗前职业健康检查的劳动者不得解除或者终止与其订立的劳动合同。

职业健康检查应当由省级以上人民政府卫生行政部门批准的医疗卫生机构承担。

21. 用人单位应当为劳动者建立职业健康监护档案，并按照规定的期限妥善保存。

职业健康监护档案应当包括劳动者的职业史、职业病危害接触史、职业健康检查结果和职业病诊疗等有关个人健康资料。

劳动者离开用人单位时，有权索取本人职业健康监护档案复印件，用人单位应当如实、无偿提供，并在所提供的复印件上签章。

22. 发生或者可能发生急性职业病危害事故时，用人单位应当立即采取应急救援和控制措施，并及时报告所在地卫生行政部门和有关部门。卫生行政部门接到报告后，应当及时会同有关部门组织调查处理；必要时，可以采取临时控制措施。

对遭受或者可能遭受急性职业病危害的劳动者，用人单位应当及时组织救治、进行健康检查和医学观察，所需费用由用人单位承担。

23. 用人单位不得安排未成年工从事接触职业病危害的作业；不得安排孕期、哺乳期的女职工从事对本人和胎儿、婴儿有危害的作业。

24. 劳动者享有下列职业卫生保护权利：

（1）获得职业卫生教育、培训；

（2）获得职业健康检查、职业病诊疗、康复等职业病防治服务；

（3）了解工作场所产生或者可能产生的职业病危害因素、危害后果和应当采取的职业病防护措施；

（4）要求用人单位提供符合防治职业病要求的职业病防护设施和个人使用的职业病防护用品，改善工作条件；

（5）对违反职业病防治法律、法规以及危及生命健康的行为提出批评、检举和控告；

（6）拒绝违章指挥和强令进行没有职业病防护措施的作业；

（7）参与用人单位职业卫生工作的民主管理，对职业病防治工作提出意见和建议。

用人单位应当保障劳动者行使前款所列权利。因劳动者依法行使正当权利而降低其工资、福利等待遇或者解除、终止与其订立的劳动合同的，其行为无效。

25. 工会组织应当督促并协助用人单位开展职业卫生宣传教育和培训，对用人单位的职业病防治工作提出意见和建议，与用人单位就劳动者反映的有关职业病防治的问题进行协调并督促解决。

工会组织对用人单位违反职业病防治法律、法规，侵犯劳动者合法权益的行为，有权要求纠正；产生严重职业病危害时，有权要求采取防护措施，或者向政府有关部门建议采取强制性措施；发生职业病危害事故时，有权参与事故调查处理；发现危及劳动者生命健康的情形时，有权向用人单位建议组织劳动者撤离危险现场，用人单位应当立即作出处理。

26. 用人单位按照职业病防治要求，用于预防和治理职业病危害、工作场所卫生检测、健康监护和职业卫生培训等费用，按照国家有关规定，在生产成本中据实列支。

三、职业病诊断与职业病病人保障

27. 职业病诊断应当由省级以上人民政府卫生行政部门批准的医疗卫生机构承担。

28. 劳动者可以在用人单位所在地或者本人居住地依法承担职业病诊断的医疗卫生机构进行职业病诊断。

29. 职业病诊断标准和职业病诊断、鉴定办法由国务院卫生行政部门制定。职业病伤残等级的鉴定办法由国务院劳动保障行政部门会同国务院卫生行政部门制定。

30. 职业病诊断，应当综合分析下列因素：
（1）病人的职业史；
（2）职业病危害接触史和现场危害调查与评价；
（3）临床表现以及辅助检查结果等。

没有证据否定职业病危害因素与病人临床表现之间的必然联系的，在排除其他致病因素后，应当诊断为职业病。

承担职业病诊断的医疗卫生机构在进行职业病诊断时，应当组织三名以上取得职业病诊断资格的执业医师集体诊断。

职业病诊断证明书应当由参与诊断的医师共同签署，并经承担职业病诊断的医疗卫生机构审核盖章。

31. 用人单位和医疗卫生机构发现职业病病人或者疑似职业病病人时，应当及时向所在地卫生行政部门报告。确诊为职业病的，用人单位还应当向所在地劳动保障行政部门报告。

卫生行政部门和劳动保障行政部门接到报告后，应当依法作出处理。

32. 县级以上地方人民政府卫生行政部门负责本行政区域内的职业病统计报告的管理工作，并按照规定上报。

33. 当事人对职业病诊断有异议的，可以向作出诊断的医疗卫生机构所在地地方人民政府卫生行政部门申请鉴定。

职业病诊断争议由设区的市级以上地方人民政府卫生行政部门根据当事人的申请，组织职业病诊断鉴定委员会进行鉴定。

当事人对设区的市级职业病诊断鉴定委员会的鉴定结论不服的，可以向省、自治区、直辖市人民政府卫生行政部门申请再鉴定。

34. 职业病诊断鉴定委员会由相关专业的专家组成。

省、自治区、直辖市人民政府卫生行政部门应当设立相关的专家库，需要对职业病争议作出诊断鉴定时，由当事人或者当事人委托有关卫生行政部门从专家库中以随机抽取的方式确定参加诊断鉴定委员会的专家。

职业病诊断鉴定委员会应当按照国务院卫生行政部门颁布的职业病诊断标准和职业病诊断、鉴定办法进行职业病诊断鉴定，向当事人出具职业病诊断鉴定书。职业病诊断鉴定费用由用人单位承担。

35. 职业病诊断鉴定委员会组成人员应当遵守职业道德，客观、公正地进行诊断鉴定，并承担相应的责任。职业病诊断鉴定委员会组成人员不得私下接触当事人，不得收受当事人的财物或者其他好处，与当事人有利害关系的，应当回避。

人民法院受理有关案件需要进行职业病鉴定时，应当从省、自治区、直辖市人民政府卫生行政部门依法设立的相关的专家库中选取参加鉴定的专家。

36. 职业病诊断、鉴定需要用人单位提供有关职业卫生和健康监护等资料时，用人单位应当如实提供，劳动者和有关机构也应当提供与职业病诊断、鉴定有关的资料。

37. 医疗卫生机构发现疑似职业病病人时，应当告知劳动者本人并及时通知用人单位。

用人单位应当及时安排对疑似职业病病人进行诊断；在疑似职业病病人诊断或者医学观察期间，不得解除或者终止与其订立的劳动合同。

疑似职业病病人在诊断、医学观察期间的费用，由用人单位承担。

38. 职业病病人依法享受国家规定的职业病待遇。

用人单位应当按照国家有关规定，安排职业病病人进行治疗、康复和定期检查。

用人单位对不适宜继续从事原工作的职业病病人，应当调离原岗位，并妥善安置。

用人单位对从事接触职业病危害的作业的劳动者，应当给予适当岗位津贴。

39. 职业病病人的诊疗、康复费用，伤残以及丧失劳动能力的职业病病人的社会保障，按照国家有关工伤社会保险的规定执行。

40. 职业病病人除依法享有工伤社会保险外，依照有关民事法律，尚有获得赔偿的权利的，有权向用人单位提出赔偿要求。

41. 劳动者被诊断患有职业病，但用人单位没有依法参加工伤社会保险的，其医疗和生活保障由最后的用人单位承担；最后的用人单位有证据证明该职业病是先前用人单位的职业病危害造成的，由先前的用人单位承担。

42. 职业病病人变动工作单位，其依法享有的待遇不变。

用人单位发生分立、合并、解散、破产等情形的，应当对从事接触职业病危害的作业的劳动者进行健康检查，并按照国家有关规定妥善安置职业病病人。

四、监督检查

43. 县级以上人民政府卫生行政部门依照职业病防治法律、法规、国家职业卫生标准和卫生要求，依据职责划分，对职业病防治工作及职业病危害检测、评价活动进行监督检查。

44. 卫生行政部门履行监督检查职责时，有权采取下列措施：

（1）进入被检查单位和职业病危害现场，了解情况，调查取证；

（2）查阅或者复制与违反职业病防治法律、法规的行为有关的资料和采集样品；

（3）责令违反职业病防治法律、法规的单位和个人停止违法行为。

45. 发生职业病危害事故或者有证据证明危害状态可能导致职业病危害事故发生时，卫生行政部门可以采取下列临时控制措施：

（1）责令暂停导致职业病危害事故的作业；

（2）封存造成职业病危害事故或者可能导致职业病危害事故发生的材料和设备；

（3）组织控制职业病危害事故现场。

在职业病危害事故或者危害状态得到有效控制后，卫生行政部门应当及时解除控制措施。

46. 职业卫生监督执法人员依法执行职务时，应当出示监督执法证件。

职业卫生监督执法人员应当忠于职守，秉公执法，严格遵守执法规范；涉及用人单位的秘密的，应当为其保密。

47. 职业卫生监督执法人员依法执行职务时，被检查单位应当接受检查并予以支持配合，不得拒绝和阻碍。

48. 卫生行政部门及其职业卫生监督执法人员履行职责时，不得有下列行为：

（1）对不符合法定条件的，发给建设项目有关证明文件、资质证明文件或者予以批准；

（2）对已经取得有关证明文件的，不履行监督检查职责；

（3）发现用人单位存在职业病危害的，可能造成职业病危害事故，不及时依法采取控制措施；

（4）其他违反本法的行为。

49. 职业卫生监督执法人员应当依法经过资格认定。

卫生行政部门应当加强队伍建设，提高职业卫生监督执法人员的政治、业务素质，依照本法和其他有关法律、法规的规定，建立、健全内部监督制度，对其工作人员执行法律、法规和遵守纪律的情况，进行监督检查。

五、法律责任

50. 建设单位违反本法规定，有下列行为之一的，由卫生行政部门给予警告，责令限期改正；逾期不改正的，处 10 万元以上 50 万元以下的罚款；情节严重的，责令停止产生职业病危害的作业，或者提请有关人民政府按照国务院规定的权限责令停建、关闭：

（1）未按照规定进行职业病危害预评价或者未提交职业病危害预评价报告，或者职业病危害预评价报告未经卫生行政部门审核同意，擅自开工的；

（2）建设项目的职业病防护设施未按照规定与主体工程同时投入生产和使用的；

（3）职业病危害严重的建设项目，其职业病防护设施设计不符合国家职业卫生标准和卫生要求施工的；

（4）未按照规定对职业病防护设施进行职业病危害控制效果评价、未经卫生行政部门验收或者验收不合格，擅自投入使用的。

51. 违反本法规定，有下列行为之一的，由卫生行政部门给予警告，责令限期改正；逾期不改正的，处 2 万元以下的罚款：

（1）工作场所职业病危害因素检测、评价结果没有存档、上报、公布的；

（2）未采取本法第十九条（即本节 7 条）规定的职业病防治管理措施的；

（3）未按照规定公布有关职业病防治的规章制度、操作规程、职业病危害事故应急救援措施的；

（4）未按照规定组织劳动者进行职业卫生培训，或者未对劳动者个人职业病防护采取指导、督促措施的；

（5）国内首次使用或者首次进口与职业病危害有关的化学材料，未按照规定报送毒性鉴定资料以及经有关部门登记注册或者批准进口的文件的。

52. 用人单位违反本法规定，有下列行为之一的，由卫生行政部门责令限期改正，给予警告，可以并处 2 万元以上 5 万元以下的罚款：

（1）未按照规定及时、如实向卫生行政部门申报产生职业病危害的项目的；

（2）未实施由专人负责的职业病危害因素日常监测，或者监测系统不能正常监测的；

（3）订立或者变更劳动合同时，未告知劳动者职业病危害真实情况的；

（4）未按照规定组织职业健康检查、建立职业健康监护档案或者未将检查结果如实告知劳动者的。

53. 用人单位违反本法规定，有下列行为之一的，由卫生行政部门给予警告，责令限期改正，逾期不改正的，处5万元以上20万元以下的罚款；情节严重的，责令停止产生职业病危害的作业，或者提请有关人民政府按照国务院规定的权限责令关闭：

（1）工作场所职业病危害因素的强度或者浓度超过国家职业卫生标准的；

（2）未提供职业病防护设施和个人使用的职业病防护用品，或者提供的职业病防护设施和个人使用的职业病防护用品不符合国家职业卫生标准和卫生要求的；

（3）对职业病防护设备、应急救援设施和个人使用的职业病防护用品未按照规定进行维护、检修、检测，或者不能保持正常运行、使用状态的；

（4）未按照规定对工作场所职业病危害因素进行检测、评价的；

（5）工作场所职业病危害因素经治理仍然达不到国家职业卫生标准和卫生要求时，未停止存在职业病危害因素的作业的；

（6）未按照规定安排职业病病人、疑似职业病病人进行诊治的；

（7）发生或者可能发生急性职业病危害事故时，未立即采取应急救援和控制措施或者未按照规定及时报告的；

（8）未按照规定在产生严重职业病危害的作业岗位醒目位置设置警示标识和中文警示说明的；

（9）拒绝卫生行政部门监督检查的。

54. 向用人单位提供可能产生职业病危害的设备、材料，未按照规定提供中文说明书或者设置警示标识和中文警示说明的，由卫生行政部门责令限期改正，给予警告，并处5万元以上20万元以下的罚款。

55. 用人单位和医疗卫生机构未按照规定报告职业病、疑似职业病的，由卫生行政部门责令限期改正，给予警告，可以并处1万元以下的罚款；弄虚作假的，并处2万元以上5万元以下的罚款；对直接负责的主管人员和其他直接责任人员，可以依法给予降级或者撤职的处分。

56. 违反本法规定，有下列情形之一的，由卫生行政部门责令限期治理，并处5万元以上30万元以下的罚款；情节严重的，责令停止产生职业病危害的作业，或者提请有关人民政府按照国务院规定的权限责令关闭：

（1）隐瞒技术、工艺、材料所产生的职业病危害而采用的；

（2）隐瞒本单位职业卫生真实情况的；

（3）可能发生急性职业损伤的有毒、有害工作场所、放射工作场所或者放射性同位素的运输、贮存不符合本法第二十三条（即本节11条）规定的；

（4）使用国家明令禁止使用的可能产生职业病危害的设备或者材料的；

（5）将产生职业病危害的作业转移给没有职业病防护条件的单位和个人，或者没有职业病防护条件的单位和个人接受产生职业病危害的作业的；

（6）擅自拆除、停止使用职业病防护设备或者应急救援设施的；

（7）安排未经职业健康检查的劳动者、有职业禁忌的劳动者、未成年工或者孕期、哺乳期女职工从事接触职业病危害的作业或者禁忌作业的；

（8）违章指挥和强令劳动者进行没有职业病防护措施的作业的。

57. 生产、经营或者进口国家明令禁止使用的可能产生职业病危害的设备或者材料的，依照有关法律、行政法规的规定给予处罚。

58. 用人单位违反本法规定，已经对劳动者生命健康造成严重损害的，由卫生行政部门责令停止产生职业病危害的作业，或者提请有关人民政府按照国务院规定的权限责令关闭，并处10万元以上30万元以下的罚款。

59. 用人单位违反本法规定，造成重大职业病危害事故或者其他严重后果，构成犯罪的，对直接负责的主管人员和其他直接责任人员，依法追究刑事责任。

60. 未取得职业卫生技术服务资质认证擅自从事职业卫生技术服务的，或者医疗卫生机构未经批准擅自从事职业健康检查、职业病诊断的，由卫生行政部门责令立即停止违法行为，没收违法所得；违法所得5000元以上的，并处违法所得2倍以上10倍以下的罚款；没有违法所得或者违法所得不足5000元的，并处5000元以上5万元以下的罚款；情节严重的，对直接负责的主管人员和其他直接责任人员，依法给予降级、撤职或者开除的处分。

61. 从事职业卫生技术服务的机构和承担职业健康检查、职业病诊断的医疗卫生机构违反本法规定，有下列行为之一的，由卫生行政部门责令立即停止违法行为，给予警告，没收违法所得；违法所得5000元以上的，并处违法所得2倍以上5倍以下的罚款；没有违法所得或者违法所得不足5000元的，并处5000元以上2万元以下的罚款；情节严重的，由原认证或者批准机关取消其相应的资格；对直接负责的主管人员和其他直接责任人员，依法给予降级、撤职或者开除的处分；构成犯罪的，依法追究刑事责任：
（1）超出资质认证或者批准范围从事职业卫生技术服务或者职业健康检查、职业病诊断的；
（2）不按照本法规定履行法定职责的；
（3）出具虚假证明文件的。

62. 职业病诊断鉴定委员会组成人员收受职业病诊断争议当事人的财物或者其他好处的，给予警告，没收收受的财物，可以并处3000元以上5万元以下的罚款，取消其担任职业病诊断鉴定委员会组成人员的资格，并从省、自治区、直辖市人民政府卫生行政部门设立的专家库中予以除名。

63. 卫生行政部门不按照规定报告职业病和职业病危害事故的，由上一级卫生行政部门责令改正，通报批评，给予警告；虚报、瞒报的，对单位负责人、直接负责的主管人员和其他直接责任人员依法给予降级、撤职或者开除的行政处分。

64. 卫生行政部门及其职业卫生监督执法人员有本法第六十条所列行为之一，导致职业病危害事故发生，构成犯罪的，依法追究刑事责任；尚不构成犯罪的，对单位负责人、直接负责的主管人员和其他直接责任人员依法给予降级、撤职或者开除的行政处分。

第五节 《使用有毒物品作业场所劳动保护条例》有关规定

（2002年5月12日施行）

一、总则

1. 国家鼓励研制、开发、推广、应用有利于预防、控制、消除职业中毒危害和保护劳动者健康的新技术、新工艺、新材料；限制使用或者淘汰有关职业中毒危害严重的技术、工艺、材料；加强对有关职业病的机理和发生规律的基础研究，提高有关职业病防治科学技术水平。

2. 禁止使用童工。

用人单位不得安排未成年人和孕期、哺乳期的女职工从事使用有毒物品的作业。

3. 工会组织应当督促并协助用人单位开展职业卫生宣传教育和培训，对用人单位的职业卫生工作提出意见和建议，与用人单位就劳动者反映的职业病防治问题进行协调并督促解决。

工会组织对用人单位违反法律、法规，侵犯劳动者合法权益的行为，有权要求纠正；产生严重职业中毒危害时，有权要求用人单位采取防护措施，或者向政府有关部门建议采取强制性措施；发生职业中毒事故时，有权参与事故调查处理；发现危及劳动者生命、健康的情形时，有权建议用人单位组织劳动者撤离危险现场，用人单位应当立即作出处理。

4. 县级以上人民政府卫生行政部门及其他有关行政部门应当依据各自的职责，监督用人单位严格遵守本条例和其他有关法律、法规的规定，加强作业场所使用有毒物品的劳动保护，防止职业中毒事故发生，确保劳动者依法享有的权利。

5. 各级人民政府应当加强对使用有毒物品作业场所职业卫生安全及相关劳动保护工作的领导，督促、支持卫生行政部门及其他有关行政部门依法履行监督检查职责，及时协调、解决有关重大问题；在发生职业中毒事故时，应当采取有效措施，控制事故危害的蔓延并消除事故危害，并妥善处理有关善后工作。

二、作业场所的预防措施

6. 用人单位的设立，应当符合有关法律、行政法规规定的设立条件，并依法办理有关手续，取得营业执照。

用人单位的使用有毒物品作业场所，除应当符合职业病防治法规定的职业卫生要求外，还必须符合下列要求：

（1）作业场所与生活场所分开，作业场所不得住人；

（2）有害作业与无害作业分开，高毒作业场所与其他作业场所隔离；

（3）设置有效的通风装置；可能突然泄漏大量有毒物品或者易造成急性中毒的作业场所，设置自动报警装置和事故通风设施；

（4）高毒作业场所设置应急撤离通道和必要的泄险区。

用人单位及其作业场所符合前两款规定的，由卫生行政部门发给职业卫生安全许可证，方可从事使用有毒物品的作业。

7. 使用有毒物品作业场所应当设置黄色区域警示线、警示标识和中文警示说明。警示说明应当载明产生职业中毒危害的种类、后果、预防以及应急救治措施等内容。

高毒作业场所应当设置红色区域警示线、警示标识和中文警示说明，并设置通讯报警设备。

8. 新建、扩建、改建的建设项目和技术改造、技术引进项目（以下统称建设项目），可能产生职业中毒危害的，应当依照职业病防治法的规定进行职业中毒危害预评价，并经卫生行政部门审核同意；可能产生职业中毒危害的建设项目的职业中毒危害防护设施应当与主体工程同时设计，同时施工，同时投入生产和使用；建设项目竣工，应当进行职业中毒危害控制效果评价，并经卫生行政部门验收合格。

存在高毒作业的建设项目的职业中毒危害防护设施设计，应当经卫生行政部门进行卫生审查；经审查，符合国家职业卫生标准和卫生要求的，方可施工。

9. 用人单位应当按照国务院卫生行政部门的规定，向卫生行政部门及时、如实申报存在职业中毒危害项目。

从事使用高毒物品作业的用人单位，在申报使用高毒物品作业项目时，应当向卫生行政部门提交下列有关资料：

（1）职业中毒危害控制效果评价报告；
（2）职业卫生管理制度和操作规程等材料；
（3）职业中毒事故应急救援预案。

从事使用高毒物品作业的用人单位变更所使用的高毒物品品种的，应当依照前款规定向原受理申报的卫生行政部门重新申报。

10. 用人单位变更名称、法定代表人或者负责人的，应当向原受理申报的卫生行政部门备案。

11. 从事使用高毒物品作业的用人单位，应当配备应急救援人员和必要的应急救援器材、设备，制定事故应急救援预案，并根据实际情况变化对应急救援预案适时进行修订，定期组织演练。事故应急救援预案和演练记录应当报当地卫生行政部门、安全生产监督管理部门和公安部门备案。

三、劳动过程的防护

12. 用人单位应当依照职业病防治法的有关规定，采取有效的职业卫生防护管理措施，加强劳动过程中的防护与管理。

从事使用高毒物品作业的用人单位，应当配备专职的或者兼职的职业卫生医师和护士；不具备配备专职的或者兼职的职业卫生医师和护士条件的，应当与依法取得资质认证的职业卫生技术服务机构签订合同，由其提供职业卫生服务。

13. 用人单位应当与劳动者订立劳动合同，将工作过程中可能产生的职业中毒危害及其后果、职业中毒危害防护措施和待遇等如实告知劳动者，并在劳动合同中写明，不得隐瞒或者欺骗。

劳动者在已订立劳动合同期间因工作岗位或者工作内容变更，从事劳动合同中未告知的存在职业中毒危害的作业时，用人单位应当依照前款规定，如实告知劳动者，并协商变更原劳动合同有关条款。

用人单位违反前两款规定的，劳动者有权拒绝从事存在职业中毒危害的作业，用人单位不得因此单方面解除或者终止与劳动者所订立的劳动合同。

14. 用人单位有关管理人员应当熟悉有关职业病防治的法律、法规以及确保劳动者安全使用有毒物品作业的知识。

用人单位应当对劳动者进行上岗前的职业卫生培训和在岗期间的定期职业卫生培训，普及有关职业卫生知识，督促劳动者遵守有关法律、法规和操作规程，指导劳动者正确使用职业中毒危害防护设备和个人使用的职业中毒危害防护用品。

劳动者经培训考核合格，方可上岗作业。

15. 用人单位应当确保职业中毒危害防护设备、应急救援设施、通讯报警装置处于正常适用状态，不得擅自拆除或者停止运行。

用人单位应当对前款所列设施进行经常性的维护、检修，定期检测其性能和效果，确保其处于良好运行状态。

职业中毒危害防护设备、应急救援设施和通讯报警装置处于不正常状态时，用人单位应当立即停止使用有毒物品作业；恢复正常状态后，方可重新作业。

16. 用人单位应当为从事使用有毒物品作业的劳动者提供符合国家职业卫生标准的防护用品，并确保劳动者正确使用。

17. 有毒物品必须附具说明书，如实载明产品特性、主要成分、存在的职业中毒危害因素、可能产生的危害后果、安全使用注意事项、职业中毒危害防护以及应急救治措施等内容；没有说明书或者说明书不符合要求的，不得向用人单位销售。

用人单位有权向生产、经营有毒物品的单位索取说明书。

18. 有毒物品的包装应当符合国家标准，并以易于劳动者理解的方式加贴或者拴挂有毒物品安全标签。有毒物品的包装必须有醒目的警示标识和中文警示说明。

经营、使用有毒物品的单位，不得经营、使用没有安全标签、警示标识和中文警示说明的有毒物品。

19. 用人单位维护、检修存在高毒物品的生产装置，必须事先制定维护、检修方案，明确职业中毒危害防护措施，确保维护、检修人员的生命安全和身体健康。

维护、检修存在高毒物品的生产装置，必须严格按照维护、检修方案和操作规程进行。维护、检修现场应当有专人监护，并设置警示标志。

20. 需要进入存在高毒物品的设备、容器或者狭窄封闭场所作业时，用人单位应当事先采取下列措施：

（1）保持作业场所良好的通风状态，确保作业场所职业中毒危害因素浓度符合国家职业卫生标准；

（2）为劳动者配备符合国家职业卫生标准的防护用品；

（3）设置现场监护人员和现场救援设备。

未采取前款规定措施或者采取的措施不符合要求的，用人单位不得安排劳动者进入存在高毒物品的设备、容器或者狭窄封闭场所作业。

21. 用人单位应当按照国务院卫生行政部门的规定，定期对使用有毒物品作业场所职业中毒危害因素进行检测、评价。检测、评价结果存入用人单位职业卫生档案，定期向所在地卫生行政部门报告并向劳动者公布。

从事使用高毒物品作业的用人单位应当至少每一个月对高毒作业场所进行一次职业中毒危害因素检测；至少每半年进行一次职业中毒危害控制效果评价。

高毒作业场所职业中毒危害因素不符合国家职业卫生标准和卫生要求时，用人单位必须立即停止高毒作业，并采取相应的治理措施；经治理，职业中毒危害因素符合国家职业卫生标准和卫生要求的，方可重新作业。

22. 从事使用高毒物品作业的用人单位应当设置淋浴间和更衣室，并设置清洗、存放或者处理从事使用高毒物品作业劳动者的工作服、工作鞋帽等物品的专用间。

劳动者结束作业时，其使用的工作服、工作鞋帽等物品必须存放在高毒作业区域内，不得穿戴到非高毒作业区域。

23. 用人单位应当按照规定对从事使用高毒物品作业的劳动者进行岗位轮换。

用人单位应当为从事使用高毒物品作业的劳动者提供岗位津贴。

24. 用人单位转产、停产、停业或者解散、破产的，应当采取有效措施，妥善处理留存或者残留有毒物品的设备、包装物和容器。

25. 用人单位应当对本单位执行本条例规定的情况进行经常性的监督检查；发现问题，应当及时依照本条例规定的要求进行处理。

四、职业健康监护

26. 用人单位应当组织从事使用有毒物品作业的劳动者进行上岗前职业健康检查。

用人单位不得安排未经上岗前职业健康检查的劳动者从事使用有毒物品的作业，不得安排有职业禁忌的劳动者从事其所禁忌的作业。

27. 用人单位应当对从事使用有毒物品作业的劳动者进行定期职业健康检查。

用人单位发现有职业禁忌或者有与所从事职业相关的健康损害的劳动者，应当将其及时调离原工作岗位，并妥善安置。

用人单位对需要复查和医学观察的劳动者，应当按照体检机构的要求安排其复查和医学观察。

28. 用人单位应当对从事使用有毒物品作业的劳动者进行离岗时的职业健康检查；对离岗时未进行职业健康检查的劳动者，不得解除或者终止与其订立的劳动合同。

用人单位发生分立、合并、解散、破产等情形的，应当对从事使用有毒物品作业的劳动者进行健康检查，并按照国家有关规定妥善安置职业病病人。

29. 用人单位对受到或者可能受到急性职业中毒危害的劳动者，应当及时组织进行健康检查和医学观察。

30. 劳动者职业健康检查和医学观察的费用，由用人单位承担。

31. 用人单位应当建立职业健康监护档案。

职业健康监护档案应当包括下列内容：

（1）劳动者的职业史和职业中毒危害接触史；

（2）相应作业场所职业中毒危害因素监测结果；

（3）职业健康检查结果及处理情况；

（4）职业病诊疗等劳动者健康资料。

五、劳动者的权利与义务

32. 从事使用有毒物品作业的劳动者在存在威胁生命安全或者身体健康危险的情况下，有权通知用人单位并从使用有毒物品造成的危险现场撤离。

用人单位不得因劳动者依据前款规定行使权利，而取消或者减少劳动者在正常工作时享有的工资、福利待遇。

33. 劳动者享有下列职业卫生保护权利：

（1）获得职业卫生教育、培训；

（2）获得职业健康检查、职业病诊疗、康复等职业病防治服务；

（3）了解工作场所产生或者可能产生的职业中毒危害因素、危害后果和应当采取的职业中毒危害防护措施；

（4）要求用人单位提供符合防治职业病要求的职业中毒危害防护设施和个人使用的职业中毒危害防护用品，改善工作条件；

（5）对违反职业病防治法律、法规，危及生命、健康的行为提出批评、检举和控告；

（6）拒绝违章指挥和强令进行没有职业中毒危害防护措施的作业；

（7）参与用人单位职业卫生工作的民主管理，对职业病防治工作提出意见和建议。

用人单位应当保障劳动者行使前款所列权利。禁止因劳动者依法行使正当权利而降低其工资、福利等待遇或者解除、终止与其订立的劳动合同。

34. 劳动者有权在正式上岗前从用人单位获得下列资料：

（1）作业场所使用的有毒物品的特性、有害成分、预防措施、教育和培训资料；

（2）有毒物品的标签、标识及有关资料；

（3）有毒物品安全使用说明书；

（4）可能影响安全使用有毒物品的其他有关资料。

35. 劳动者有权查阅、复印其本人职业健康监护档案。

劳动者离开用人单位时，有权索取本人健康监护档案复印件；用人单位应当如实、无偿提供，并在所提供的复印件上签章。

36. 用人单位按照国家规定参加工伤保险的，患职业病的劳动者有权按照国家有关工伤保险的规定，享受下列工伤保险待遇：

（1）医疗费：因患职业病进行诊疗所需费用，由工伤保险基金按照规定标准支付；

（2）住院伙食补助费：由用人单位按照当地因公出差伙食标准的一定比例支付；

（3）康复费：由工伤保险基金按照规定标准支付；

（4）残疾用具费：因残疾需要配置辅助器具的，所需费用由工伤保险基金按照普及型辅助器具标准支付；

（5）停工留薪期待遇：原工资、福利待遇不变，由用人单位支付；

（6）生活护理补助费：经评残并确认需要生活护理的，生活护理补助费由工伤保险基金按照规定标准支付；

（7）一次性伤残补助金：经鉴定为十级至一级伤残的，按照伤残等级享受相当于6个月至24个月的本人工资的一次性伤残补助金，由工伤保险基金支付；

（8）伤残津贴：经鉴定为四级至一级伤残的，按照规定享受相当于本人工资75%至90%的伤残津贴，由工伤保险基金支付；

（9）死亡补助金：因职业中毒死亡的，由工伤保险基金按照不低于48个月的统筹地区上年度职工月平均工资的标准一次支付；

（10）丧葬补助金：因职业中毒死亡的，由工伤保险基金按照6个月的统筹地区上年度职工月平均工资的标准一次支付；

（11）供养亲属抚恤金：因职业中毒死亡的，对由死者生前提供主要生活来源的亲属由工伤保险基金支付抚恤金；对其配偶每月按照统筹地区上年度职工月平均工资的40%发给，对其生前供养的直系亲属每人每月按照统筹地区上年度职工月平均工资的30%发给；

（12）国家规定的其他工伤保险待遇。

本条例施行后，国家对工伤保险待遇的项目和标准作出调整时，从其规定。

37. 用人单位未参加工伤保险的，其劳动者从事有毒物品作业患职业病的，用人单位应当按照国家有关工伤保险规定的项目和标准，保证劳动者享受工伤待遇。

38. 用人单位无营业执照以及被依法吊销营业执照，其劳动者从事使用有毒物品作业患职业病的，应当按照国家有关工伤保险规定的项目和标准，给予劳动者一次性赔偿。

39. 用人单位分立、合并的，承继单位应当承担由原用人单位对患职业病的劳动者承担的补偿责任。

用人单位解散、破产的，应当依法从其清算财产中优先支付患职业病的劳动者的补偿费用。

40. 劳动者除依法享有工伤保险外，依照有关民事法律的规定，尚有获得赔偿的权利的，有权向用人单位提出赔偿要求。

41. 劳动者应当学习和掌握相关职业卫生知识，遵守有关劳动保护的法律、法规和操作规程，正确使用和维护职业中毒危害防护设施及其用品；发现职业中毒事故隐患时，应当及时报告。

作业场所出现使用有毒物品产生的危险时，劳动者应当采取必要措施，按照规定正确使用防护设施，将危险加以消除或者减少到最低限度。

六、监督管理

42. 县级以上人民政府卫生行政部门应当依照本条例的规定和国家有关职业卫生要求，依据职责划分，对作业场所使用有毒物品作业及职业中毒危害检测、评价活动进行监督检查。

卫生行政部门实施监督检查，不得收取费用，不得接受用人单位的财物或者其他利益。

43. 卫生行政部门应当建立、健全监督制度，核查反映用人单位有关劳动保护的材料，履行监督责任。

用人单位应当向卫生行政部门如实、具体提供反映有关劳动保护的材料；必要时，卫生行政部门可以查阅或者要求用人单位报送有关材料。

44. 卫生行政部门应当监督用人单位严格执行有关职业卫生规范。

卫生行政部门应当依照本条例的规定对使用有毒物品作业场所的职业卫生防护设备、设施的防护性能进行定期检验和不定期的抽查；发现职业卫生防护设备、设施存在隐患时，应当责令用人单位立即消除隐患；消除隐患期间，应当责令其停止作业。

45. 卫生行政部门应当采取措施，鼓励对用人单位的违法行为进行举报、投诉、检举和控告。

卫生行政部门对举报、投诉、检举和控告应当及时核实，依法作出处理，并将处理结果予以公布。

卫生行政部门对举报人、投诉人、检举人和控告人负有保密的义务。

46. 卫生行政部门执法人员依法执行职务时，应当出示执法证件。

卫生行政部门执法人员应当忠于职守，秉公执法；涉及用人单位秘密的，应当为其保密。

47. 卫生行政部门依法实施罚款的行政处罚，应当依照有关法律、行政法规的规定，实施罚款决定与罚款收缴分离；收缴的罚款以及依法没收的经营所得，必须全部上缴国库。

48. 卫生行政部门履行监督检查职责时，有权采取下列措施：

（1）进入用人单位和使用有毒物品作业场所现场，了解情况，调查取证，进行抽样检查、检测、检验，进行实地检查；

（2）查阅或者复制与违反本条例行为有关的资料，采集样品；

（3）责令违反本条例规定的单位和个人停止违法行为。

49. 发生职业中毒事故或者有证据证明职业中毒危害状态可能导致事故发生时，卫生行政部门有权采取下列临时控制措施：

（1）责令暂停导致职业中毒事故的作业；

（2）封存造成职业中毒事故或者可能导致事故发生的物品；

（3）组织控制职业中毒事故现场。

在职业中毒事故或者危害状态得到有效控制后，卫生行政部门应当及时解除控制措施。

50. 卫生行政部门执法人员依法执行职务时，被检查单位应当接受检查并予以支持、配合，不得拒绝和阻碍。

51. 卫生行政部门应当加强队伍建设，提高执法人员的政治、业务素质，依照本条例的规定，建立、健全内部监督制度，对执法人员执行法律、法规和遵守纪律的情况进行监督检查。

七、罚则

52. 卫生行政部门的工作人员有下列行为之一，导致职业中毒事故发生的，依照刑法关于滥用职权罪、玩忽职守罪或者其他罪的规定，依法追究刑事责任；造成职业中毒危害但尚未导致职业中毒事故发生，不够刑事处罚的，根据不同情节，依法给予降级、撤职或者开除的行政处分：

（1）对不符合本条例规定条件的涉及使用有毒物品作业事项，予以批准的；

（2）发现用人单位擅自从事使用有毒物品作业，不予取缔的；

（3）对依法取得批准的用人单位不履行监督检查职责，发现其不再具备本条例规定的条件而不撤销原批准或者发现违反本条例的其他行为不予查处的；

（4）发现用人单位存在职业中毒危害，可能造成职业中毒事故，不及时依法采取控制措施的。

53. 用人单位违反本条例的规定，有下列情形之一的，由卫生行政部门给予警告，责令限期改正，处10万元以上50万元以下的罚款；逾期不改正的，提请有关人民政府按照国务院规定的权限责令停建、予以关闭；造成严重职业中毒危害或者导致职业中毒事故发生的，对负有责任的主管人员和其他直接责任人员依照刑法关于重大劳动安全事故罪或者其他罪的规定，依法追究刑事责任：

（1）可能产生职业中毒危害的建设项目，未依照职业病防治法的规定进行职业中毒危害预评价，或者预评价未经卫生行政部门审核同意，擅自开工的；

（2）职业卫生防护设施未与主体工程同时设计，同时施工，同时投入生产和使用的；

（3）建设项目竣工，未进行职业中毒危害控制效果评价，或者未经卫生行政部门验收或者验收不合格，擅自投入使用的；

（4）存在高毒作业的建设项目的防护设施设计未经卫生行政部门审查同意，擅自施工的。

54. 用人单位违反本条例的规定，有下列情形之一的，由卫生行政部门给予警告，责令限期改正，处5万元以上20万元以下的罚款；逾期不改正的，提请有关人民政府按照国务院规定的权限予以关闭；造成严重职业中毒危害或者导致职业中毒事故发生的，对负有责任的主管人员和其他直接责任人员依照刑法关于重大劳动安全事故罪或者其他罪的规定，依法追究刑事责任：

（1）使用有毒物品作业场所未按照规定设置警示标识和中文警示说明的；

（2）未对职业卫生防护设备、应急救援设施、通讯报警装置进行维护、检修和定期检测，导致上述设施处于不正常状态的；

（3）未依照本条例的规定进行职业中毒危害因素检测和职业中毒危害控制效果评价的；

（4）高毒作业场所未按照规定设置撤离通道和泄险区的；

（5）高毒作业场所未按照规定设置警示线的；

（6）未向从事使用有毒物品作业的劳动者提供符合国家职业卫生标准的防护用品，或者未保证劳动者正确使用的。

55. 用人单位违反本条例的规定，有下列情形之一的，由卫生行政部门给予警告，责令限期改正，处5万元以上30万元以下的罚款；逾期不改正的，提请有关人民政府按照国务院规定的权限予以关闭；造成严重职业中毒危害或者导致职业中毒事故发生的，对负有责任的主管人员和其他直接责任人员依照刑法关于重大责任事故罪、重大劳动安全事故罪或者其他罪的规定，依法追究刑事责任：

（1）使用有毒物品作业场所未设置有效通风装置的，或者可能突然泄漏大量有毒物品或者易造成急性中毒的作业场所未设置自动报警装置或者事故通风设施的；

（2）职业卫生防护设备、应急救援设施、通讯报警装置处于不正常状态而不停止作业，或者擅自拆除或者停止运行职业卫生防护设备、应急救援设施、通讯报警装置的。

56. 从事使用高毒物品作业的用人单位违反本条例的规定，有下列行为之一的，由卫生行政部门给予警告，责令限期改正，处5万元以上20万元以下的罚款；逾期不改正的，提请有关人民政府按照国务院规定的权限予以关闭；造成严重职业中毒危害或者导致职业中毒事故发生的，对负有责任的主管人员和其他直接责任人员依照刑法关于重大责任事故罪或者其他罪的规定，依法追究刑事责任：

（1）作业场所职业中毒危害因素不符合国家职业卫生标准和卫生要求而不立即停止高毒作业并采取相应的治理措施的，或者职业中毒危害因素治理不符合国家职业卫生标准和卫生要求重新作业的；

（2）未依照本条例的规定维护、检修存在高毒物品的生产装置的；

（3）未采取本条例规定的措施，安排劳动者进入存在高毒物品的设备、容器或者狭窄封闭场所作业的。

57. 在作业场所使用国家明令禁止使用的有毒物品或者使用不符合国家标准的有毒物品的，由卫生行政部门责令立即停止使用，处5万元以上30万元以下的罚款；情节严重的，责令停止使用有毒物品作业，或者提请有关人民政府按照国务院规定的权限予以关闭；造成严重职业中毒危害或者导致职业中毒事故发生的，对负有责任的主管人员和其他直接责任人员依照刑法关于危险物品肇事罪、重大责任事故罪或者其他罪的规定，依法追究刑事责任。

58. 用人单位违反本条例的规定，有下列行为之一的，由卫生行政部门给予警告，责令限期改正；逾期不改正的，处5万元以上30万元以下的罚款；造成严重职业中毒危害或者导致职业中毒事故发生的，对负有责任的主管人员和其他直接责任人员依照刑法关于重大责任事故罪或者其他罪的规定，依法追究刑事责任：
（1）使用未经培训考核合格的劳动者从事高毒作业的；
（2）安排有职业禁忌的劳动者从事所禁忌的作业的；
（3）发现有职业禁忌或者有与所从事职业相关的健康损害的劳动者，未及时调离原工作岗位，并妥善安置的；
（4）安排未成年人或者孕期、哺乳期的女职工从事使用有毒物品作业的；
（5）使用童工的。

59. 违反本条例的规定，未经许可，擅自从事使用有毒物品作业的，由工商行政管理部门、卫生行政部门依据各自职权予以取缔；造成职业中毒事故的，依照刑法关于危险物品肇事罪或者其他罪的规定，依法追究刑事责任；尚不够刑事处罚的，由卫生行政部门没收经营所得，并处经营所得3倍以上5倍以下的罚款；对劳动者造成人身伤害的，依法承担赔偿责任。

60. 从事使用有毒物品作业的用人单位违反本条例的规定，在转产、停产、停业或者解散、破产时未采取有效措施，妥善处理留存或者残留高毒物品的设备、包装物和容器的，由卫生行政部门责令改正，处2万元以上10万元以下的罚款；触犯刑律的，对负有责任的主管人员和其他直接责任人员依照刑法关于重大环境污染事故罪、危险物品肇事罪或者其他罪的规定，依法追究刑事责任。

61. 用人单位违反本条例的规定，有下列情形之一的，由卫生行政部门给予警告，责令限期改正，处5000元以上2万元以下的罚款；逾期不改正的，责令停止使用有毒物品作业，或者提请有关人民政府按照国务院规定的权限予以关闭；造成严重职业中毒危害或者导致职业中毒事故发生的，对负有责任的主管人员和其他直接责任人员依照刑法关于重大劳动安全事故罪、危险物品肇事罪或者其他罪的规定，依法追究刑事责任：
（1）使用有毒物品作业场所未与生活场所分开或者在作业场所住人的；
（2）未将有害作业与无害作业分开的；
（3）高毒作业场所未与其他作业场所有效隔离的；
（4）从事高毒作业未按照规定配备应急救援设施或者制定事故应急救援预案的。

62. 用人单位违反本条例的规定，有下列情形之一的，由卫生行政部门给予警告，责令限期改正，处2万元以上5万元以下的罚款；逾期不改正的，提请有关人民政府按照国务院规定的权限予以关闭：

（1）未按照规定向卫生行政部门申报高毒作业项目的；

（2）变更使用高毒物品品种，未按照规定向原受理申报的卫生行政部门重新申报，或者申报不及时、有虚假的。

63. 用人单位违反本条例的规定，有下列行为之一的，由卫生行政部门给予警告，责令限期改正，处 2 万元以上 5 万元以下的罚款；逾期不改正的，责令停止使用有毒物品作业，或者提请有关人民政府按照国务院规定的权限予以关闭：

（1）未组织从事使用有毒物品作业的劳动者进行上岗前职业健康检查，安排未经上岗前职业健康检查的劳动者从事使用有毒物品作业的；

（2）未组织从事使用有毒物品作业的劳动者进行定期职业健康检查的；

（3）未组织从事使用有毒物品作业的劳动者进行离岗职业健康检查的；

（4）对未进行离岗职业健康检查的劳动者，解除或者终止与其订立的劳动合同的；

（5）发生分立、合并、解散、破产情形，未对从事使用有毒物品作业的劳动者进行健康检查，并按照国家有关规定妥善安置职业病病人的；

（6）对受到或者可能受到急性职业中毒危害的劳动者，未及时组织进行健康检查和医学观察的；

（7）未建立职业健康监护档案的；

（8）劳动者离开用人单位时，用人单位未如实、无偿提供职业健康监护档案的；

（9）未依照职业病防治法和本条例的规定将工作过程中可能产生的职业中毒危害及其后果、有关职业卫生防护措施和待遇等如实告知劳动者并在劳动合同中写明的；

（10）劳动者在存在威胁生命、健康危险的情况下，从危险现场中撤离，而被取消或者减少应当享有的待遇的。

64. 用人单位违反本条例的规定，有下列行为之一的，由卫生行政部门给予警告，责令限期改正，处 5000 元以上 2 万元以下的罚款；逾期不改正的，责令停止使用有毒物品作业，或者提请有关人民政府按照国务院规定的权限予以关闭：

（1）未按照规定配备或者聘请职业卫生医师和护士的；

（2）未为从事使用高毒物品作业的劳动者设置淋浴间、更衣室或者未设置清洗、存放和处理工作服、工作鞋帽等物品的专用间，或者不能正常使用的；

（3）未安排从事使用高毒物品作业一定年限的劳动者进行岗位轮换的。

第六节　《职业病危害事故调查处理办法》有关规定

（2002 年 5 月 1 日起施行）

一、总则

1. 为了规范职业病危害事故的调查处理，及时有效地控制职业病危害事故，减轻职业病危害事故造成的损害，根据《中华人民共和国职业病防治法》（以下简称《职业病防治法》），制定本办法。

2. 按一次职业病危害事故所造成的危害严重程度，职业病危害事故分为三类：

（1）一般事故：发生急性职业病 10 人以下的；

（2）重大事故：发生急性职业病 10 人以上 50 人以下或者死亡 5 人以下的，或者发生职业性炭疽 5 人以下的；

（3）特大事故：发生急性职业病 50 人以上或者死亡 5 人以上，或者发生职业性炭疽 5 人以上的。

放射事故的分类及调查处理按照卫生部制定的《放射事故管理规定》执行。

3. 县级以上卫生行政部门负责本辖区内职业病危害事故的调查处理。

重大和特大职业病危害事故由省级以上卫生行政部门会同有关部门和工会组织，按照规定的程序和职责进行调查处理。

4. 职业病危害事故调查处理的主要内容是：

（1）依法采取临时控制和应急救援措施，及时组织抢救急性职业病病人；

（2）按照规定进行事故报告；

（3）组织事故调查；

（4）依法对事故责任人进行查处；

（5）结案存档。

5. 职业病危害事故的调查处理应当迅速、有效、科学、公正。

二、事故报告

6. 发生职业病危害事故时，用人单位应当立即向所在地县级卫生行政部门和有关部门报告。

7. 县级卫生行政部门接到职业病危害事故报告后，应当实施紧急报告：

（1）特大和重大事故，应当立即向同级人民政府、省级卫生行政部门和卫生部报告；

（2）一般事故，应当于 6 小时内向同级人民政府和上级卫生行政部门报告。

8. 接收遭受急性职业病危害劳动者的首诊医疗卫生机构，应当及时向所在地县级卫生行政部门报告。

9. 职业病危害事故报告的内容应当包括事故发生的地点、时间、发病情况、死亡人数、可能发生原因、已采取措施和发展趋势等。

10. 地方各级卫生行政部门按照《卫生监督统计报告管理规定》，负责管辖范围内职业病危害事故的统计报告工作，并应当定期向有关部门和同级工会组织通报职业病危害事故发生情况。

职业病危害事故发生的情况，由省级以上卫生行政部门统一对外公布。

11. 任何单位和个人不得以任何借口对职业病危害事故瞒报、虚报、漏报和迟报。

三、事故处理

12. 发生职业病危害事故时，用人单位应当根据情况立即采取以下紧急措施：

（1）停止导致职业病危害事故的作业，控制事故现场，防止事态扩大，把事故危害降到最低限度；

（2）疏通应急撤离通道，撤离作业人员，组织泄险；

（3）保护事故现场，保留导致职业病危害事故的材料、设备和工具等；

（4）对遭受或者可能遭受急性职业病危害的劳动者，及时组织救治、进行健康检查和医学观察；

（5）按照规定进行事故报告；
（6）配合卫生行政部门进行调查，按照卫生行政部门的要求如实提供事故发生情况、有关材料和样品；
（7）落实卫生行政部门要求采取的其他措施。

13. 卫生行政部门接到职业病危害事故报告后，根据情况可以采取以下措施：
（1）责令暂停导致职业病危害事故的作业；
（2）组织控制职业病危害事故现场；
（3）封存造成职业病危害事故的材料、设备和工具等；
（4）组织医疗卫生机构救治遭受或者可能遭受急性职业病危害的劳动者。

14. 事故发生后，卫生行政部门应当及时组织用人单位主管部门、公安、安全生产部门、工会等有关部门组成职业病危害事故调查组，进行事故调查。

15. 事故调查组成员应当符合下列条件：
（1）具有事故调查所需要的专业知识和实践经验；
（2）与所发生事故没有直接利害关系。

16. 职业病危害事故调查组的职责：
（1）进行现场勘验和调查取证，查明职业病危害事故发生的经过、原因、人员伤亡情况和危害程度；
（2）分析事故责任；
（3）提出对事故责任人的处罚意见；
（4）提出防范事故再次发生所应采取的改进措施的意见；
（5）形成职业病事故调查处理报告。

17. 事故调查组进行现场调查取证时，有权向用人单位、有关单位和有关人员了解有关情况，任何单位和个人不得拒绝、隐瞒或提供虚假证据或资料，不得阻碍、干涉事故调查组的现场调查和取证工作。

18. 卫生行政部门根据事故调查组提出的事故意见，决定和实施对发生事故的用人单位的行政处罚，并责令用人单位及其主管部门负责落实有关改进措施建议。

19. 职业病危害事故处理工作应当按照有关规定在90日内结案，特殊情况不得超过180日。事故处理结案后，应当公布处理结果。

20. 违反《职业病防治法》及本办法规定，用人单位不采取职业病危害预防措施而导致一般职业病危害事故的，由卫生行政部门责令限期治理，并处10万元以上15万元以下罚款；导致特大或者重大事故的，由卫生行政部门责令停止产生职业病危害的作业，或者提请有关人民政府按照国务院规定的权限责令关闭，并处15万元以上30万元以下罚款；构成犯罪的，对直接负责的主管人员和其他直接责任人员依法追究刑事责任。

21. 违反《职业病防治法》及本办法规定，有下列情形之一的，由卫生行政部门给予警告，责令限期改正；逾期不改正的，处5万元以上20万元以下罚款：
（1）未按规定及时报告职业病危害事故的；
（2）发生或者可能发生急性职业病危害事故时，未立即采取应急救援和控制措施的；
（3）拒绝接受调查或者拒绝提供有关情况和资料的；
（4）对遭受或者可能遭受急性职业病危害的劳动者，未及时组织救治、进行健康检查或医学观察的。

22. 卫生行政部门不按照规定报告职业病危害事故的，由上一级卫生行政部门责令改正，通报批评，给予警告；虚报瞒报的，对单位负责人、直接负责的主管人员和其他直接负责人给予降级、撤职或者开除的行政处分。

第七节 《中华人民共和国环境保护法》有关规定

(1989年12月26日起施行)

一、总则

1. 为保护和改善生活环境与生态环境，防治污染和其他公害，保障人体健康，促进社会主义现代化建设的发展，制定本法。

2. 本法所称环境，是指影响人类生存和发展的各种天然的和经过人工改造的自然因素的总体，包括大气、水、海洋、土地、矿藏、森林、草原、野生生物、自然遗迹、人文遗迹、自然保护区、风景名胜区、城市和乡村等。

3. 本法适用于中华人民共和国领域和中华人民共和国管辖的其他海域。

4. 国家制定的环境保护规划必须纳入国民经济和社会发展计划，国家采取有利于环境保护的经济、技术政策和措施，使环境保护工作同经济建设和社会发展相协调。

5. 国家鼓励环境保护科学教育事业的发展，加强环境保护科学技术的研究和开发，提高环境保护科学技术水平，普及环境保护的科学知识。

6. 一切单位和个人都有保护环境的义务，并有权对污染和破坏环境的单位和个人进行检举和控告。

7. 国务院环境保护行政主管部门，对全国环境保护工作实施统一监督管理。县级以上地方人民政府环境保护行政主管部门，对本辖区的环境保护工作实施统一监督管理。

国家海洋行政主管部门、港务监督、渔政渔港监督、军队环境保护部门和各级公安、交通、铁道、民航管理部门，依照有关法律的规定对环境污染防治实施监督管理。县级以上人民政府的土地、矿产、林业、农业、水利行政主管部门，依照有关法律的规定对资源的保护实施监督管理。

8. 对保护和改善环境有显著成绩的单位和个人，由人民政府给予奖励。

二、环境监督管理

9. 建设污染环境的项目，必须遵守国家有关建设项目环境保护管理的规定。

建设项目的环境影响报告书，必须对建设项目产生的污染和对环境的影响作出评价，规定防治措施，经项目主管部门预审并依照规定的程序报环境保护行政主管部门批准。环境影响报告书经批准后，计划部门方可批准建设项目设计任务书。

三、保护和改善环境

10. 在国务院、国务院有关主管部门和省、自治区、直辖市人民政府划定的风景名胜区、自然保护区和其他需要特别保护的区域内，不得建设污染环境的工业生产设施；建设其他设施，其污染物排放不得超过规定的排放标准。已经建成的设施，其污染物排放超过规定的排放标准的，限期治理。

11. 开发利用自然资源，必须采取措施保护生态环境。
12. 制定城市规划，应当确定保护和改善环境的目标和任务。
13. 城乡建设应当结合当地自然环境的特点，保护植被、水域和自然景观，加强城市园林、绿地和风景名胜区的建设。

四、防治环境污染和其他公害

14. 产生环境污染和其他公害的单位，必须把环境保护工作纳入计划，建立环境保护责任制度；采取有效措施，防治在生产建设或者其他活动中产生的废气、废水、废渣、粉尘、恶臭气体、放射性物质以及噪声、振动、电磁波辐射等对环境的污染和危害。
15. 新建工业企业和现有工业企业的技术改造，应当采取资源利用率高、污染物排放量少的设备和工艺，采用经济合理的废弃物综合利用技术和污染物处理技术。
16. 建设项目中防治污染的设施，必须与主体工程同时设计、同时施工、同时投产使用。防治污染的设施必须经原审批环境影响报告书的环境保护行政主管部门验收合格后，该建设项目方可投入生产或者使用。防治污染的设施不得擅自拆除或者闲置，确有必要拆除或者闲置的，必须征得所在地的环境保护行政主管部门同意。
17. 排放污染物的企业事业单位，必须依照国务院环境保护行政主管部门的规定申报登记。
18. 排放污染物超过国家或者地方规定的污染物排放标准的企业事业单位，依照国家规定缴纳超标准排污费，并负责治理。水污染防治法另有规定的，依照水污染防治法的规定执行。征收的超标准排污费必须用于污染的防治，不得挪作他用，具体使用办法由国务院规定。
19. 对造成环境严重污染的企业事业单位，限期治理。中央或者省、自治区、直辖市人民政府直接管辖的企业事业单位的限期治理，由省、自治区、直辖市人民政府决定。市、县或者市、县以下人民政府管辖的企业事业单位限期治理，由市、县人民政府决定。被限期治理的企业事业单位必须如期完成治理任务。
20. 禁止引进不符合我国环境保护法规定要求的技术和设备。
21. 因发生事故或者其他突然性事件，造成或者可能造成污染事故的单位，必须立即采取措施处理，及时通报可能受到污染危害的单位和居民，并向当地环境保护行政主管部门和有关部门报告，接受调查处理。可能发生重大污染事故的企业事业单位，应当采取措施，加强防范。
22. 县级以上地方人民政府环境保护行政主管部门，在环境受到严重污染威胁居民生命财产安全时，必须立即向当地人民政府报告，由人民政府采取有效措施，解除或者减轻危害。
23. 生产、储存、运输、销售、使用有毒化学物品和含有放射性物质的物品，必须遵守国家有关规定，防止污染环境。
24. 任何单位不得将产生严重污染的生产设备转移给没有污染防治能力的单位使用。

五、法律责任

25. 违反本法规定，有下列行为之一的，环境保护行政主管部门或者其他依照法律规定行使环境监督管理权的部门可以根据不同情节，给予警告或者处以罚款：

（1）拒绝环境保护行政主管部门或者其他依照法律规定行使环境监督管理权的部门现场检查或者在被检查时弄虚作假的。

（2）拒绝或者谎报国务院环境保护行政主管部门规定的有关污染物排放申报事项的。

（3）不按国家规定缴纳超标准排污费的。

（4）引进不符合我国环境保护规定要求的技术和设备的。

（5）将产生严重污染的生产设备转移给没有污染防治能力的单位使用的。

26. 建设项目的防治污染设施没有建成或者没有达到国家规定的要求投入生产或者使用的，由批准该建设项目的环境影响报告书的环境保护行政主管部门责令停止生产或者使用，可以并处罚款。

27. 未经环境保护行政主管部门同意，擅自拆除或者闲置防治污染的设施，污染物排放超过规定的排放标准的，由环境保护行政主管部门责令重新安装使用，并处罚款。

28. 对违反本法规定，造成环境污染事故的企业事业单位，由环境保护行政主管部门或者其他依照法律规定行使环境监督管理权的部门根据所造成的危害后果处以罚款；情节较重的，对有关责任人员由其所在单位或者政府主管机关给予行政处分。

29. 对经限期治理逾期未完成治理任务的企业事业单位，除依照国家规定加收超标准排污费外，可以根据所造成的危害后果处以罚款，或者责令停业、关闭。

前款规定的罚款由环境保护行政主管部门决定。责令停业、关闭，由作出限期治理决定的人民政府决定；责令中央直接管辖的企业事业单位停业、关闭，需报国务院批准。

30. 当事人对行政处罚决定不服的，可以在接到处罚通知之日起十五日内，向作出处罚决定的机关的上一级机关申请复议；对复议决定不服的，可以在接到复议决定之日起十五日内，向人民法院起诉。当事人也可以在接到处罚通知之日起十五日内，直接向人民法院起诉。当事人逾期不申请复议、也不向人民法院起诉、又不履行处罚决定的，由作出处罚决定的机关申请人民法院强制执行。

31. 造成环境污染危害的，有责任排除危害，并对直接受到损害的单位或者个人赔偿损失。赔偿责任和赔偿金额的纠纷，可以根据当事人的请求，由环境保护行政主管部门或者其他依照法律规定行使环境监督管理权的部门处理；当事人对处理决定不服的，可以向人民法院起诉。当事人也可以直接向人民法院起诉。完全由于不可抗拒的自然灾害，并经及时采取合理措施，仍然不能避免造成环境污染损害的，免予承担责任。

32. 因环境污染损害赔偿提起诉讼的时效期间为三年，从当事人知道或者应当知道受到污染损害时起计算。

33. 违反本法规定，造成重大环境污染事故，导致公私财产重大损失或者人身伤亡的严重后果的，对直接责任人员依法追究刑事责任。

34. 违反本法规定，造成土地、森林、草原、水、矿产、渔业、野生动植物等资源的破坏的，依照有关法律的规定承担法律责任。

35. 环境保护监督管理人员滥用职权、玩忽职守、徇私舞弊的，由其所在单位或者上级主管机关给予行政处分；构成犯罪的，依法追究刑事责任。

第八节 《中华人民共和国环境影响评价法》有关规定

(2003年9月1日起施行)

一、总则

1. 为了实施可持续发展战略，预防因规划和建设项目实施后对环境造成不良影响，促进经济、社会和环境的协调发展，制定本法。

2. 本法所称环境影响评价，是指对规划和建设项目实施后可能造成的环境影响进行分析、预测和评估，提出预防或者减轻不良环境影响的对策和措施，进行跟踪监测的方法与制度。

二、建设项目的环境影响评价

3. 国家根据建设项目对环境的影响程度，对建设项目的环境影响评价实行分类管理。

建设单位应当按照下列规定组织编制环境影响报告书、环境影响报告表或者填报环境影响登记表（以下统称环境影响评价文件）：

（1）可能造成重大环境影响的，应当编制环境影响报告书，对产生的环境影响进行全面评价；

（2）可能造成轻度环境影响的，应当编制环境影响报告表，对产生的环境影响进行分析或者专项评价；

（3）对环境影响很小、不需要进行环境影响评价的，应当填报环境影响登记表。

建设项目的环境影响评价分类管理名录，由国务院环境保护行政主管部门制定并公布。

4. 建设项目的环境影响报告书应当包括下列内容：

（1）建设项目概况；
（2）建设项目周围环境现状；
（3）建设项目对环境可能造成影响的分析、预测和评估；
（4）建设项目环境保护措施及其技术、经济论证；
（5）建设项目对环境影响的经济损益分析；
（6）对建设项目实施环境监测的建议；
（7）环境影响评价的结论。

涉及水土保持的建设项目，还必须有经水土行政主管部门审查同意的水土保持方案。

环境影响报告表和环境影响登记表的内容和格式，由国务院环境保护行政主管部门制定。

5. 建设项目的环境影响评价，应当避免与规划的环境影响评价相重复。

作为一项整体建设项目的规划，按照建设项目进行环境影响评价，不进行规划的环境影响评价。

已经进行了环境影响评价的规划所包含的具体建设项目，其环境影响评价内容建设单位可以简化。

6. 接受委托为建设项目环境影响评价提供技术服务的机构，应当经国务院环境保护行政主管部门考核审查合格后，颁发资质证书，按照资质证书规定的等级和评价范围，从事环境影响评价服务，并对评价结论负责。为建设项目环境影响评价提供技术服务的机构的资质条件和管理办法，由国务院环境保护行政主管部门制定。

国务院环境保护行政主管部门对已取得资质证书的为建设项目环境影响评价提供技术服务的机构的名单，应当予以公布。

为建设项目环境影响评价提供技术服务的机构，不得与负责审批建设项目环境影响评价文件的环境保护行政主管部门或者其他有关审批部门存在任何利益关系。

7. 环境影响评价文件中的环境影响报告书或者环境影响报告表，应当由具有相应环境影响评价资质的机构编制。

任何单位和个人不得为建设单位指定对其建设项目进行环境影响评价的机构。

8. 除国家规定需要保密的情形外，对环境可能造成重大影响、应当编制环境影响报告书的建设项目，建设单位应当在报批建设项目环境影响报告书前，举行论证会、听证会，或者采取其他形式，征求有关单位、专家和公众的意见。

建设单位报批的环境影响报告书应当附具对有关单位、专家和公众的意见采纳或者不采纳的说明。

9. 建设项目的环境影响评价文件，由建设单位按照国务院的规定报有审批权的环境保护行政主管部门审批；建设项目有行业主管部门的，其环境影响报告书或者环境影响报告表应当经行业主管部门预审后，报有审批权的环境保护行政主管部门审批。

海洋工程建设项目的海洋环境影响报告书的审批，依照《中华人民共和国海洋环境保护法》的规定办理。

审批部门应当自收到环境影响报告书之日起六十日内，收到环境影响报告表之日起三十日内，收到环境影响登记表之日起十五日内，分别作出审批决定并书面通知建设单位。

预审、审核、审批建设项目环境影响评价文件，不得收取任何费用。

10. 国务院环境保护行政主管部门负责审批下列建设项目的环境影响评价文件：

（1）核设施、绝密工程等特殊性质的建设项目；

（2）跨省、自治区、直辖市行政区域的建设项目；

（3）由国务院审批的或者由国务院授权有关部门审批的建设项目。

前款规定以外的建设项目的环境影响评价文件的审批权限，由省、自治区、直辖市人民政府规定。

建设项目可能造成跨行政区域的不良环境影响，有关环境保护行政主管部门对该项目的环境影响评价结论有争议的，其环境影响评价文件由共同的上一级环境保护行政主管部门审批。

11. 建设项目的环境影响评价文件经批准后，建设项目的性质、规模、地点、采用的生产工艺或者防治污染、防止生态破坏的措施发生重大变动的，建设单位应当重新报批建设项目的环境影响评价文件。

建设项目的环境影响评价文件自批准之日起超过五年，方决定该项目开工建设的，其环境影响评价文件应当报原审批部门重新审核；原审批部门应当自收到建设项目环境影响评价文件之日起十日内，将审核意见书面通知建设单位。

12. 建设项目的环境影响评价文件未经法律规定的审批部门审查或者审查后未予批准的，该项目审批部门不得批准其建设，建设单位不得开工建设。

13. 建设项目建设过程中，建设单位应当同时实施环境影响报告书、环境影响报告表以及环境影响评价文件审批部门审批意见中提出的环境保护对策措施。

14. 在项目建设、运行过程中产生不符合经审批的环境影响评价文件的情形的，建设单位应当组织环境影响的后评价，采取改进措施，并报原环境影响评价文件审批部门和建设项目审批部门备案；原环境影响评价文件审批部门也可以责成建设单位进行环境影响的后评价，采取改进措施。

15. 环境保护行政主管部门应当对建设项目投入生产或者使用后所产生的环境影响进行跟踪检查，对造成严重环境污染或者生态破坏的，应当查清原因、查明责任。对属于为建设项目环境影响评价提供技术服务的机构编制不实的环境影响评价文件的，依照本法第三十三条（即本节20条）的规定追究其法律责任；属于审批部门工作人员失职、渎职，对依法不应批准的建设项目环境影响评价文件予以批准的，依照本法第三十五条（即本节22条）的规定追究其法律责任。

三、法律责任

16. 规划编制机关违反本法规定，组织环境影响评价时弄虚作假或者有失职行为，造成环境影响评价严重失实的，对直接负责的主管人员和其他直接责任人员，由上级机关或者监察机关依法给予行政处分。

17. 规划审批机关对依法应当编写有关环境影响的篇章或者说明而未编写的规划草案，依法应当附送环境影响报告书而未附送的专项规划草案，违法予以批准的，对直接负责的主管人员和其他直接责任人员，由上级机关或者监察机关依法给予行政处分。

18. 建设单位未依法报批建设项目环境影响评价文件，或者未依照本法第二十四条（即本节11条）的规定重新报批或者报请重新审核环境影响评价文件，擅自开工建设的，由有权审批该项目环境影响评价文件的环境保护行政主管部门责令停止建设，限期补办手续；逾期不补办手续的，可以处五万元以上二十万元以下的罚款，对建设单位直接负责的主管人员和其他直接责任人员，依法给予行政处分。

建设项目环境影响评价文件未经批准或者未经原审批部门重新审核同意，建设单位擅自开工建设的，由有权审批该项目环境影响评价文件的环境保护行政主管部门责令停止建设，可以处五万元以上二十万元以下的罚款，对建设单位直接负责的主管人员和其他直接责任人员，依法给予行政处分。

海洋工程建设项目的建设单位有前两款所列违法行为的，依照《中华人民共和国海洋环境保护法》的规定处罚。

19. 建设项目依法应当进行环境影响评价而未评价，或者环境影响评价文件未经依法批准，审批部门擅自批准该项目建设的，对直接负责的主管人员和其他直接责任人员，由上级机关或者监察机关依法给予行政处分；构成犯罪的，依法追究刑事责任。

20. 接受委托为建设项目环境影响评价提供技术服务的机构在环境影响评价工作中不负责任或者弄虚作假，致使环境影响评价文件失实的，由授予环境影响评价资质的环境保护行政主管部门降低其资质等级或者吊销其资质证书，并处所收费用一倍以上三倍以下的罚款；构成犯罪的，依法追究刑事责任。

21. 负责预审、审核、审批建设项目环境影响评价文件的部门在审批中收取费用的，由其上级机关或者监察机关责令退还；情节严重的，对直接负责的主管人员和其他直接责任人员依法给予行政处分。

22. 环境保护行政主管部门或者其他部门的工作人员徇私舞弊，滥用职权，玩忽职守，违法批准建设项目环境影响评价文件的，依法给予行政处分；构成犯罪的，依法追究刑事责任。

第八章 安全管理体制和安全生产责任制

第一节 我国的安全管理体制

我国的安全生产方针是"安全第一，预防为主"，强调在安全生产管理中要作好预防工作，将可能的事故消灭在萌芽状态之中。我国的安全管理体制是"国家监察，行业管理，企业负责，群众监督，劳动者遵章守纪"。这一管理体制是从不同的角度、不同的层次、不同的方面来推动"安全第一，预防为主"方针的贯彻，保证安全生产的实现。

一、国家监察

国家监察是指政府部门的安全监督机构，按照国家赋予的权力所进行的安全监察活动。通过国家监察来纠正和惩戒违反安全生产法规的行为，保证安全生产方针、政策和法规的贯彻实施。

安全监察有两方面的基本职能，一是实行监察；二是反馈信息。

安全监察是依据安全监察法规授予的权限，对各部门和企事业单位贯彻安全生产方针和遵守安全法规的情况进行监督检查；揭露事故预防工作中存在的问题，分析产生的原因，督促、指导这些部门和单位改正违反法规的行为，消除隐患；对违反法规而又拒不改正的，强制其改正；在处理事故中，对有关各方的争议进行仲裁。

监察机关和监察人员在实行安全监察的过程中，要广泛收集到各类信息，对这些信息进行综合、分析，提出有价值的意见和对策，供领导机关决策参考，或者供有关部门和单位改进工作。

安全监察对象，主要是企事业单位，也包括国家法规中所确定的负有安全职责的有关政府机关、企事业主管部门、行业主管部门等。

安全监察的任务是对上述被监察对象履行安全职责和执行安全生产法规、政策的情况进行监督检查，及时发现存在的问题和偏差，并进行纠正，惩戒违章失职行为，以保证国家安全生产方针、政策和法规的贯彻执行。

1. 安全监察机构的主要职责和权限

1) 监察经济管理、生产管理部门和企事业单位对国家安全生产法律、法规的贯彻执行情况。

2) 对新建、改建、扩建和技术改造工程项目中有关健康安全内容的设计进行审查和竣工验收。

3) 参加有关健康安全科研成果、新产品、新技术、新工艺、新材料、新设备的鉴定，对劳动条件、劳动环境进行检测和评价，对企业的安全管理工作进行评价。

4) 对特种防护用品、特种设备和危险性较大的机械设备等工业产品进行健康安全审查、鉴定、检测、认证，监察其按国家法规标准进行生产的情况。

5）参加伤亡事故的调查和处理，提出结论性意见。

6）对违反安全生产法规的生产管理部门、企业限期整改，逾期不改者，有权予以经济处罚或停工、停产整顿等行政处罚，对其主要责任者和领导人，可给予经济处罚和提出处理建议，造成严重后果、触犯刑律的移交司法部门处理。

7）对劳动安全监察人员、有关干部、特种作业人员进行安全技术培训，考核发证。

2. 安全监察的主要内容

（1）对新建工程的监察。对新、改、扩建和重大技术改造项目的监察，主要是通过参加可行性研究、审查初步设计和劳动保护专篇及参加竣工验收，来保证新建、改建、扩建和技术改造项目中的健康安全设施与主体工程同时设计审查、同时施工制造、同时验收投产。

（2）对设备、产品的监察。对生产厂家制造的可能产生特别危险和危害的生产设备、安全专用仪器仪表、特种防护用品等，通过制定强制性的安全标准，建立国家的安全认证制度来控制其设计、制造、销售和使用。需要建立安全认证制度的工业产品大致可分为以下七类：

1）容易发生爆炸、造成重大伤亡事故和经济损失的产品，如锅炉、压力容器产品；

2）有潜在事故危险的机器设备和工具，如冲剪机械、起重机械、电梯和提升机械、厂内运输机械、木工机械和手持电动工具等；

3）各种安全装置，如漏电保护器、超负荷限制器、光电保护器等；

4）易燃、易爆物品及防爆产品和工具，如烟花爆竹、防爆电气设备、无火花工具等；

5）职业危害严重的原材料，如含苯油漆、农药等；

6）特种劳动保护用品，如安全网、安全帽、安全带、防护鞋等；

7）各种安全检测仪器，如粉尘测试仪、气体检测仪等。

（3）对正在使用的特种设备的监察。锅炉、压力容器、起重机、冲压机械、厂内机动车辆等对职工和周围设施、人员有重大危险的设备，对其安装、使用、维修和改造要制定专门的安全规程和标准，国家监察部门要定期进行检验或抽查，合格的发证，不合格的限期改进，到期仍不合格的进行经济处罚或查封。

（4）对有职业危害的作业场所的监察。对危险程度很高、尘毒噪声危害非常严重的作业场所，通过检查、考评和限期治理、经济处罚、停止生产等强制性措施来完成监察。

（5）对特殊人员的监察。对企业领导和特种作业人员，主要通过建立培训、考核、发证和持证操作制度，来实现对人的行为的监督。

3. 安全监察工作的程序

安全监察工作的程序一般是，一检查、二处理、三惩罚。检查是了解和发现存在的问题；处理是令其改正，消除隐患；惩罚则是强迫其改正。惩罚的方式一般有四种：

（1）即经济制裁；

（2）查封整顿；

（3）提请企业主管部门给当事者以纪律处分；

（4）对造成事故且后果严重的，提请司法部门依法起诉。

二、行业管理

行业安全管理是对行业所属企业贯彻执行国家安全生产方针、政策、法规和标准，进行计划、组织、指挥、协调和宏观控制。行业安全管理的职责，主要有以下七个方面：

（1）贯彻执行国家安全生产方针、政策、法规和标准，制定本行业的具体规章制度和安全规范，并组织实施。

（2）实行安全目标管理，制定本行业安全生产（包括安全、防尘、防毒等）的长期规划和年度计划，确定方针、目标、具体措施和实施办法，并严格执行。

（3）在重大经济、技术决策中提出有关安全生产的要求和内容，组织和指导企业制定和落实安全措施计划，督促企业改善劳动条件。

（4）在新建、改建、扩建工程和技术引进、技术改造中贯彻执行主体工程与健康安全设施同时设计、同时施工、同时投产的"三同时"规定；在组织开发新材料、新产品、新技术、新工艺中，执行有关劳动保护规定。

（5）参与组织对本行业的职工进行安全教育和培训工作。

（6）对本行业所属企业安全生产工作进行督促检查，解决存在的问题和隐患，组织或参与伤亡事故的调查处理，并协助国家监察部门查处违章失职行为。

（7）组织本行业的安全检查、评比和考核，表彰先进，总结和交流安全生产经验。

行业安全管理也包含着监督检查的职能。

三、企业负责

1. 企业的安全责任

企业的安全责任包括对企业内部的安全责任和对企业外部的安全责任两个方面。对企业内部的安全责任主要是保护员工在生产过程中的身心健康和避免财产损失；对企业外部的安全责任包括企业生产的产品应该有很好的安全性能，防止用户使用产品的过程中发生事故而导致人员伤亡、财产损失等。

（1）保护劳动者的身心健康是企业安全工作的基本任务。生产活动是人类改造自然、征服自然，创造物质文明的过程。在这一过程中，人类会遇到而且必须克服许多来自自然界的或人类活动带来的不安全因素。人类一旦忽略了对不安全因素的控制，或者控制不力，则可能发生事故，其结果不仅妨碍工业生产的正常进行，而且可能造成设施、设备等破坏，甚至伤害人类自身。自工业革命以来，几乎生产技术的每一项进步都带来新的事故危险性。防止事故是顺利进行生产的前提和保证，保护劳动者在生产过程中的身心健康，是企业安全工作的基本任务。

在我国通常将保护劳动者的身心健康称作劳动保护。广义的劳动保护是指对劳动者各方面合法权益的保护，又称为劳动者保护；狭义的劳动保护仅指对劳动者在劳动过程中的安全和健康的保护，又称劳动健康安全或职业健康安全。在劳动者利益的总体结构中，劳动者的安全和健康居于首要位置。

（2）保护用户和公众安全也是企业的责任。随着新材料、新能源、新技术的应用，工业产品的科技含量越来越高、产品越来越复杂，其中的不安全因素导致事故的危险性也越来越高。所以企业的安全责任从生产过程安全扩展到了产品安全。

2. 安全生产企业负责

企业负责就是企业在其生产经营活动中必须对本企业安全生产负全面责任。首先是企业法人代表对企业安全生产全面负责。坚持"管生产必须管安全"的原则，在搞好生产经营的同时，搞好安全工作。

企业负责的另一种含义是，企业作为独立的法人团体，对企业违反安全生产法律法规的行为，对发生的事故应当承担法律责任、行政责任或经济责任。依照法律、法规规定，事故责任者必须接受法律的制裁，或行政的、经济的惩处。

企业的安全生产责任可以概括为以下几个方面：

(1) 按 GB/T 28001—2001 规范要求建立和不断完善企业的职业健康安全管理体系。

(2) 贯彻执行国家职业健康、安全生产方针、政策、法律法规和标准，建立健全职业健康安全生产规章制度。采取各种管理和技术措施防止生产过程中事故和职业危害发生，保障员工的生命、身心健康和安全，实现安全生产和文明生产。

(3) 对各项生产工作进行危险源辨识和控制。

(4) 编制安全技术措施计划并保证其实施。

(5) 做好安全技术交底工作。

(6) 开展健康安全检查。

(7) 员工的健康安全生产教育。

(8) 伤亡事故的调查处理。

四、群众监督

群众监督是广大职工通过工会或职工代表大会监督和协助各级管理人员贯彻落实安全生产方针、政策、法规，作好事故预防工作。

例如，企业制定重大安全技术措施计划及安全技术措施费用的提取、使用等，都应提交职工代表大会讨论。对于管理人员的严重官僚主义、忽视职业健康安全生产等问题，工会有权提出批评和建议，并督促有关方面及时改进。同时各级工会还可以对职工进行遵守安全生产法令、制度和安全操作规程的教育，组织并协助管理人员开展职业健康安全生产的宣传和培训工作，及时总结和交流安全生产先进经验等。

五、劳动者遵章守纪

遵章守纪是指遵守安全生产方面的法规、制度、规范、标准和纪律。

在安全事故原因中，人的不安全行为占有十分重要的位置。所以安全管理的一项重要内容就是教育、约束劳动者遵章守纪。

此外，在安全管理工作中，还要建立相应的激励机制，激励职工的安全生产积极性和自觉性。

第二节 安全生产责任制度

所谓安全生产责任制度，就是根据"管生产必须管安全"、"安全生产，人人有责"的原则，对企业的各级人员、各职能部门明确地规定在生产中应负的安全责任。这是企业岗位责任制的一个组成部分，是企业中最基本的一项安全制度，是安全管理规章制度的核心。

一、企业管理人员的安全生产责任

1. 企业法人代表的安全生产责任

(1) 认真贯彻执行国家有关职业健康安全生产的方针政策和法规、规范，掌握本企业健康安全生产动态，定期研究安全工作，对本企业职业健康安全生产负全面领导责任。

(2) 领导编制和实施本企业中、长期整体规划及年度、特殊时期安全工作实施计划，建立健全和完善本企业的各项职业健康安全生产管理制度及奖惩办法。

(3) 建立健全职业健康安全生产的管理体系，保证安全技术措施经费的落实。

(4) 领导并支持职业健康安全管理人员或部门的监督检查工作。

(5) 在事故调查组的指导下，领导、组织本企业有关部门或人员，作好特大、重大伤亡事故调查处理的具体工作，监督防范措施的制定和落实，预防事故重复发生。

2. 公司技术负责人的安全生产责任

(1) 贯彻执行国家和上级的职业健康安全生产方针、政策，协助法定代表人作好安全方面的技术领导工作，在本企业施工安全生产中负技术领导责任。

(2) 领导制定年度和季节性施工计划时，要确定指导性的安全技术方案。

(3) 组织编制和审批施工组织设计、特殊复杂工程项目或专业性工程项目施工方案时，应严格审查是否具备了安全技术措施及其可行性，并提出决定性意见。

(4) 领导安全技术攻关活动，确定劳动保护研究项目，并组织鉴定验收。

(5) 对本企业使用的新材料、新技术、新工艺从技术上负责，组织审查其使用和实施过程中的安全性，组织编制或审定相应的操作规程，重大项目应组织安全技术交底工作。

(6) 参加特大、重大伤亡事故的调查，从技术上分析事故原因，制定防范措施。

3. 企业生产负责人的安全生产责任

(1) 对本企业职业健康安全生产工作负直接领导责任，协助法定代表人认真贯彻执行职业健康安全生产方针、政策、法规，落实本企业各项职业健康安全生产管理制度。

(2) 组织实施本企业中长期、年度、特殊时期安全工作规划、目标及实施计划，组织落实安全生产责任制。

(3) 参与编制和审核施工组织设计、特殊复杂工程项目或专业性工程项目施工方案。审批本企业工程生产建设项目中的安全技术管理措施，制定施工生产中安全技术措施经费的使用计划。

(4) 领导组织本企业的职业健康安全生产宣传教育工作，确定职业健康安全生产考核指标；领导、组织外包工队长的培训、考核与审查工作。

(5) 领导组织本企业定期和不定期的职业健康安全生产检查，及时解决施工中的不安全生产问题。

(6) 认真听取、采纳安全生产的合理化建议，保证本企业职业健康安全生产保障体系的正常运转。

(7) 在事故调查组的指导下，组织特大、重大伤亡事故的调查、分析及处理中的具体工作。

4. 总工程师的安全生产责任

(1) 负责组织制定本企业安全技术规章制度并认真贯彻执行。

（2）定期主持召开有关部门会议，研究解决安全技术问题。

（3）在采用新技术、新工艺时，同时研究和采取防护措施；设计、制造新的生产设备，要有符合国家标准要求的安全卫生防护措施；新、改、扩建工程项目，认真执行"三同时"规定。

（4）重视新产品、新材料、新设备的使用、储存和运输，督促有关部门加强安全管理。

（5）主持或参与安全生产大检查，对重大隐患要审查制定整改计划，组织有关部门实施。

（6）参加重大事故调查，并作出技术方面的鉴定。

5. **总会计师的安全生产责任**

（1）认真执行国家关于企业安全技术措施经费提取使用的有关规定，作到专款专用，并监督执行，切实保证对安全生产的投入，保证安全技术措施和隐患整改项目费用到位。

（2）执行财政部关于安全技术措施费用使用管理规定，保证安全技术措施费用和事故隐患整改费用到位。

（3）审查单位经营计划时，要同时审查安全技术措施计划，并检查执行情况。

（4）把安全管理纳入经济责任制，分析单位安全生产经济效益，支持开展安全生产竞赛活动，审核各类事故费用支出。

6. **工会主席的安全生产责任**

（1）负责组织职工劳动安全竞赛活动，搞好职工的劳动保护。

（2）按照国家有关规定，定期组织疗养和辅助医疗工作；定期组织职工进行身体检查，健全职工健康档案。

（3）参与监督检查各项安全操作规程的执行情况，监督检查有毒有害作业环境的治理情况。

（4）参与职工因工死亡、工伤和职业病的调查、分析和处理，监督检查基层单位落实预防措施的实施情况，协同单位领导作好善后工作。

（5）监督检查本企业女工的劳动保护工作。

二、项目管理人员的安全生产责任

1. **项目经理安全生产责任**

（1）对承包项目工程生产经营过程中的职业健康安全生产负全面领导责任。

（2）贯彻落实职业健康安全生产方针、政策、法规和各项规章制度，结合项目工程特点及施工全过程的情况，制定本项目工程各项职业健康安全生产管理办法，或提出要求，并监督其实施。

（3）在组织项目工程业务承包，聘用业务人员时，必须本着安全工作只能加强的原则，根据工程特点确定职业健康安全工作的管理体制和人员，并明确各业务承包人的安全责任和考核指标，支持、指导安全管理人员的工作。

（4）健全和完善用工管理手续，录用外包队必须及时向有关部门申报，严格用工制度与管理，适时组织上岗安全教育，要对外包工队的健康与安全负责，加强劳动保护工作。

（5）组织落实施工组织设计中的安全技术措施，组织并监督项目工程施工中的安全技术交底制度和设备、设施验收制度的实施。

（6）领导、组织施工现场定期的职业健康安全生产检查，发现施工生产中不安全问题，组织制定措施，及时解决。对上级提出的职业健康安全生产与管理方面的问题，要定时、定人、定措施予以解决。

（7）发生事故，要作好现场保护与抢救工作，及时上报，组织配合事故的调查，认真落实制定的防范措施，吸取事故教训。

2. *生产副经理安全生产责任*

（1）对本工程安全生产工作负直接领导责任，协助项目经理认真贯彻执行职业健康安全生产方针、政策、法规，落实本企业各项职业健康安全生产管理制度。

（2）组织实施本企业中长期、年度、特殊时期安全工作规划、目标及实施计划，组织落实安全生产责任制。

（3）参与编制和审核施工组织设计、特殊复杂工程项目或专业性工程项目施工方案。审批本企业工程生产建设项目中的安全技术管理措施，制定施工生产中安全技术措施经费的使用计划。

（4）领导组织本企业的职业健康安全生产宣传教育工作，确定职业健康安全生产考核指标。领导、组织外包工队长的培训、考核与审查工作。

（5）领导组织本企业定期和不定期的职业健康安全生产检查，及时解决施工中的不安全生产问题。

（6）认真听取、采纳安全生产的合理化建议，保证本企业职业健康安全生产保障体系的正常运转。

（7）在事故调查组的指导下，组织特大、重大伤亡事故的调查、分析及处理中的具体工作。

3. *技术副经理安全生产责任*

（1）对项目工程的安全生产负技术责任。

（2）贯彻、落实安全生产方针、政策，严格执行安全技术规程、规范、标准。综合项目工程特点，主持项目工程的安全技术交底。

（3）参加或组织编制施工组织设计，编制、审查施工方案时，要制定、审查安全技术措施，保证其可行性与针对性，并随时检查、监督、落实。

（4）主持制定技术措施计划和季节性施工方案的同时，制定相应的安全技术措施并监督执行。及时解决执行中出现的问题。

（5）项目工程应用新材料、新技术、新工艺，要及时上报，经批准后方可实施，同时要组织上岗人员的安全技术培训、教育。认真执行相应的安全技术措施与安全操作工艺、要求，预防施工中因化学物品引起的火灾、中毒或其新工艺实施中可能造成的事故。

（6）主持安全防护设施和设备的验收。发现设备、设施的不正常情况应及时采取措施。严格控制不合标准要求的防护设备、设施投入使用。

（7）参加安全生产检查，对施工中存在的不安全因素，从技术方面提出整改意见和办法予以消除。

（8）参加、配合因工伤亡及重大未遂事故的调查，从技术上分析事故原因，提出防范措施、意见。

4. 技术负责人安全生产责任

（1）认真学习、贯彻执行国家和上级有关安全技术及安全操作规程规定，保障施工生产中的安全技术措施的制定与实施。

（2）在编制和审查施工组织设计和方案的过程中，要在每个环节中贯穿安全技术措施，对确定后的方案，若有变更，应及时组织修订。

（3）检查施工组织设计和施工方案中职业健康安全措施的实施情况，对施工中涉及安全方面的技术性问题，提出解决办法。

（4）对新技术、新材料、新工艺，必须制定相应的安全技术措施和安全操作规程。

（5）对改善劳动条件，减轻笨重体力劳动，消除噪声等方面的治理进行研究解决。

（6）参加伤亡事故和重大已、未遂事故中技术性问题的调查，分析事故原因，从技术上提出防范措施。

5. 材料负责人安全生产责任

（1）凡购置的各种机、电设备，脚手架，新型建筑装饰、防水等料具或直接用于安全防护的料具及设备，必须执行有关规定，必须有产品介绍或说明的资料，严格审查其产品合格证明材料，必要时做抽样试验，回收后必须检修。

（2）采购的劳动保护用品，必须符合国家标准及相关规定，并向主管部门提供情况，接受对劳动保护用品的质量监督检查。

（3）作好材料堆放和物品储存，对物品运输应加强管理，保证安全。

6. 人事负责人安全生产责任

（1）根据国家有关职业健康安全生产的方针、政策及企业实际情况，配齐具有一定文化程度、技术和实践经验的干部，保证干部的素质。

（2）组织对新调入、转业的施工、技术及管理人员的职业健康安全培训、教育工作。

（3）按照国家规定，负责审查职业健康安全管理人员资格，有权向主管领导建议调整和补充职业健康安全监督管理人员。

（4）严格执行国家特种作业人员上岗作业的有关规定，适时组织特种作业人员的培训工作，并向安全部门或主管领导通报情况。

（5）认真落实国家和地方政府有关劳动保护的法规，严格执行有关人员的劳动保护待遇，并监督实施情况。

（6）参加因工伤亡事故的调查，从用工方面分析事故原因，提出防范措施，并认真执行对事故责任者的处理意见。

7. 财务负责人安全生产责任

（1）认真执行国家关于企业安全技术措施经费提取使用的有关规定，作到专款专用，并监督执行，切实保证对安全生产的投入，保证安全技术措施和隐患整改项目费用到位。

（2）执行财政部关于安全技术措施费用使用管理规定，保证安全技术措施费用和事故隐患整改费用到位。

（3）审查单位经营计划时，要同时审查安全技术措施计划，并检查执行情况。

（4）按安全管理纳入经济责任制，分析单位安全生产经济效益，支持开展安全生产竞赛活动，审核各类事故费用支出。

8. 施工工长安全生产责任

（1）认真执行上级有关职业健康安全生产规定，对所管辖班组（特别是外包工队）的职业健康安全生产负直接领导责任。

（2）认真执行安全技术措施及安全操作规程，针对生产任务特点，向班组（包括外包队）进行书面安全技术交底，履行签认手续，并对规程、措施、交底要求执行情况经常检查，随时纠正违章作业。

（3）经常检查所管辖班组（包括外包队）作业环境及各种设备、设施的安全状况，发现问题及时纠正解决。对重点、特殊部位施工，必须检查作业人员及各种设备设施技术状况是否符合安全要求，严格执行安全技术交底，落实安全技术措施，并监督其执行，作到不违章指挥。

（4）定期和不定期组织所管辖班组（包括外包队）学习安全操作规程，开展安全教育活动，接受安全部门或人员的安全监督检查，及时解决提出的不安全问题。

（5）对分管工程项目应用的新材料、新工艺、新技术严格执行申报、审批制度，发现问题，及时停止使用，并上报有关部门或领导。

（6）发生因工伤亡及未遂事故要保护现场，立即上报。

9. 外包队负责人安全生产责任

（1）认真执行职业健康安全生产的各项法规、规定、规章制度及安全操作规程，合理安排班组人员工作，对本队人员在生产中的安全和健康负责。

（2）按制度严格履行各项劳务用工手续，作好本队人员的岗位安全培训，经常组织学习安全操作规程，监督本队人员遵守劳动、安全纪律，作到不违章指挥，制止违章作业。

（3）必须保持本队人员的相对稳定，人员变更，须事先向有关部门申报，批准后新来人员应按规定办理各种手续，并经入场和上岗安全教育后方准上岗。

（4）根据上级的交底向本队各工种进行详细的书面安全交底，针对当天任务、作业环境等情况，作好班前安全讲话，监督其执行情况，发现问题，及时纠正、解决。

（5）定期和不定期组织、检查本队人员作业现场职业健康安全生产状况，发现问题，及时纠正，重大隐患应立即上报有关领导。

（6）发生因工伤亡及未遂事故，保护好现场，作好伤者抢救工作，并立即上报有关领导。

三、班组长的安全生产责任

1. 工长、施工员

（1）组织实施安全技术措施，进行安全技术交底；
（2）组织对施工现场各种安全防护装置进行验收，合格后方能使用；
（3）不违章指挥；
（4）组织学习安全操作规程，教育工人不违章作业；
（5）认真消除事故隐患，发生工伤事故要保护现场，并立即上报，协助事故调查。

2. 班组长安全生产责任

（1）严格执行安全生产规章制度，拒绝违章指挥，杜绝违章作业。合理安排班组人员工作，对本班组人员在生产中的安全和健康负责。

(2) 经常组织班组人员学习安全技术操作规程,监督班组人员正确使用防护用品。

(3) 认真落实安全技术交底,作好班前讲话。

(4) 经常检查班组作业现场职业健康安全生产状况,发现问题及时解决并上报有关领导。

(5) 认真作好新工人的岗位教育。

(6) 发生因工伤亡及未遂事故,保护好现场,立即上报有关领导。

3. 木工班长安全生产职责

(1) 严格执行职业健康安全生产规章制度,拒绝违章指挥,杜绝违章作业。

(2) 负责落实职业健康安全生产保证计划中有关木工作业施工现场安全控制的规定。

(3) 组织班组人员认真学习和执行木工安全技术操作规程,熟知安全知识。

(4) 安排生产任务时,认真进行安全技术交底。监督班组人员正确使用安全防护用品。

(5) 上工前对所使用的机具、设备、防护用具及作业环境进行安全检查,发现问题立即采取整改措施,及时消除事故隐患。

(6) 组织班组安全活动,开好班前安全生产会,并根据作业环境和职工的思想、体质、技术状况合理分配生产任务。

(7) 木工间内备有的消防器材应定期检查,确保完好状态。严禁在工作场所吸烟和明火作业,不得存放易燃物品。

(8) 工作场所的木料应分类堆放整齐,保持道路畅通。

(9) 高空作业对材料堆放应稳妥可靠,严禁向下抛掷工具或物件。

(10) 木料加工处的废料和木屑等应及时清理。

(11) 发生工伤事故,应立即抢救,及时报告,并保护好现场。

4. 瓦工班长安全生产责任

(1) 严格执行职业健康安全生产规章制度,拒绝违章指挥,杜绝违章作业。

(2) 负责落实职业健康安全生产保证计划中有关作业施工现场安全控制的规定。

(3) 组织班组人员认真学习和执行瓦工安全技术操作规程,熟知安全知识。

(4) 安排生产任务时,认真进行安全技术交底。监督班组人员正确使用安全防护用品。

(5) 上工前对所使用的机具、设备、防护用具及作业环境进行安全检查,发现问题立即采取整改措施,及时消除事故隐患。

(6) 组织班组安全活动,开好班前安全生产会,并根据作业环境和职工的思想、体质、技术状况合理分配生产任务。

(7) 经常检查工作岗位环境及脚手架、脚手板、工具使用情况,作到文明施工,不准擅自拆移防范设施。

第九章 职业健康安全生产教育和职业健康安全生产检查

第一节 职业健康安全生产教育

职业健康安全生产教育的目的是为了提高全体员工的职业健康安全素质、职业健康安全生产管理水平和防止职业健康安全事故的能力，从而保证职业健康安全生产的实现。

早在1963年3月国务院发布的《关于加强企业生产中事故预防工作的几项规定》中，就对企业的安全生产教育提出了明确的要求，要求企业对新工人进行安全生产的入厂教育、车间教育和现场教育，并且经过考试合格后，才能准许其进入操作岗位；对于电气、起重、锅炉、压力容器、焊接、车辆驾驶、爆破、瓦斯检验等特殊工种的工人，必须进行专门的安全操作技能培训，经过考试合格后，才能准许操作。企业必须建立职业健康安全生产教育管理制度，使职业健康安全生产教育管理工作制度化、规范化。

一、职业健康安全教育的内容

职业健康安全教育，主要包括职业健康安全生产思想、职业健康安全知识、安全技能和法制教育四个方面的内容。

1. 职业健康安全生产思想教育

（1）思想认识的教育。首先提高各级领导和全体员工对职业健康安全生产重要意义的认识，从思想上认识搞好职业健康安全生产的重要意义，以增强关心人、保护人的责任感，树立牢固的群众观念；其次是通过职业健康安全生产方针、政策教育，提高各级领导和全体员工的政策水平，使他们正确全面地理解国家的职业健康安全生产方针政策，严肃认真地执行职业健康安全生产法律法规和规章制度。

（2）劳动纪律的教育。使全体员工懂得严格执行劳动纪律对实现职业健康安全生产的重要性，劳动纪律是劳动者进行共同劳动时必须遵守的规则和秩序；反对违章指挥、反对违章作业，严格执行安全操作规程；遵守劳动纪律是贯彻"安全第一，预防为主"的方针，减少伤亡事故，实现安全生产的重要保证。

2. 职业健康安全知识教育

企业所有员工都应具备职业健康安全基本知识。因此，全体员工必须接受职业健康安全知识教育和每年按规定学时进行安全培训。职业健康安全基本知识教育的主要内容有企业的生产经营概况，施工生产流程，主要施工方法，施工生产危险区域及其健康安全防护的基本知识和注意事项，机械设备场内运输知识，电气设备（动力照明）、高处作业、劳动卫生、有毒有害原材料等安全防护基本知识，以及消防器材使用和个人防护用品的使用知识等。

3. 安全技能教育

安全技能教育就是结合本工种专业特点，实现安全操作、安全防护所必须具备的基本技能知识要求。每个员工都要熟悉本工种、本岗位专业安全技能知识。安全技能知识是比较专门、细致和深入的知识，它包括安全技术、劳动卫生和安全操作规程。国家规定建筑登高架设、起重、焊接、电气、爆破、压力容器、锅炉等特种作业人员必须进行专门的安全技能培训，经考试合格，持证上岗。

4. 法制教育

法制教育就是要采取各种有效形式，对员工进行职业健康安全生产法律法规、行政法规和规章制度方面的教育，从而提高全体员工学法、知法、懂法、守法的自觉性，以达到安全生产的目的。

二、职业健康安全教育的形式

目前我国建筑企业中开展职业健康安全教育的主要形式有：
（1）新员工的三级职业健康安全教育；
（2）转场及变换工种的职业健康安全教育；
（3）外施队职业健康安全教育；
（4）特殊作业人员的专门培训；
（5）经常性的职业健康安全教育。

三、新员工三级职业健康安全教育

三级教育是企业应坚持的职业健康安全生产基本教育制度，对新员工（包括新招收的合同工、临时工、学徒工、农民工、大中专毕业实习生和代培人员）都必须进行三级安全教育。三级安全教育一般由安全教育等部门配合组织进行。经教育考试合格者才准许进入生产岗位；不合格者应补课、补考。对新员工的三级安全教育情况，要建立档案。新员工工作一个阶段后还应进行重复性的职业健康安全继续教育，加深其安全感性和理性的认识。三级职业健康安全教育的主要内容包括：

1. 公司进行职业健康安全生产及法律法规教育的主要内容
（1）《宪法》、《刑法》、《建筑法》、《消防法》、《职业病防治法》等法律有关章节条款；
（2）国务院《关于加强安全生产工作的通知》；
（3）国务院发布的《使用有毒物品作业场所劳动保护条例》的有关内容；
（4）国务院发布的《建筑安装工程安全技术规程》有关内容；
（5）国务院行政主管部门发布的有关职业健康安全生产的规章制度；
（6）事故发生的一般规律及典型事故案例；
（7）预防事故的基本知识，急救措施。

2. 项目经理部进行规章制度和遵章守纪教育的主要内容
（1）国家法律、行政法规、行业规范、标准、规程和企业规章制度；
（2）本项目工程特点及施工生产健康安全基本知识；
（3）本企业职业健康安全生产制度、规定及职业健康安全注意事项；

（4）本工种的安全技术操作规程；
（5）机械设备、电气及高处作业等安全基本知识；
（6）防火、防毒、防尘、防塌方、防爆知识及紧急情况下安全处置和安全疏散知识；
（7）防护用品发放标准及防护用具使用的基本知识。

3. 班组职业健康安全生产教育

班组职业健康安全生产教育由班组长主持进行本工种岗位安全操作及班组职业健康安全制度、职业健康安全纪律教育的主要内容。

（1）本班组作业特点及安全操作规程；
（2）班组安全活动制度及纪律；
（3）爱护和正确使用安全防护装置（设施）及个人劳动防护用品；
（4）本岗位易发生事故的不安全因素及防范对策；
（5）本岗位的作业环境及使用的机械设备和工具的安全要求。

4. 施工现场专业职业健康安全教育的内容

（1）本工程职业健康安全生产状况及施工条件；
（2）施工现场中危险部位的防范措施及典型事故案例；
（3）本工程项目制定的职业健康安全生产制度。

5. 变换工种的职业健康安全教育的内容

（1）凡改变工种或调换工作岗位的人员都应进行变换工种职业健康安全教育，时间不少于4小时，考核合格，方可上岗；
（2）新工作岗位工作性质、职责和安全知识；
（3）各种机具设备及安全防护设施的性能和作用；
（4）新工种安全技术操作规程；
（5）新岗位容易发生事故及有毒有害的地方。

四、转场及变换工种的职业健康安全教育

1. 转场职业健康安全教育

（1）施工人员转入另一个工程项目时必须进行转场职业健康安全教育。
（2）转场教育的内容：
1）本工程项目职业健康安全生产状况及施工条件；
2）施工现场中危险部位的防护措施及典型事故案例；
3）本工程项目的职业健康安全管理体系、规定及制度。

2. 变换工种的职业健康安全教育

（1）凡改变工种或调换工作岗位的工人必须进行变换工种职业健康安全教育。
（2）变换工种安全教育时间不得少于4小时，教育考核合格后方准上岗。
（3）教育内容：
1）新工作岗位或生产班组职业健康安全生产概况、工作性质和职责；
2）新工作岗位必要的安全知识，各种机具设备及安全防护设施的性能和作用；
3）新工作岗位、新工种的安全技术操作规程；
4）新工作岗位容易发生事故及有毒有害的地方；

5）新工作岗位个人防护用品的使用和保管。

五、外施队职业健康安全生产教育

（1）各用工单位使用的外施队，必须接受三级安全教育，经考试合格后方可上岗作业。未经职业健康安全教育或考试不合格者，严禁上岗作业。

（2）外施队上岗作业前的三级职业健康安全教育，分别由用工单位（公司、厂或分公司）、项目经理部（现场）、班组（外施队）负责组织实施，总学时不得少于24学时。

（3）外施队上岗前须由用工单位劳务部门负责将外施队人员名单提供给安全部门，由用工单位（公司、厂或分公司）安全部门负责组织职业健康安全生产教育，授课时间不得少于8学时。其具体内容是：

1）职业健康安全生产的方针、政策和法规制度；
2）职业健康安全生产的重要意义和必要性；
3）建筑安装工程施工中安全生产的特点；
4）建筑施工中因工伤亡事故的典型案例和控制事故发生的措施。

（4）项目经理部（现场）必须在外施队进场后，由负责劳务的人员组织并及时将注册名单提交给现场安全管理人员，由安全管理人员负责对外施队进行职业健康安全生产教育，时间不得少于8学时。其具体内容是：

1）介绍项目工程施工现场的概况；
2）讲解项目工程施工现场安全生产和文明施工的制度、规定；
3）讲解建筑施工中高处坠落、触电、物体打击、机械（起重）伤害、坍塌等五大伤害事故的控制预防措施；
4）讲解建筑施工中常用的有毒有害化学材料的用途和预防中毒的知识。

（5）外施队上岗作业前，必须由外施队长（或班组长）负责组织学习本工种的安全操作和一般安全生产知识。

（6）对外施队进行三级安全教育时，必须分级进行考试。经考试不合格者，允许补考一次，仍不合格者，必须清退，严禁使用。

（7）外施队中的特种作业人员，如电工、起重工（塔式起重机、外用电梯、龙门吊、桥吊、履带吊、汽车吊、卷扬机司机和信号指挥）、锅炉压力容器工、电焊工、气焊工、场内机动车司机、架子工等，必须持有原所在地地（市）级以上劳动保护监察机关核发的特种作业证，并换领北京市临时特种作业操作证，方准从事特种作业。

（8）换岗作业必须进行职业健康安全生产教育，凡采用新技术、新工艺、新材料和从事非本工种的操作岗位作业前，必须认真进行面对面的、详细的新岗位安全技术教育。

（9）在向外施队（班组）下达生产任务的时候，必须向全体作业人员进行详细的书面安全技术交底并讲解，凡没有安全技术交底或未向全体作业人员进行讲解的，外施队（班组）有权拒绝接受任务。

（10）每日上班前，外施队（班组）负责人，必须召集所管辖全体人员，针对当天任务，结合安全技术交底内容和作业环境、设施、设备状况及本队人员技术素质、职业健康安全意识、自我保护意识以及思想状态，有针对性地进行班前职业健康安全活动，提出具体注意事项，跟踪落实，并作好活动记录。

六、特种作业人员的培训

凡对操作者本人，尤其对他人和周围设施的安全有重大危害因素的作业，称为特种作业。直接从事特种作业者，称为特种作业人员。特种作业的范围包括电工作业、锅炉司炉、压力容器操作、起重机械作业、爆破作业、金属焊接（气割）作业、煤矿井下瓦斯检验、机动车辆驾驶、机动船舶驾驶和轮机操作、建筑登高架设作业以及符合特种作业基本定义的其他作业。

对从事特种作业的人员，要进行专门的安全技术和操作知识的教育和培训，经过国家有关部门考核合格后，发给"特种作业人员操作证"。特种作业人员在进行作业时，必须随身携带"特种作业人员操作证"。

（1）培训方式和内容。对特种作业人员的安全培训，可由所在单位或单位的主管部门培训，也可由考核发证部门或由考核发证部门指定的单位培训。对电工、焊工、架子工、司炉工、爆破工、机操工、起重工、打桩机和各种机动车辆司机等特种作业人员的教育培训内容，除应进行一般的安全教育外，还要进行本工种的安全技术教育，经考试合格发证后，方准独立操作，每年要进行一次复审；对从事有尘毒危害作业工作的人员，要进行尘毒危害和防治知识教育。

（2）考核和发证。特种作业人员经安全技术培训后，经考核合格取得操作证者，方准持证上岗独立作业。

锅炉司炉、压力容器操作、电工作业、起重机械作业、金属焊接（气割）作业、建筑登高架设作业和企业内的机动车辆驾驶等，由市劳动行政部门或其指定的单位考核发证。其他特种作业人员分别由公安（对爆破作业人员）、铁路（对铁路机车驾驶人员）、煤炭（对煤矿井下瓦斯检验人员）、电业（对电业系统的电工作业人员）等部门考核发证。

特种作业人员教育培训的内容应根据其作业特点而定，一般包括如下内容。

（一）建筑登高架设作业人员

1. 基础知识

（1）力学基本知识；
（2）高处作业的分级；
（3）建筑登高架设作业有关安全的一般规定；
（4）建筑登高架设作业中设施与电气线路的安全距离及安全防护区；
（5）触电急救与现场救护；
（6）典型事故案例解析。

2. 架子工作业基本知识

（1）脚手架的基本要求；
（2）脚手架材料的种类、规格及材质要求；
（3）绑扎材料和连接的规格、型号、强度要求、报废标准及使用时应注意的事项；
（4）地锚和缆绳的规格、形式及允许荷载；
（5）安全网的选择、搭设、拆除和管理；
（6）各种脚手架的适用范围、架设、拆除及安全措施；
（7）脚手架的检查、验收、维护和管理。

3. 建筑用提升设备拆装作业安全知识
（1）建筑用提升设备拆装的基本知识；
（2）索具和吊具的种类、构造、规格、允许拉力、报废标准及使用时的注意事项；
（3）拆装部件重量的估算方法；
（4）手动葫芦、电动葫芦、千斤顶等简易起重设备的技术知识；
（5）门式升降机的结构、安装规范及拆装安全技术；
（6）井架式升降机的结构、安装规范及拆装安全技术；
（7）地锚及缆绳的规格、形式及允许荷载。

（二）电气线路及设备架设、安装作业人员（电工）

1. 电气安全基础知识
（1）电流对人体的危害；
（2）触电方式、触电事故发生的规律及典型事故的案例解析；
（3）触电急救及现场救护知识；
（4）保护接零及保护接地；
（5）电气安全用具的分类、性能、使用及管理；
（6）漏电保护装置的类型、原理、选择及使用；
（7）我国安全电压的等级、选择及使用条件；
（8）电气绝缘、屏护、安全间距和安全标志；
（9）电气防火与灭火；
（10）防雷保护；
（11）静电的危害及防护；
（12）高频辐射的危害及防护；
（13）与电工作业有关的登高、机械、起重、搬运、挖掘、爆破等作业的安全技术；
（14）电气安全管理的有关措施及规定。

2. 电气运行安全
（1）低压变、配电装置的控制电器、保护电器的运行安全技术；
（2）户内外线路、低压电缆线路及临时供电线路的安装、维护安全技术及有关安全规定；
（3）电气设备的过载、短路、欠压、失压、缺相等保护原理，常用电气设备保护方式的选择和保护装置的安装、调试技术；
（4）照明装置、家用电器、移动式电器、手提式电动工具的安装、使用、检修和维护的安全技术要求；
（5）本岗位电气设备的性能、主要技术参数及其安装、运行、维护、测试等项工作的技术标准和安全要求；
（6）本岗位电力系统的结构图、设备编号、运行方式、操作步骤和事故处理程序。

3. 爆炸危险场所的电气安全
（1）爆炸性物质和爆炸危险场所的等级划分；
（2）爆炸危险场所的电气线路的一般规定；
（3）爆炸危险场所电气设备的一般规定和各种类型防爆电气设备的基本要求；

（4）爆炸危险场所保护接地和防雷接地的基本要求；

（5）防爆电器设备的运行、维护和检修的有关规定。

（三）焊接、切割作业人员

（1）常用焊接、切割方法的基本原理及安全问题。

（2）焊接、切割的防火与防爆：

1）常用焊接（切割）气体的性质和安全要求；

2）电石的保管与使用安全规则；

3）乙炔发生站（器）的安全技术要求；

4）气瓶安全要求；

5）管理方面的安全措施；

6）气焊与气割工具的安全要求；

7）防火、防爆与灭火技术。

（3）焊接安全用电：

1）常用电焊设备的结构和安全要求；

2）电焊工具及其安全要求；

3）焊接触电事故原因及安全措施。

（4）触电急救：

1）特殊焊接、切割作业安全技术要求；

2）盛装、运输易燃易爆物质的常压容器、管道的补焊安全技术；

3）登高焊接、切割的安全技术；

4）水下焊接、切割的安全技术。

（5）焊接、切割作业劳动卫生与防护：

1）作业环境有害因素的来源与危害；

2）劳动卫生与防护措施；

3）化工设备焊接、切割作业的防毒。

（6）安全操作规程。

（7）安全防火制度。

（8）典型事故案例解析。

（四）起重作业人员

（1）起重作业所需的基本力学知识；

（2）起重吊运指挥信号；

（3）索具和吊具的性能、使用方法、维护保养和报废标准；

（4）一般物件的重量计算；

（5）一般物体的绑、挂技术；

（6）一般物件的起重吊点的选择原则；

（7）司机作业安全技术；

（8）起重作业的安全规程；

（9）典型事故案例解析；

（10）通用起重机的基本构造与性能；

（11）起重指挥人员的安全要求；

（12）起重作业各岗位职责及要求。

（五）机械操作人员（机操工）

（1）各种小型机械操作规程；

（2）机械安全用电接地接零；

（3）机械操作十字作业法和保养；

（4）小型机械安全防护；

（5）安全教育。

（六）机动车辆驾驶人员

（1）场内机动车辆驾驶的安全规程及有关规定；

（2）场内交通安全标志；

（3）安全驾驶操作技术；

（4）机动车辆的主要构造、性能；

（5）机动车辆的机械、电气和液压基本知识；

（6）机动车辆的安全装置、制动装置和操纵装置的构造、工作原理及调整；

（7）机动车辆一般常见故障的判断与排除方法；

（8）机动车辆的一般维护、保养知识；

（9）典型事故案例解析。

七、经常性的职业健康安全教育

职业健康安全教育不能一劳永逸，必须经常不断地进行。经常性的职业健康安全教育可按下列形式进行：

（1）在每天的班前班会上说明职业健康安全注意事项，讲评职业健康安全生产情况；

（2）开展安全活动日，进行安全教育、安全检查、安全装置的维护；

（3）召开职业健康安全生产会议，专题计划、布置、检查、总结、评比职业健康安全生产工作；

（4）召开事故现场会，分析造成事故的原因及其教训，确认事故的责任者，制定防止事故重复发生的措施；

（5）总结发生事故的规律，有针对性地进行职业健康安全教育；

（6）组织工人参加安全技术交流，观看职业健康安全生产展览、电影、电视等，张贴职业健康安全生产宣传画、宣传标语等，时刻提醒人们注意安全。

第二节 职业健康安全生产检查

一、职业健康安全检查的内容

职业健康安全检查的内容，主要是查现场，查隐患，查思想，查管理，查制度，查事故处理。

1. 查现场、查隐患

查现场、查隐患是深入生产现场，检查劳动条件、生产设备，以及相应的健康安全设施是否存在隐患,是否符合安全要求。例如,有否安全出口,安全出口是否通畅;机器防护装置情况,电气安全设施,如安全接地、避雷设备、防爆性能;防止硅尘危害的综合措施情况;预防有毒有害气体或蒸气的危害的防护措施情况;锅炉、受压容器和气瓶的安全运转情况;变电所、火药库、易燃易爆物质及剧毒物质的储存、运输和使用情况;个体防护用品的使用及标准是否符合有关安全卫生的规定等。

2. 查思想

查思想主要是对照党和国家有关职业健康安全生产的方针、政策及有关文件,检查企业领导和职工群众对事故预防工作的认识,是否关心职工的健康安全;现场领导人员有无违章指挥;职工群众是否人人关心职业健康安全生产,在生产中是否存在不安全行为和不安全操作;国家的职业健康安全生产方针和有关政策、法令是否真正得到贯彻执行等。

3. 查管理、查制度

查管理是检查企业的职业健康安全管理工作,如职业健康安全组织机构是否健全;企业各职能部门的安全生产责任是否明确,是否得到认真执行;员工是否参与职业健康安全生产的管理活动;安全技术措施计划是否按年度编制和执行;安全技术措施费用是否按规定提取和使用;安全设施是否齐全;安全标识是否明确、规范;操作规程是否严格执行;违纪行为是否得到处理;安全记录是否完整等。

查制度就是检查各种规章制度执行情况,如职业健康安全生产责任制、安全技术交底制度、职业健康安全教育制度等,其中包括新工人入厂的"三级教育"制度,特种作业人员和调换工种工人的培训教育制度,以及各工种操作规程和岗位责任制等。

4. 查事故处理

查事故处理就是检查企业对工伤事故是否及时报告、认真调查、严肃处理;在事故处理中,事故原因是否查明,责任者是否明确和得到处理,整改措施是否落实,是否采取有效措施,防止类似事故重复发生。

在开展安全检查工作中,各企业可根据各自的情况和季节特点,作到每次检查的内容有所侧重,突出重点,真正收到较好的效果。

二、职业健康安全检查的形式

为了保证职业健康安全检查的效果,必须组成由专业技术人员、安全技术人员、工会参加的职业健康安全检查组。每一次检查,事前必须有准备、有目的、有计划,事后有整改、有总结。

职业健康安全检查的形式可分为日常性检查、专业性检查、季节性检查、节假日前后的检查、不定期检查和突击性检查。

(1) 日常性检查。日常性检查即经常的、普遍的检查。企业一般每年进行1~4次;工程项目组、车间、科室每月至少进行一次;班组每周、每班次都应进行检查。专职安全技术人员的日常检查应该有计划,针对重点部位周期性地进行。

(2) 专业性检查。专业性检查是针对特种作业、特种设备、特殊场所进行的检查,如电焊、气焊、起重设备、运输车辆、锅炉压力容器、易燃易爆场所等。

(3) 季节性检查。季节性检查是指根据季节特点,为保障安全生产的特殊要求所进行的检查。如春季风大,要着重防火、防爆;夏季高温多雨雷电,要着重防暑、降温、防汛、防雷击、防触电；冬季着重防寒、防冻等。

（4）节假日前后的检查。节假日前后的检查是针对节假日期间容易产生麻痹思想的特点而进行的安全检查，包括节日前进行安全生产综合检查，节日后要进行遵章守纪的检查等。

（5）不定期检查。不定期检查是指在工程或设备开工和停工前、检修中，工程或设备竣工及试运转时进行的安全检查。

（6）突击检查。突击检查是一种无固定时间间隔的检查，检查对象一般是一个特殊部门，一种特殊设备或一个小的区域。

三、职业健康安全检查工作的要求

（1）职业健康安全检查要深入基层，紧紧依靠员工，坚持领导与群众相结合的原则，组织好检查工作。

（2）建立检查的组织领导机构，配备适当的检查力量，挑选具有较高技术业务水平的专业人员参加。

（3）作好检查的各项准备工作，包括思想、业务知识、法规政策和检查设备、奖金的准备。

（4）明确检查的目的和要求。既要严格要求，又要防止一刀切，要从实际出发，分清主次矛盾，力求实效。

（5）把自查与互查有机结合起来。基层以自检为主，企业内相应部门间互相检查，取长补短，相互学习和借鉴。

（6）坚持查改结合。检查不是目的，只是一种手段，整改才是最终目的。发现问题，要及时采取切实有效的防范措施。

（7）建立检查档案。结合安全检查表的实施，逐步建立健全检查档案，收集基本的数据，掌握基本安全状况，为及时消除隐患提供数据，同时也为以后的职业健康安全检查奠定基础。

（8）定期对职业健康安全控制计划的执行情况进行检查、记录、评价和考核。对作业中存在的不安全行为和隐患，签发安全整改通知，由相关部门制定整改方案，落实整改措施，实施整改后应予复查。

（9）根据施工过程的特点和职业健康安全目标的要求确定职业健康安全检查的内容。

（10）职业健康安全检查应配备必要的设备或器具，确定检查负责人和检查人员，并明确检查的方法和要求。

（11）检查应采取随机抽样、现场观察和实地检测的方法，并记录检查结果，纠正违章指挥和违章作业。

（12）对检查结果进行分析，找出安全隐患，确定危险程度。

（13）编写职业健康安全检查报告并上报。

第十章 安全技术措施计划和安全技术交底

第一节 安全技术措施计划

一、安全技术措施和安全技术措施计划的基本概念

安全技术措施是指在工程建设中为了防止发生安全事故和职业病的危害，从技术上所采取的措施，即针对工程的特点、施工现场环境、施工方法、劳动力组织、作业方法及所使用的机械、动力设备、变配电设施、架设工具、各项安全防护设施等，制定的安全预防措施。

工程项目施工安全技术措施包括安全防护设施的设置和安全预防措施，主要包括17个方面的内容，如防火、防毒、防爆、防洪、防尘、防雷击、防触电、防坍塌、防物体打击、防机械伤害、防起重设备滑落、防高空坠落、防交通事故、防寒、防暑、防疫、防环境污染等方面的措施。

安全技术措施计划是针对所拟采取的安全技术措施编制的计划，是工程项目施工组织设计的重要组成部分。

对于结构复杂、施工难度大、专业性较强的工程项目，除制定项目总体安全技术措施计划外，还必须制定单位工程或分部分项工程的安全技术措施；

对于高处作业、井下作业等专业性强的作业，电器、压力容器等特殊工种作业，应制定单项安全技术规程，并应对管理人员和操作人员的安全作业资格和身体状况进行合格检查。

此外还应编制各施工工种，特别是危险性较大工种的安全施工操作要求，作为规范和检查考核员工安全生产行为的依据。

编制安全技术措施计划，对于保证安全生产，提高劳动生产率，加速工程项目建设都起着重要作用。

二、安全技术措施计划的内容

安全技术措施计划的内容包括以改善劳动条件、防止伤亡事故和职业病为目的的一切技术措施，大体可分为下列五个方面：

（1）安全技术措施。以防止事故为目的的各种技术措施，如防护、保险、信号等装置或设施。

（2）工业卫生技术措施。以改善作业环境和劳动条件，防止职业中毒和职业病为目的的各种技术措施，如防尘、防毒、防噪声及通风、降温、防寒等。

（3）减轻劳动强度等其他技术措施。

（4）确保生产过程中职工健康安全（安全卫生）方面的设施，如淋浴室、更衣室、消毒室、妇女卫生室、休息室等。

（5）教育培训费用计划。购买和印刷安全教材、书报、录像、电影、仪器，举办安全技术训练班、安全技术展览会、安全教育室所需的费用。

第二节 安全技术措施

一、安全技术措施编制的原则

编制安全技术措施的原则是必须具有针对性、可靠性和可操作性。

（1）针对性。编制安全技术措施时应针对工程的特点及其可能产生的施工危害；针对采用的施工方法可能带来的不安全因素；针对使用的机械设备可能出现的危险因素；针对施工中的有毒有害、易燃易爆等作业可能对施工人员造成的危害；针对施工现场和周围环境可能给施工人员和周围居民产生的有害影响。

（2）可靠性。编制安全技术措施时应考虑到各种影响因素和不利条件，对策、措施应力求细致全面，具体可靠。

（3）可操作性。安全技术措施应分别针对单位工程和分部分项工程编制，详细制定出有关安全方面的防护要求和措施，力求全面周到、详细具体、切实可行，具有可操性。

二、施工安全技术措施编制的范围

编制安全技术措施的范围应根据工程施工特点和不同危险因素，按照有关技术规程的规定，并结合以往的施工经验与教训编制。

1. 一般工程施工安全技术措施的范围

（1）根据基坑、基槽、地下室等开挖深度、土质类别，选择开挖方法，确定边坡的坡度或采取何种护坡支撑和护地桩，以防塌方；

（2）脚手架、吊篮等的选用及设计搭设方案和安全防护措施；

（3）高处作业的上下安全通道；

（4）安全网（平网、立网）的架设要求、范围（保护区域）、架设层次、段落；

（5）对施工电梯、井架（龙门架）等垂直运输设备的位置和搭设要求，以及稳定性、安全装置等的要求；

（6）施工洞口的防护方法和主体交叉施工作业区的隔离措施；

（7）场内运输道路及人行通道的布置；

（8）编制临时用电的施工组织设计和绘制临时用电图纸，在建工程（包括脚手架具）的外侧边缘与外电架空线路的间距达到最小安全距离应采取的防护措施；

（9）防火、防毒、防爆、防雷等安全措施；

（10）在建工程与周围人行通道及民房的防护隔离设置。

2. 特殊工程施工安全技术措施的范围

对于结构复杂、危险性大的特殊工程，应编制单项的安全技术措施。如爆破、大型吊装、沉箱、沉井、烟囱、水塔、特殊架设作业、高层脚手架、井架和拆除工程必须编制单项的安全技术措施，并注明设计依据，作到有计算、有详图、有文字说明。

3. 季节性施工安全措施的范围

所谓季节性是指夏季、雨季和冬季等不同气候季节。季节性施工安全措施是考虑不同季节的气候影响对施工生产带来的不安全因素,所应采取的安全技术措施。在一般建筑工程的施工组织设计或施工方案的安全技术措施中,应编制季节性施工安全措施;危险性大、高温期长的建筑工程,应单独编制季节性的施工安全措施。各季节性施工安全的主要内容是:

(1) 夏季气候炎热,高温时间持续较长,主要是作好防暑降温工作;
(2) 雨季进行作业,主要应作好防触电、防雷、防塌方、防台风和防洪的工作;
(3) 冬季进行作业,主要应作好防风、防火、防冻、防滑、防煤气中毒、防亚硝酸钠中毒的工作。

三、土方工程安全技术措施

1. 挖土工程安全技术措施

(1) 进入施工现场必须遵守安全生产纪律。
(2) 挖土中发现管道、电缆及其他埋设物应及时报告,不得擅自处理。
(3) 挖土时要注意土壁的稳定性,发现有裂缝及倾坍可能时,施工人员应立即离开现场并及时采取措施进行处理。
(4) 人工挖土时,前后操作人员间距离不应小于2~3m,堆土要在1m以外,并且高度不得超过1.5m。
(5) 每日或雨后必须检查土壁及支撑稳定情况,在确保安全的情况下继续工作,并且不得将土和其他物件堆在支撑上,不得在支撑下行走或站立。
(6) 机械挖土时,启动前应检查离合器、钢丝绳等,经空车试运转正常后再开始作业。
(7) 机械操作中进铲不应过深,提升不应过猛。
(8) 机械不得在输电线路下工作,应在输电线路一侧工作,不论在任何情况下,机械的任何部位与架空输电线路的最近距离应符合安全操作规程要求。
(9) 机械应停在坚实的地基上,如基础过差,应采取走道板等加固措施,不得将挖土机履带与挖空的基坑平行2m停、驶。运土汽车不宜靠近基坑平行行驶,防止坍方翻车。
(10) 电缆两侧1m范围内应采用人工挖掘。
(11) 配合拉铲的清坡、清底人员,不准在机械回转半径下工作。
(12) 向汽车上卸土时应在车子停稳后进行。禁止铲斗从汽车驾驶室上空越过。
(13) 基坑四周必须设置1.5m高的护栏,要设置一定数量的临时上下施工楼梯。
(14) 场内道路应及时整修,确保车辆安全畅通,各种车辆应有专人负责指挥引导。
(15) 车辆进出门口的人行道下,如有地下管线(道)必须铺设厚钢板,或浇捣混凝土加固。
(16) 在开挖基坑时,必须设有切实可行的排水措施,以免基坑积水,影响基坑土壤结构。
(17) 基坑开挖前,必须摸清基坑下的管线排列和地质开采资料,以利考虑开挖过程中的意外应急措施(流砂等特殊情况)。
(18) 清坡清底人员必须根据设计标高作好清底工作,不得超挖。如果超挖,不得将松土回填,以免影响基础的质量。

（19）开挖出的土方要严格按照施工组织设计堆放，不得堆于基坑外侧，以免因地面堆载超荷引起土体位移、板桩位移或支撑破坏。

（20）挖土机械不得在施工中碰撞支撑，以免引起支撑破坏或拉损。

（21）开挖土方必须有挖土令。

2. 回填土工程安全技术措施

（1）进入施工现场必须遵守安全生产纪律。

（2）装载机作业范围不得有人平土。

（3）打夯机工作前，应检查电源线是否有缺陷和漏电，机械运转是否正常，机械是否装置电开关保护，按"一机一开关"安装，机械不准带病运转，操作人员应戴绝缘手套。

（4）基坑（槽）的支撑，应按回填的速度、施工组织设计及要求依次拆除，即填土时应从深到浅分层进行，填好一层拆除一层，不能事先将支撑拆掉。

3. 基坑支护及开挖施工安全技术措施

（1）所有操作人员应严格执行有关的"操作规程"。

（2）现场施工区域应有安全标志和围护设施。

（3）基坑施工期间应指定专人负责基坑周围地面变化情况的巡查。如发现裂缝或塌陷，应及时加以分析和处理。

（4）坑壁渗水、漏水应及时排除，防止因长期渗漏而使土体破坏，造成挡土结构受损。

（5）对拉锚杆件、紧固件及锚桩，应定期进行检查，对滑楔内土方及地面应加强检查和处理。

（6）挖土期间应注意挡土结构的完整性和有效性，不允许因土方的开挖遭受破坏。

（7）其他可参照《建筑地基基础工程施工质量验收规范》（GB 50202—2002）。

4. 强夯地基施工安全技术措施

（1）进入施工现场人员应戴好安全帽，施工操作人员穿戴好必要的劳动防护用品。

（2）凡患有高血压及视力不佳等症的人员，不得进行机上作业。

（3）施工现场应全面规划，并有施工现场平面布置图；现场道路应平坦、坚实、畅通，交叉点及危险地区应设明显标志。

（4）各种机电设备的操作人员都必须经过专业培训，考试合格并具有上岗证书，懂得本机械的构造、性能、操作规程，能维护保养和排除一般故障。

（5）驾驶人员及操作者，必须领取经有关部门批准的驾驶证或操作证后方准开车。禁止其他人员擅自开车或开机。

（6）粉化石灰、石灰过筛及使用水泥的操作人员，必须配戴口罩、眼镜、手套等。

（7）电气设备的电源应按有关规定架设安装；电气设备均须有良好的接地接零，接地电阻不大于4Ω，并装有可靠的触电保护装置。

（8）进行打夯操作时，严禁夯击电缆线。

（9）为减少吊锤机械吊臂在夯锤下落时的晃动及反弹，应专门设置吊臂撑杆系统。每天开机前，必须检查吊锤机械各部位是否正常及钢丝绳有无磨损等情况，发现问题及时处理。

（10）吊锤机械停稳并对好坑位后方可进行强夯作业，起吊夯锤时速度应均匀，夯锤或挂钩不得碰撞吊臂，为此可在适当位置挂废汽车外胎加以保护。

（11）夯锤起吊后，吊臂和夯锤下 15m 内不得站人。非工作人员应远离夯击点 30m 以外。

（12）干燥天气作业，可在夯击点附近洒水降尘。吊锤机械驾驶室前面宜在不影响视线的前提下设置防护罩。驾驶人员应戴防护眼镜，预防落锤弹起砂石，击碎驾驶室玻璃伤害驾驶员眼睛。

5. 挤密桩施工安全技术措施

（1）进入施工现场的人员应戴好安全帽，施工操作人员应穿戴好必要的劳动防护用品。

（2）凡患有高血压及视力不佳等症的人员，不得进行机上作业。

（3）施工现场应全面规划，并有施工现场平面布置图；现场道路应平坦、坚实、畅通，交叉点及危险地区应设明显标志。打桩场地必须平整、坚实，以利于桩机运行。

（4）各种机电设备的操作人员都必须经过专业培训，懂得本机械的构造、性能、操作规程，能对机械进行维护保养和排除一般故障。

（5）驾驶人员及操作者须领取经有关部门批准的驾驶证或操作证后方准驾驶，禁止其他人员擅自开车或开机。

（6）电气设备的电源应按有关规定架设安装；电气设备均须有良好的接地接零，接地电阻不大于 4Ω，并装有可靠的触电保护装置。

（7）打桩前邻近施工范围内的已有建筑物、构筑物等必须经过检查，必要时应采取加固措施，以确保施工安全。

（8）振动沉管时若用收紧钢丝绳加压，应根据桩管沉入度随时调整离合器，防止抬起桩架发生事故。锤击沉管时，严禁用手扶正桩尖垫料。不得在桩锤未打到管顶时就起锤或过早刹车，以免损坏桩机设备。

（9）在打桩过程中，遇有地面隆起或下陷时，应随时调平或垫平机架及路轨。

（10）施工过程中如遇大风，应将桩管插入地下嵌固，以确保桩机安全。

（11）机械司机在施工操作时应集中思想，服从指挥信号，不得随意离开岗位，并经常注意机械运转是否正常，发现异常应立即纠正。

6. 深层搅拌桩施工安全技术措施

（1）进入施工现场的人员应戴好安全帽，施工操作人员应穿戴好必要的劳动防护用品。

（2）凡患有高血压及视力不佳等症的人员，不得进行机上作业。

（3）施工现场应全面规划，并有施工现场平面布置图；现场道路应平坦、坚实、畅通，交叉点及危险地区，应设明显标志。

（4）各种机电设备的操作人员都必须经过专业培训，考试合格具有上岗证书，懂得本机械的构造、性能、操作规程，能对机电设备进行维护保养和排除一般故障。

（5）驾驶人员及操作者须领取经有关部门批准的驾驶证或操作证后方准开车，禁止其他人员擅自开车或开机。

（6）电气设备的电源应按有关规定架设安装；电气设备均须有良好的接地接零，接地电阻不大于 4Ω，并装有可靠的触电保护装置。

（7）所有操作人员在施工操作时应集中思想，服从指挥，不得随意离开岗位，并经常注意机械运转是否正常，发现异常应及时纠正。

（8）起重机臂下严禁站人。

（9）搅拌机转动时应设专人看管，严防伤人。

（10）每天下班后应有专人负责关闭、切断电源。

7. 钢筋混凝土预制桩施工安全技术措施

（1）现场所有施工人员均须戴好安全帽，高空作业需系好安全带。

（2）施工现场应全面规划，并有施工现场平面布置图；现场道路应平坦、坚实、畅通，交叉点及危险地区应设明显标志及围护措施。

（3）凡患有高血压及视力不佳的人员不得进行机械操作，各工种应持证上岗。

（4）机械设备应由专人持证操作，操作者应严格遵守安全操作规程。

（5）施工中所有机操人员和配合工种人员必须听从指挥信号，不得随意离开岗位，并经常注意机械运转是否正常，发现异常应立即检查处理。

（6）机械设备都应有漏电保护装置和良好的接地接零。

（7）打桩前桩头的衬垫严禁用手拨正，不得在桩锤未落到桩顶时就起锤，或过早刹车。

（8）登上机架高空作业时应有防护措施，工具、零件严禁下抛。

（9）硫黄胶泥的原料及制品在运输、储存和使用时应注意防火，熬制胶泥时，操作人员应穿戴防护用品，熬制场地应通风良好，胶泥浇注后，上节柱应缓缓下放，防止胶泥飞溅。

（10）定期检查钢丝绳的磨损情况和其他易损部件，如发现问题及时更换。

（11）每天下班后，应有专人负责关闭、切断电源。

（12）施工时应遵守施工现场的常规建筑安装工程安全操作规程和国家有关安全法规、规则、条例等。

8. 泥浆护壁机械成孔灌注桩施工安全技术措施

（1）进入施工现场人员应戴好安全帽，施工操作人员应穿戴好必要的劳动防护用品。

（2）在施工全过程中，应严格执行有关机械的安全操作规程，由专人操作并加强机械维修保养，经安全部门检验认可，领证后方可投入使用。

（3）电气设备的电源应按有关规定架设安装；电气设备均须有良好的接地接零，接地电阻不大于4Ω，并装有可靠的触电保护装置。

（4）注意现场文明施工，对不用的泥浆地沟应及时填平；对正在使用的泥浆地沟（管）加强管理，不得任泥浆溢流，捞取的沉渣应及时清走。各个排污通道必须有标志，夜间有照明设备，以防踩入泥浆，跌伤行人。

（5）机底枕木要填实，保证施工时机械不倾斜、不倾倒。

（6）护筒周围不宜站人，防止不慎跌入孔中。

（7）吊车作业时，在吊臂转动范围内不得有人走动或进行其他作业。

（8）湿钻孔机械钻进岩石时，或钻进地下障碍物时，要注意机械的震动和颠覆，必要时应停机查明原因方可继续施工。

（9）拆卸导管的人员必须戴好安全帽，并注意防止扳手、螺钉等往下掉落。拆卸导管时，其上空不得进行其他作业。

（10）导管提升后继续浇注混凝土前，必须检查其是否垫稳或挂牢。

（11）钻孔时，孔口应加盖板，以防工具掉入孔内。

9. 沉井施工安全技术措施

（1）所有操作人员应严格执行有关"操作规程"，树立"安全第一"的思想。

（2）施工中所有机操人员和配合工种人员，必须听从指挥信号，不得随意离开岗位，应经常注意机械运转情况，发现异常应立即停机检查处理。

（3）机械设备必须实行专机专人持证操作，严格执行交接班制度和机具保养制度。

（4）潜水泵等水下设备应有安全保险装置严防漏电，井下照明必须采用安全电压。

（5）挖土下沉过程中应有专人指挥，井内不得采用人工和机械同时挖土。

（6）水下作业必须由潜水员承担。

（7）应严格执行施工现场的一切规章制度。

（8）当进行井下作业时，井口应派专人看护。

10. 地下连续墙施工安全技术措施

（1）施工前必须制定严格的安全制度。

（2）现场施工区域应有安全标志和围护设施。

（3）挖槽的平面位置、深度、宽度和垂直度必须符合设计要求。

（4）机械设备应由专人持证操作，操作者应严格遵守安全操作规程。

（5）潜水电钻等水下电器设备应有安全保险装置，严防漏电。电缆收放应与钻进同步进行，严防拉断电缆，造成事故。

（6）应控制钻进速度和电流大小，遇有地下障碍物要妥善处理，禁止超负荷强行钻进。

（7）地下连续墙的接头（接缝）处应仅有少量夹泥，无漏水现象。

（8）泥浆配置质量、稳定性、槽底清渣和置换泥浆必须符合施工规范的规定。

11. 井点降水施工安全技术措施

（1）在井点降水期间，安全人员必须详细检查基坑周围地面，防止塌方。

（2）所有轻型井点的主管以及支管顶部的连接胶管不得埋入土中。

（3）深井井点抽水设备应严防漏电，下井的电线及接头必须安全可靠。

（4）轻型井点降水机组必须设置在安全可靠的地方，防止塌方翻机。

12. 回灌技术施工安全技术措施

（1）工地负责人及专职安全员应树立"安全第一"的思想，加强安全宣传管理工作。

（2）现场施工区域应有安全标志和围护设施。

（3）回灌用的临时水塔应远离高压线路，并应设置足够的支撑体系，防止风暴袭击造成事故。

（4）应采取措施防止塔顶大量溢水、支管冒水、空孔，以免影响边坡稳定，造成塌方事故。

（5）在井点降水期间，安全人员必须对基坑周围地面详细检查，防止塌方。

（6）所有轻型井点的主管以及支管顶部的连接胶管均不得埋入土中。

（7）深井井点抽水设备应严防漏电，下井的电线及接头必须安全可靠。

(8) 轻型井点降水机组必须设置在安全可靠的地方，防止塌方翻机。

13. 锚杆静压桩施工安全技术措施

(1) 锚杆静压桩施工前应对有关人员进行技术培训和安全教育。

(2) 机械设备必须实行专机专人持证操作，严格执行交接班制度和机具保养制度。

(3) 熬制硫黄胶泥的操作人员必须穿戴好必要的防护用品，不准赤膊和光脚，防止胶泥溅伤；半成品胶泥的运输和储存，应作到单独存放，并作到防湿、避高温；熬胶工棚应作到防火、防漏和通风良好。

(4) 锚杆静压桩的施工用电应认真执行施工现场用电安全规定。电动葫芦的电线应安置在桩架以外，严禁与电动葫芦的铁链相互摩擦，以致损坏伤人；电动葫芦、油压泵的用电应配备专用电箱，并应配备漏电保护器；专用电箱应防漏、防潮，夜间施工应有足够照明。

(5) 应经常检查和维修压桩机具，并建立安全员负责制。对设备、电路等进行全面检查，对压力表应定期检查、标定，合格后方可使用。

(6) 安装锚杆静压桩桩架时应首先固定桩架与锚杆的连接螺栓，桩架顶端连接板安装应两人同时操作（一人扶正连接板，一人安装连接板与桩架的螺栓）。在安装连接板及电动葫芦时，应搭设简易脚手架，铺好脚手板，电动葫芦的吊钩与桩架连接板上的挂钩要有保险装置。

(7) 桩段搬运起吊时，起桩架安装应稳妥，吊索与桩段应保持垂直，操作人员应扶住桩段两头，使桩段保持平稳。拉动葫芦的操作人员站立位置应与桩段离开一段距离，以防桩段坠落伤人。

(8) 压桩时千斤顶位置应置于钢梁中心，钢梁应置于钢销子中心，钢销子后跟应顶紧桩架孔，防止钢销子脱孔造成事故。

(9) 每天下班后应有专人负责关闭、切断电源。

14. 人工挖孔灌注桩施工安全技术措施

(1) 每日开工前应检测井下有无危害气体和不安全因素，孔深大于10m以及腐殖质土层较厚时，应有专门送风设备，风量不应小于25L/s，向桩孔内作业面送入新鲜空气。桩孔下爆破后，必须向桩孔内送风，或向桩孔内均匀喷水，使炮烟全部排除或凝聚沉落后，才能下桩孔内作业。当桩孔内土层中含有害气体及有机物质较多时除加强通风外，还应对有害气体加强监测。

(2) 桩孔口应严格管理。桩孔口应设置高于地面200mm的护板，防止地面石子或其他杂物等被踢入桩孔中。地面孔口四周必须有护栏，高度不低于800mm。无关人员不得靠近桩孔口，桩孔口机械操作人员不准离开岗位。口袋内不得放置物品（如钥匙、钢笔、怀表、打火机、小型工具、玩物等），以防坠入桩孔中。

(3) 桩孔下作业人员必须戴好安全帽，穿好绝缘胶鞋。桩孔口与下部作业人员应有可靠的联络设施。如桩孔口管理混乱，桩孔内应立即停止作业回到地面上。地面孔口作业人员需待井下作业人员上来后方可离岗。

(4) 用常规法（包括先封底法）浇灌桩身混凝土时，桩孔上口必须密封（仅留漏斗口），其最大间隙不得超过3m，密封板及方木应有足够的强度，以确保下部作业人员安全。串筒应用8号镀锌铁丝加固扎牢，串筒下口应临时拉牢，防止串筒摆动伤人。密封后应加强向桩孔内送风,或在桩孔口密封平台上预设高度大于1m的通风。

(5) 桩孔洞口上应设置悬挂软梯,并随桩孔深度放长,以备意外情况时有关人员能顺利上下。正常情况下,操作人员上下应乘坐吊篮或专用吊桶。开机人员应专机专人,并持证上岗,集中思想认真注意桩孔内一切动态,电器开关不得离手。吊钩应有弹簧式脱钩装置,防止翻桶、翻篮、脱钩等恶性事故发生,严禁站在装渣桶口边缘上下。垂直运输机具和装置必须配有自动卡紧保险装置。

(6) 装渣桶、吊篮、吊桶的上下用电动葫芦提放,上下应对准桩孔中心。

(7) 在任何情况下严禁提升设备超载运行,上、下班前对提升架及轨道应进行检查,工作时发现异常情况应立即停止工作,找出原因,认真检修,不准带病运转。

(8) 吊放钢筋入桩孔时,应绑紧系牢(下口宜用铁盘兜住),确保不溜脱坠落。应待钢筋吊入孔底后,才能下人进入桩孔解钩。

(9) 在桩孔内绑扎钢筋骨架时,操作平台方木必须放在实处(可放在混凝土护壁突出面上或钢筋骨架加强环筋上),并与平台木板钉牢,防止方木滑动位移,造成平台坠落。

(10) 桩孔下照明应采用安全矿灯或12V低压电源;进入桩孔内的所有电器及用电设备均应接零接地,电线必须绝缘;拉动电线时禁止与一切硬物产生摩擦。电器开关应集中在桩孔口,并应装置漏电保护器,防止漏电触电事故。一旦发现漏电,必须迅速拉闸断电,值班电工必须对所有电器设备及线路加强检查维修,及时发现问题,妥善处理。

(11) 桩孔内的抽水管、通风管、电线等应妥善处理并临时固定,一般应沿壁敷设,以防装渣桶及吊篮(吊桶)上下时刮住或撞断,引起事故。

(12) 由桩孔中排出的土渣应及时运走,不得堆在孔口周围,如须临时堆放,应距孔口5m以外,且不得堆积过多,以防塌孔。

(13) 桩孔内爆破处理孤石或基岩时,应由取得爆破操作证的技术工人操作。爆破后间歇时间不得小于45min,经检查确认桩孔壁无松动石块、土块,护壁完好后方可下桩孔作业。

(14) 成孔间隙期及混凝土浇灌完成后孔口应加盖。

四、模板工程安全技术措施

1. 模板安装安全技术措施

(1) 进入施工现场的操作人员必须戴好安全帽,系好帽带。操作人员严禁穿硬底鞋及有跟鞋作业。

(2) 高处和临边洞口作业应设护栏,张挂安全网,如无可靠防护措施,必须佩戴安全带,系好带扣。高空、复杂结构模板的安装与拆除,事先应有切实的安全措施。

(3) 工作前应先检查使用的工具是否牢固,扳手等工具必须用绳链系挂在身上,钉子必须放在工具袋内,以免掉落伤人。工作时要思想集中,防止钉子扎脚和空中滑落。

(4) 安装模板时操作人员应有可靠的落脚点,并应站在安全地点进行操作,避免上下在同一垂直面工作。操作人员要主动避让吊物,增强自我保护和相互保护的安全意识。

(5) 支模应按规定的作业程序进行,模板未固定前不得进行下一道工序。严禁在连接件和支撑件上攀登上下。

(6) 支模时操作人员不得站在支撑上,而应设立人板,以便操作人员站立。立人板应用木质中板为宜，并适当绑扎固定。不得用钢模板或5cm×10cm的木板。

（7）支模过程中如需中途停歇，应将支撑、搭头、柱头板等钉牢。拆模间歇时，应将已活动的模板、牵杠、支撑等运走或妥善堆放，防止因踏空、扶空而坠落。模板上有预留洞者，应在安装后将洞口盖好，混凝土板上的预留洞，应在模板拆除后即将洞口盖好。

（8）竖向模板和支架的支承部分，当安装在基土上时应加设垫板，且基土必须坚实并有排水措施。对湿陷性黄土，尚须有防水措施；对冻胀性土，必须有防冻融措施。

（9）模板及其支架在安装过程中，必须设置防倾覆的临时固定设施。

（10）现浇多层房屋和构筑物，应采取分段支模的方法：

①下层楼板应具有承受上层荷载的承载能力或加设支架支撑；

②上层支架的立柱应对准下层支架的立柱，并铺设垫板；

③当采用悬吊模板、桁架支模方法时，其支撑结构的承载能力和刚度必须符合要求。

（11）当层间高度大于5m时，宜选用桁架支模或多层支架支模。当采用多层支架支模时，支架的横垫板应平整，支柱应垂直，上下层支柱应在同一竖向中心线上。

（12）对于支设高度在3m以上的柱模板，四周应设斜撑，并应设立操作平台，低于3m的可用马凳操作。

（13）支撑、牵杠等不得搭在门窗框和脚手架上。通路中间的斜撑、拉杆等应设在1.8m高度以上。

（14）两人抬运模板时要互相配合，协同工作。传递模板和工具应用索具系牢，采用垂直升降机械运输，不得乱抛；组合钢模板装拆时，上下有人接应。钢模板及配件应随装拆随运送，严禁从高处掷下。高空拆模时，应有专人指挥。地面应标出警戒区，用绳子和红白旗加以围栏，暂停人员过往。

（15）在模板上施工时，堆物（钢模板等）不宜过多，且不宜集中一处。

（16）在大模板施工时，存放大模板必须要有防倾措施。封柱子模板时，不准从顶部往下套。

（17）对于地下室顶模板，支撑还另需考虑机械行走、材料运输、堆物等额外载荷的要求，顶撑及模板的排列必须考虑施工荷载的要求。

（18）高空作业要搭设脚手架或操作台，上、下要使用梯子，不许站立在墙上工作，不准在大梁底模上行走。

（19）遇六级以上的大风时，应暂停室外的高空作业；雪雷雨后应先清扫施工现场，待地面路干不滑时再恢复工作。

2. 滑模施工安全技术措施

（1）滑模施工设计时，必须注意施工过程中结构的稳定和安全。

（2）滑模施工工程操作人员的上下，应设置可靠楼梯或在建筑物内及时安装楼梯。

（3）采用降模法施工现浇楼板时，各吊点应加设保险钢丝绳。

（4）滑模施工中应严格按施工组织设计要求分散堆载，平台不得超载且不应出现不均匀堆载的现象。

（5）施工人员必须服从统一指挥，不得擅自操作液压设备和机械设备。

（6）滑模施工场地应有足够的照明，操作平台上的照明采用36V低压电灯。

（7）凡患有高血压、心脏病及不适于高空作业者，不得参加滑模施工。

(8) 应遵守施工安全操作规程有关规定。

(9) 滑模平台在提升前应对全部设备装置进行检查，调试妥善后方可使用，重点放在检查平台的装配、节点、电气及液压系统。

(10) 平台内，外吊脚手架使用前，应一律安装好轻质牢固的安全网，并将安全网靠紧筒壁，经验收后方可使用。

(11) 为了防止高空物体坠落伤人，筒身内底部，一般在2.5m处搭设保护棚，应十分坚固可靠，并在上部铺一层6~8mm钢板防护。

(12) 避雷设备应有接地线装置，平台上的振动器、电机等应接地。

(13) 通信设备除电铃和信号灯外，还应装备3~4台步话机。

(14) 滑模在提升时应统一指挥，并有专人负责量测千斤顶，升高时出现不正常情况时，应立即停止滑升，找出原因，并制定相应措施后方准继续滑升。

3. 模板拆除安全技术措施

(1) 侧模，应在混凝土强度能保证其表面及棱角不因拆除模板而受损坏后，方可拆除。

(2) 底模，应在同一部位同条件养护的混凝土试块强度达到要求时方可拆除（表10-1）。

表10-1 现浇结构拆模时所需混凝土强度

结构类型	结构跨度（m）	按设计的混凝土强度标准值的百分率计（%）
板	≤2	50
	>2, ≤8	75
	>8	100
梁、拱、壳	≤8	75
	>8	100
悬臂构件	≤2	75
	>2	100

注：本表中"设计的混凝土强度标准值"系指与设计混凝土强度等级相应的混凝土立方体抗压强度标准值。

(3) 拆除高度在5m以上的模板时，应搭脚手架，并设防护栏杆，防止上下在同一垂直面操作。

(4) 在模板支撑拆除前，混凝土强度必须达到设计要求，并经申报批准后，才能进行。拆除模板一般用长撬棒，人不许站在正在拆除的模板上。在拆除楼板模板时，要注意整块模板掉下，尤其是用定型模板做平台模板时，更要注意，防止模板突然全部掉落伤人。

(5) 拆模时必须设置警戒区域，并派人监护。拆模必须拆除干净彻底，不得保留有悬空模板。拆下的模板要及时清理，堆放整齐。高处拆下的模板及支撑应用垂直升降设备运至地面，不得乱抛乱扔。

(6) 拆模时，临时脚手架必须牢固，不得用拆下的模板做脚手板。

（7）脚手板搁置必须牢固平整，不得有空头板，以防踏空坠落。

（8）拆除的钢模板作平台底模时，不得一次将顶撑全部拆除，应分批拆下顶撑，然后按顺序拆下搁栅、底模，以免发生钢模在自重荷载下一次性大面积脱落。

（9）预应力混凝土结构构件模板的拆除，除应符合《混凝土结构工程施工质量验收规范》（GB 50204—2002）的规定外，侧模应在预应力张拉前拆除，底模应在结构构件建立预应力后拆除。

（10）已拆除模板及其支架的结构，在混凝土强度符合设计混凝土强度等级的要求后，方可承受全部使用荷载；当施工荷载所产生的效应比使用荷载的效应更为不利时，必须经过核算，加设临时支撑。

（11）预制构件模板拆除时的混凝土强度，应符合设计要求；当设计无具体要求时，应符合下列规定：

①侧模，在混凝土强度能保证构件不变形、棱角完整时方可拆除；

②芯模或预留孔洞的内膜，在混凝土强度能保证构件和孔洞表面不发生塌陷和裂缝后方可拆除；

③底模，当构件跨度不大于4m时，在混凝土强度符合设计的混凝土标准值50%的要求后方可拆除；当构件跨度大于4m时，在混凝土强度符合设计的混凝土强度标准值的75%的要求后方可拆除。

五、脚手架工程安全技术措施

1. 室内满堂脚手架搭设安全技术措施

（1）室内满堂脚手架搭设应严格按施工组织设计要求搭设。

（2）满堂脚手架的纵、横距不应大于1.5m。

（3）满堂脚手架应设登高设施，保证操作人员上下安全。

（4）操作层应满铺竹笆，不得留有空洞。必须留空洞时，应设围栏保护。

（5）大型条形内脚手架的操作步层两侧，应设防护栏杆保护。

（6）满堂脚手架的步距应控制在1.8m内，高于1.8m时，应有技术措施保护。

（7）为保证满堂脚手架的稳固，应采用斜杆（剪刀撑）保护。

（8）满堂脚手架严禁采用钢、竹混设。

2. 扣件式钢管脚手架搭设安全技术措施

（1）单位工程负责人应按施工组织设计中有关脚手架的要求，向架设和使用人员进行技术交底。

（2）应按《建筑施工扣件式钢管脚手架安全技术规范》（JGJ 130—2001）的规定和施工组织设计的要求对钢管、扣件、脚手板等进行检查验收，不合格产品不得使用。

（3）经检验合格的构配件应按品种、规格分类，堆放整齐、平稳，堆放场地不得有积水。

（4）应清除搭设场地上的杂物，平整搭设场地，并使排水畅通。

（5）当脚手架基础下有设备基础、管沟时，在脚手架使用过程中不应开挖，否则必须采取加固措施。

（6）脚手架底座面标高宜高于自然地坪50mm。

（7）脚手架基础经验收合格后，应按施工组织设计的要求放线定位。

（8）脚手架必须配合施工进度搭设，一次搭设高度不应超过相邻连墙件以上两步。

（9）每搭完一步脚手架后，应按《建筑施工扣件式钢管脚手架安全技术规范》的规定校正步距、纵距、横距及立杆的垂直度。

（10）底座安放应符合下列规定：

①底座、垫板均应准确地放在定位线上；

②垫板宜采用长度不少于2跨、厚度不小于50mm的木垫板，也可采用槽钢。

（11）立杆搭设应符合下列规定：

①严禁混合使用外径48mm与51mm的钢管；

②相邻立杆的对接扣件不得在同一高度内，错开距离应符合《建筑施工扣件式钢管脚手架安全技术规范》的规定；

③开始搭设立杆时，应每隔6跨设置一根抛撑，直至连墙件安装稳定后，方可根据情况拆除；

④当搭至有连墙件的构造点时，在搭设完该处的立杆、纵向水平杆、横向水平杆后，应立即设置连墙件；

⑤顶层立杆搭接长度与立杆顶端伸出建筑物的高度应符合《建筑施工扣件式钢管脚手架安全技术规范》的规定。

（12）纵向水平杆搭设应符合下列规定：

①纵向水平杆的搭设应符合《建筑施工扣件式钢管脚手架安全技术规范》的规定；

②在封闭型脚手架的同一步中，纵向水平杆应四周交圈，用直角扣件与内外角部立杆固定。

（13）横向水平杆搭设应符合下列规定：

1）搭设横向水平杆应符合《建筑施工扣件式钢管脚手架安全技术规范》的规定；

2）双排脚手架横向水平杆的靠墙一端至墙装饰面的距离不宜大于100mm；

3）单排脚手架的横向水平杆不应设置在下列部位：

①设计上不允许留脚手眼的部位；

②过梁上与过梁两端成60°角的三角形范围内及过梁净跨度1/2的高度范围内；

③宽度小于1m的窗间墙；

④梁或梁垫下及其两侧各500mm的范围内；

⑤砖砌体的门窗洞口两侧200mm和转角处450mm的范围内；其他砌体的门窗洞口两侧300mm和转角处600mm的范围内；

⑥独立或附墙砖柱。

当脚手架施工操作层高出连墙件两步时，应采取临时稳定措施，直到上一层连墙件搭设完后方可根据情况拆除。

（14）剪刀撑、横向斜撑搭设应随立杆、纵向和横向水平杆等同步搭设，各底层斜杆下端均必须支承在垫块或垫板上。

（15）扣件安装应符合下列规定：

①扣件规格必须与钢管外径（$\phi 48$ 或 $\phi 51$）相同；

②螺栓拧紧扭力矩不应小于40N·m，且不应大于65N·m；

③在主节点处固定横向水平杆、纵向水平杆、剪刀撑、横向斜撑等用的直角扣件、旋转扣件的中心点的相互距离不应大于150mm；

④对接扣件开口应朝上或朝内；

⑤各杆件端头伸出扣件盖板边缘的长度不应小于100mm。

(16) 作业层、斜道的栏杆和挡脚板的搭设应符合下列规定：

①栏杆和挡脚板均应搭设在外立杆的内侧；

②上栏杆上皮高度应为1.2m；

③挡脚板高度不应小于180mm；

④中栏杆应居中设置。

(17) 脚手板的铺设应符合下列规定：

①脚手板应铺满、铺稳，离开墙面120~150mm；

②采用对接或搭接时均应符合规定；脚手板探头应用直径3.2mm的镀锌钢丝固定在支承杆件上；

③在拐角、斜道平台口处的脚手板，应与横向水平可靠连结，防止滑动；

④自顶层作业层的脚手板往下计，宜每隔12m满铺一层脚手板。

六、钢筋工程安全技术措施

1. 自然地面以下钢筋绑扎作业安全技术措施

(1) 进入施工现场，必须戴好安全帽，扣好帽带，并正确使用个人劳动保护用具。

(2) 操业人员必须身体健康，取得有效钢筋操作证后，方可独立操作。学员必须在师傅的指导下进行工作。

(3) 密切注意基坑土方及围护情况，关注基坑排水状况，发现问题应立即上报。

(4) 雷雨时必须停止露天操作，预防雷击钢筋伤人。钢筋断料、配料、弯料等工作应在钢筋加工棚内进行，不宜在绑机现场进行断料、弯料或配料。

(5) 搬运钢筋要注意附近有无障碍物、架空电线和其他临时电气设备，防止钢筋在回转时碰撞电线或发生触电事故。

(6) 起重臂和吊起的重物下面有人停留或行走时不准起吊。

(7) 起重指挥应由技术培训合格的专职人员担任，无指挥或信号不清不准起吊。

(8) 钢筋、型钢、管材等细长和多根物件必须捆扎牢靠，多点起吊。单头"千斤"或捆扎不牢靠不准起吊。

(9) 起吊钢筋骨架时，下方禁止站人，必须待骨架降到距模板1m以下才准靠近，就位支撑好方可摘钩。

(10) 绑扎立柱和墙体钢筋时，不得站在钢筋骨架上或攀登骨架上下。3m以内的柱钢筋，可在地面或楼面上绑扎，整体竖立；绑扎3m以上的柱钢筋，必须搭设操作平台。

2. 钢筋绑扎作业安全技术措施

(1) 进入施工现场，必须戴好安全帽，扣好帽带，并正确使用个人劳动保护用具。

(2) 操作人员必须身体健康，并经过专业培训考试合格，在取得有关部门颁发的操作证或特殊工种操作证后，方可独立操作。学员必须在师傅的指导下进行操作。

(3) 钢筋断料、配料、弯料等工作应在地面进行，不准在高空操作。

（4）搬运钢筋要注意附近有无障碍物、架空电线和其他临时电气设备，防止钢筋在回转时碰撞电线或发生触电事故。

（5）现场绑扎悬空大梁钢筋时，不得站在模板上操作，必须在脚手板上操作；绑扎独立柱头钢筋时，不准站在钢箍上绑扎，也不准将木料、管子、钢模板穿在钢箍内作为立人板。

（6）起吊钢筋骨架下方禁止站人，必须待骨架降到距模板1m以下才准靠近，就位支撑好方可摘钩。

（7）起吊钢筋时，规格必须统一，不准长短参差不齐，不准一点起吊。

3. 钢筋绑扎高处作业安全技术措施

（1）进入施工现场，必须戴好安全帽，扣好帽带，并正确使用个人劳动防护用具。

（2）操作人员必须身体健康，并经过专业培训考试合格，在取得有关部门颁发的操作证或特殊工种操作证后，方可独立操作。学员必须在师傅的指导下进行操作。

（3）悬空作业处应有牢靠的立足处，并必须视具体情况，配置防护网、栏杆或其他安全设施。悬空作业所用的索具、脚手板、吊篮、吊笼、平台等设备，均需经过技术鉴定或验证方可使用。

（4）钢筋断料、配料、弯料等工作应在地面进行，不准在高空操作。

（5）搬运钢筋要注意附近有无障碍物、架空电线和其他临时电气设备，防止钢筋在回转时碰撞电线或发生触电事故。

（6）起重臂和吊起的重物下面有人停留或行走时不准起吊。

（7）起重指挥应由技术培训合格的专职人员担任，无指挥或信号不清不准起吊。

（8）钢筋、型钢、管材等细长和多根物件必须捆扎牢靠，多点起吊。单头"千斤"或捆扎不牢靠不准起吊。

（9）六级以上强风区不准起吊。

（10）起吊钢筋骨架下方禁止站人，必须待骨架降到距模板1m以下时才准靠近，就位支撑好方可摘钩。

（11）不得将钢筋集中堆在模板和脚手板上，也不要把工具、钢箍、短钢筋随意放在脚手板上，以免滑下伤人。

（12）绑扎钢筋和安装钢筋骨架时，必须搭设脚手架和马道。

（13）绑扎圈梁、挑梁、挑檐、外墙和边柱等钢筋时，应搭设操作台架和张挂安全网。

（14）悬空大梁钢筋的绑扎，必须在满铺脚手板的支架或操作平台上操作。

（15）绑扎立柱和墙体钢筋时，不得站在钢筋骨架上或攀登骨架上下。3m以内的柱钢筋可在地面或楼面上绑扎，整体竖立；绑扎3m以上的柱钢筋，必须搭设操作平台。

（16）雷雨时必须停止露天操作，预防雷击钢筋伤人。

七、混凝土工程安全技术措施

1. 自拌混凝土浇捣作业安全技术措施

（1）进入施工现场，必须戴好安全帽，扣好帽带，并正确使用个人劳动防护用具，操作人员必须身体健康。

（2）脚手架、工作平台和斜道应绑扎牢固。若有探头板应及时绑扎搭好，脚手架上的钉子等障碍物应清除干净。高处作业或较深的地下作业，必须设有供操作人员上下的走道。

（3）浇筑地下工程的混凝土前，应检查土边坡有无裂缝、坍塌等现象。

（4）夜间施工应有足够的照明，临时电线必须架空在2.5m高以上。在深坑和潮湿地点施工必须使用低压安全照明。

（5）所有电气设备的修理拆换工作应由电工进行，严禁混凝土操作工自行拆动。

（6）材料及混凝土的运输机具应坚实牢固，轴承应经常加油。

（7）混凝土搅拌站后台的装置及龙门吊等应安设牢固，搅拌前应经试运转证明机械各部位工作正常后方可正式搅拌。

（8）临时跳板和走道应搭设牢固。运输道的宽度，单行道应比手推车及机动翻斗车的宽度大400mm以上，双行道应比两辆车的宽度大700mm以上。

（9）用手推车运料应依次行走，不得拥挤、抢先。向搅拌机或料斗内倒料时，不得用力过猛和将车辆脱把。

（10）用手推车运输混凝土，在下坡道、天桥上或跨越坑槽的走道上必须缓慢，防止碰撞伤人和翻车。空车返回时，不得将车拖在身后奔跑，以防滑倒和翻车。用翻斗车运输时，应由专业驾驶人员驾驶。

（11）自卸车卸混凝土或砂、石子时，应在现场有关人员指定的地点卸料。开倒车时应有专人指挥；起落自卸车斗时，应有专人指挥。

（12）在上料平台上的卸料人员不得将头、手、脚伸入井架内；严禁在拔杆下站人。运行中途若发生故障，必须停车修理。

（13）浇筑离地2m以上的框架、过梁、雨篷和小平台时，应设操作平台，不得直接站在模板或支撑件上操作。

（14）浇筑拱形结构，应自两边拱脚对称地相向进行；浇筑储仓，下口应先行封闭，并搭设脚手架以防人员坠落。

（15）特殊情况下如无可靠的安全设施，必须系好安全带并扣好保险钩，或架设安全网。

（16）地下工程深度超过3m时，应设混凝土溜槽。滑放混凝土时，应上下配合。

（17）浇筑无板框架的梁、柱混凝土时，应搭设脚手架，并应附设防护栏杆，不得站在模板上操作。

（18）浇捣圈梁、挑檐、阳台、雨篷混凝土时，外脚手架上应加设护身栏杆。

（19）使用振动机前应检查：电源电压是否正常，输电是否安装漏电开关；保护电源线路是否良好，电源线不得有接头；机械运转是否正常。振动机移动时，不能硬拉电线，更不能在钢筋和其他锐利物上拖拉，防止割破、拉断电线而造成触电伤亡事故。

（20）用草帘或草袋覆盖混凝土时，构件表面的孔洞部位应有封堵措施并设明显标志，以防操作人员跌落或受伤。草帘或草袋等用完后应随时清理，堆放到指定地点，并应在堆置地点设置消防设施。

（21）在大风雪或暴风、雷雨的情况下（6级风以上），不得在露天进行高空作业；气温较低（-15℃左右），又在高空或迎风方向连续作业时，应加强保暖，必要时休息取暖。

（22）应经常检查脚手架的接头处是否牢固，检查安全防护设置是否齐全，是否因冰、雪、风、雨的影响而松动下沉。走道及跳板通道，应经常清扫或进行防滑处理。

（23）酒后及患有高血压、心脏病、癫痫症的人员，严禁参加高空作业。

2. 商品混凝土浇捣作业安全技术措施

（1）作业人员进入现场必须戴好安全帽，扣好帽带，并正确使用个人劳动保护用品。

（2）操作人员必须身体健康持有效操作证，方可独立操作。

（3）脚手架、工作平台和斜道应绑扎牢固。若有探头板应及时绑扎搭好，脚手架上的钉子等障碍物应清除干净。在进行高处作业或较深的地下作业时，必须设有供操作人员上下的走道。

（4）浇筑地下工程的混凝土前，应检查土边坡有无裂缝、坍塌等现象。

（5）夜间施工应有足够的照明，临时电线必须架空在2.5m高以上。在深坑和潮湿地点施工必须使用低压安全照明。

（6）所有电气设备的修理拆换工作应由电工进行，严禁混凝土操作工自行拆动。

（7）泵送设备放置应离基坑边缘保持一定距离，在布料杆动作范围内无障碍物、无高压线。

（8）水平泵送的管道敷设线路应接近直线，少弯曲，管道与管道支撑必须紧固可靠，管道接头处应密封可靠。"Y"型管道应装接锥形管。

（9）严禁将垂直管道直接装接在泵的输出口上，应在垂直管架设的前端装接长度不小于10m的水平管，水平管近泵处应装逆止阀。敷设向下倾斜的管道时，下端应装接一段水平管，其长度至少为倾斜管高低差的5倍，否则应采用弯管等办法，增大阻力。如倾斜度较大，必要时应在坡度上端装置排气活阀，以利排气。

（10）支腿应全部伸出并支固，未支固前不得启动布料杆。布料杆升离支架后方可回转。布料杆伸出时应按顺序进行，严禁用布料杆起吊或拖拉物件。

（11）当布料杆处于全伸状态时，严禁移动车身。作业中需要移动时，应将上段布料杆折叠固定，移动速度不超过10km/h。布料杆不得使用超过规定直径的配管，装接的软管应系防脱安全绳带。

（12）应随时监视各种仪表和指示灯，发现不正常应及时调整或处理。如出现输送管道堵塞时，应进行逆向运转使混凝土返回料斗，必要时应拆管排除堵塞。

（13）泵送工作应连续作业，必须暂停时应每隔5~10min（冬期3~5min）泵送一次。若停止较长时间后泵送时，应逆向运输1~2个行程，然后顺向泵送。泵送时料斗内应保持一定量的混凝土，不得吸空。

（14）应保持水箱内贮满清水，发现水质混浊并有较多砂粒时应及时检查处理。

（15）泵送系统受压力时，不得开启任何输送管道和液压管道。液压系统的安全阀不得任意调整，蓄能器只能充入氮气。

（16）浇筑离地2m以上框架、过梁、雨篷和小平台时，应设操作平台，不得直接站在模板或支撑件上操作。

（17）浇筑拱形结构时，应自两边拱脚对称地相向进行。浇筑贮仓时，下口应先行封闭，并搭设脚手架以防人员坠落。

（18）特殊情况下如无可靠的安全设施，必须系好安全带并扣好保险钩，或架设安全网。

（19）地下工程深度超过 3m 时，应设混凝土溜槽。滑放混凝土时，应上下配合。

（20）浇筑无板框架的梁、柱混凝土时，应搭设脚手架，并应附设防护栏杆，不得站在模板上操作。

（21）浇捣圈梁、挑檐、阳台、雨篷混凝土时，外脚手架上应加设护身栏杆。

（22）使用振动机前应检查：电源电压，输电是否安装漏电开关；保护电源线路是否良好，电源线不得有接头；机械运转是否正常。振动机移动时，不能硬拉电线，更不能在钢筋和其他锐利物上拖拉，防止割破、拉断电线而造成触电伤亡事故。

（23）用草帘或草袋覆盖混凝土时，构件表面的孔洞部位应有封堵措施并设明显标志，以防操作人员跌落或受伤。草帘或草袋等用完后随时清理，堆放到指定地点，并应在堆置地点设置消防设施。

（24）在大风雪或暴风、雷雨的情况下（6级风以上），不得在露天进行高空作业；气温较低（-15℃左右），又在高空或迎风方向连续作业时，应加强保暖，必要时休息取暖。

（25）应经常检查脚手架的接头处是否牢固，检查安全防护设置是否齐全，是否因冰、雪、风、雨的影响而松动下沉。走道及跳板通道，应经常清扫或进行防滑处理。

（26）酒后及患有高血压、心脏病、癫痫症的人员，严禁参加高空作业。

第三节 安全技术交底

项目经理部必须实行逐级安全技术交底制度，从施工作业队一直到施工班组全体作业人员。

安全技术交底是施工负责人向施工作业人员进行责任落实的法律要求，必须认真进行，不能流于形式。

技术交底必须具体、明确，针对性强。技术交底的内容应针对单位工程和分部分项工程的施工方法、安全技术措施和施工中给作业人员带来的潜在危害和存在问题。

通常在单位工程开工前，单位工程的技术负责人应将工程概况、施工方法、安全技术交底的内容、交底的时间、参加的人员、施工工艺、施工程序、安全技术措施等，向承担施工的作业队负责人、工长、班组长和相关人员进行交底。对于结构复杂的分部分项工程，在施工前，应有针对性地进行全面、详细的安全技术交底，使执行者了解安全技术措施的具体内容和施工要求，确保安全措施得到落实。

一、安全技术交底的基本内容

（1）安全生产纪律；
（2）本工程项目的施工作业特点和危险点；
（3）针对危险点的具体预防措施；
（4）应注意的安全事项；
（5）相应的安全操作规程和标准；
（6）发生事故后应及时采取的避难和急救措施。

二、安全技术交底的基本要求

（1）工程项目实施逐级安全技术交底制度。

（2）当两个以上施工队或工种配合施工时，应向施工单位和班组进行交叉作业的安全书面交底。

（3）工长安排班组长工作前，必须进行书面的安全技术交底；班组长应每天向工人进行施工要求、作业环境等方面的书面安全交底。

（4）书面安全技术交底应有交底时间、交底内容及交底人，并经交底人签字；交底后，应保存交底记录，同时施工负责人、施工班组和现场安全员三方各保存一份。

（5）安全技术交底应具体、明确、针对性强。

（6）安全技术交底应针对工程项的施工作业特点、危险点和所采取的防范措施及应注意的安全事项。

（7）当出现下列情况时，项目经理、项目总工程师或安全员应及时对班组进行安全技术交底：

①因故改变安全操作规程时；
②实施重大的和季节性的安全技术措施时；
③推广使用新技术、新工艺、新材料、新设备时；
④发生工伤事故、机械损坏事故及重大未遂事故时；
⑤出现其他不安全因素及安全生产环境发生较大变化时。

三、安全技术交底的要点

（一）安全生产纪律

（1）进入施工现场应戴好安全帽，系好帽带；并正确使用个人劳动防护用品。

（2）在2m以上的高处作业、悬空作业、无安全设施时的作业，必须系好安全带、扣好保险钩。

（3）高处作业时，不准往下或向上乱抛材料和工具等物件。

（4）各种电动机械设备应有可靠、有效的安全接地和防雷装置。

（5）不懂电气和机械的人员，严禁使用和摆弄机电设备。

（6）在吊装区域，非操作人员严禁入内。吊装机械性能应完好，把杆垂直下方不准站人。

（二）安全技术操作规定

1. 施工现场

（1）参加施工的员工（包括学徒工、实习生、代培人员和民工）要熟知本工种的安全技术操作规程。在操作中，应坚守工作岗位，严禁酒后操作。

（2）电工、焊工、司炉工、爆破工、起重机司机、打桩机司机和各种机动车司机，必须经过专门训练，考试合格发给岗位证，方可独立操作。

（3）正确使用防护用品和安全防护措施。进入施工现场，应戴好安全帽，禁止穿拖鞋或光脚；在没有防护设施的情况下进行高空悬崖和陡坡施工，应系好安全带；上下交叉作业时有危险的出入口要有防护棚或其他隔离设施；距地面2m以上作业要有防护栏杆、挡板或安全网；安全帽、安全带、安全网要定期检查，不符合要求的，严禁使用。

（4）施工现场的脚手架、防护设施、安全标识和警告牌不得擅自拆动，需要拆动的，要经工地负责人同意。

（5）施工现场的洞、坑、沟、升降口、漏斗等危险处，应有防护设施或明显标识。

（6）施工现场要有交通指示标识，交通频繁的交叉路口，应设指挥；火车道口两侧，应设落杆；危险地区，要悬挂"危险"或"禁止通行"牌，夜间设红灯示警。

（7）工地行驶的斗车、小平车的轨道坡度不得大于3%，铁轨终点应有车挡，车辆的制动闸和挂钩要完好可靠。

（8）坑槽施工时，应经常检查边壁土质的稳固情况，发现有裂缝、疏松或支撑走动，要随时采取加固措施；根据土质、沟深、水位、机械设备质量等情况，确定堆放材料和机械距坑边距离。往坑槽运送材料，应先用信号联系。

（9）调配酸溶液时，应将酸液缓慢地注入水中，搅拌均匀，严禁将水倒入酸液中。储存酸液的容器应加盖并设有标识牌。

（10）作好女工在月经、怀孕、生育和哺乳期间的保护工作，女工在怀孕期间对原工作不能胜任时，根据医院的证明意见，应调换轻便工作。

2. 机电设备

（1）机械操作时要束紧袖口，女工发辫要挽入帽内。

（2）机械和动力机械的机座应稳固，转动的危险部位要安装防护装置。

（3）工作前应检查机械、仪表、工具等，确认完好方可使用。

（4）电气设备和线路必须绝缘良好，电线不得与金属物绑在一起，各种电动机具应按规定接地接零，并设置单一开关，临时停电或停工休息时，必须拉闸上锁。

（5）施工机械和电气设备不得带病运行和超负荷作业。发现不正常情况应停机检查，不得在运行中修理。

（6）电气、仪表和设备试运转，应严格按照单项安全技术措施进行，运转时不准清洗和修理，严禁将头、手伸入机械行程范围内。

（7）在架空输电线路下面作业时应停电；不能停电的，应有隔离防护措施。起重机不得在架空输电线下面作业。通过架空输电线路应将起重臂落下。在架空输电线路一侧作业时，不论在何种情况下，起重臂、钢丝绳或重物等与架空输电线路的最近距离不应小于有关规定。

（8）行灯电压不得超过36V，在潮湿场所或金属容器内工作时行灯电压不得超过12V。

（9）受压容器应有安全阀、压力表，并避免暴晒、碰撞，氧气瓶严防沾染油脂；乙炔发生气、液化石油气，应有防止回火的安全装置。

（10）在X光或其他射线探伤作业区，非操作人员，不准进入。

（11）从事腐蚀、粉尘、放射性和有毒作业时，要有防护措施，并定期进行体检。

3. 高处作业

（1）从事高处作业要定期体检，凡患有高血压、心脏病、贫血、癫痫病以及其他不适应高处作业的，不得从事高处作业。

（2）高处作业衣着要灵便，禁止穿硬底和带钉易滑的鞋。

（3）高处作业所用材料要堆放平稳，工具应随手放入工具袋内，上下传递物件禁止抛掷。

（4）遇有恶劣气候（如风力在6级以上）影响施工安全时，禁止进行露天高空、起重和打桩作业。

（5）梯子不得缺档或垫高使用，梯子横档间距以30cm为宜，使用时上端要扎牢，下端应采取防滑措施。单面梯与地面夹角以60°~70°为宜。禁止工人同时在梯上作业，如需接长使用，应绑扎牢固。人字梯底脚要固定牢。在通道处使用梯子，应有人监护或设置围栏。

（6）没有安全防护措施，禁止在屋架的上弦、支撑、桁条、挑架的挑梁和半固定的构件上行走或作业。高处作业与地面联系，应设通讯装置，并专人负责。

（7）乘人的外用电梯、吊笼，应有可靠的安全装置。除指派专业人员外，禁止攀登起重臂、绳索和随同运料的吊笼吊物上下。

4. 季节施工

（1）在暴雨、台风前后，检查工地临时设施、脚手架、机电设备、临时线路，发现倾斜、变形、下沉、漏雨、漏电等现象，应及时修理加固，有严重危险的，立即排除。

（2）高层建筑、烟囱、水塔的脚手架及易燃、易爆仓库和塔吊、打桩机等机械，应设临时避雷装置，对机电设备的电气开关，要有防雨、防潮设施。

（3）现场道路应加强维护，斜道和脚手板应有防滑措施。

（4）夏季作业应调整作息时间，从事高温工作的场所，应加强通风和降温措施。

（5）冬季施工使用煤炭取暖时，应符合防火要求和指定专人负责管理，并有防止一氧化碳中毒的措施。

（三）施工现场安全防护标准

1. 高处作业防护

（1）起重机吊砖时，使用上压式或网式砖笼。

（2）起重机吊砌块时，使用摩擦式砌块夹具。

（3）安全平网。

①从二层楼面起设安全网，往上每隔四层设置一道，同时再设一道随施工高度提升的安全网。

②网绳不破损，生根牢固、绷紧、圈牢、拼接严密，网杠支杆用钢管为宜，毛竹梢径不少于7.5cm。

③网宽不少于2.6m，里口离墙不大于15cm，外高内低，每隔3m设支撑，角度45°。

（4）安全立网。

①随施工层提升，网高出施工层面1m以上。

②网之间拼接严密，空隙不大于10cm。

（5）圈梁施工。

搭设操作平台或脚手架，扶梯间搭操作平台。

2. 洞口临边防护

（1）预留孔洞。

①边长或直径在20~50cm的洞口，可用混凝土板内钢筋或固定盖板防护。

②边长或直径在50~150cm的洞口，可用混凝土板内钢筋贯穿洞径构成防护网，网格大于20cm要另外加密。

③边长或直径在150cm以上的洞口，四周设护栏，洞口下设安全网，护栏高1m，设

两道水平杆。

④对于预制构件的洞，包括缺件临时形成的洞口，可参照上述原则防护或架设脚手板、铺满竹笆固定防护。

⑤垃圾井道、烟道，随楼层砌筑或安装消防洞口或参照预留洞口要求加以防护。

⑥管笼施工时，四周设防护栏，并设有明显标识。

（2）电梯井门口，应安装固定栅门或护栏。

（3）楼梯口。

①分层施工楼梯口安装临时护栏。

②梯段每边设临时防护栏杆（用钢管或毛竹）。

③顶层楼梯口，随施工安装正式栏杆或临时护栏。

（4）阳台临边，利用正式阳台栏板，随楼层安装或装设临时护栏，间距大于2m设立柱。

（5）框架结构。

①施工时，外设脚手架不低于操作面，内设操作平台。

②周边架设钢管护身栏。

③周边无柱时，板口顶埋短钢管，供安装钢管临时护栏立管用。

④高层框架无外脚手架时，外设小眼安全网。

第十一章 危险控制和伤亡事故处理

第一节 危险源辨识

一、危险源及危险源的分类

危险源是指可能导致人身伤害或疾病、财产损失、工作环境破坏或这些情况组合的危险因素和有害因素。而危险因素是指突发性和瞬间作用的因素，有害因素则是指在一定时期内产生慢性损害和累积作用的因素。

危险源是安全控制的主要对象，所以，有人把安全控制也称为危险控制或安全风险控制。

通常将危险源分为两大类，即第一类危险源和第二类危险源。

（1）第一类危险源

可能发生意外释放的能量的载体或危险物质称作第一类危险源；通常把产生能量的能量源或拥有能量的能量载体作为第一类危险源。

（2）第二类危险源

造成约束、限制能量措施失效或破坏的各种不安全因素称作第二类危险源；第二类危险源通常包括人的不安全行为、物的不安全状态和不良环境条件三个方面。

事故的发生是两类危险源共同作用的结果，第一类危险源是事故发生的前提，第二类危险源的出现是导致事故的必要条件。所以第一类危险源是事故的主体，决定事故的严重程度；第二类危险源出现的难易，决定事故发生的可能性的大小。

根据《建筑设计防火规范》（GB 50016—2006），生产的火灾危险性可依据生产中使用或产生的物质性质及其数量等因素按表11-1分为甲、乙、丙、丁、戊五类。

表11-1 生产的火灾危险性分类

生产类别	使用或产生下列物质生产的火灾危险性特征
甲	1. 闪点小于28℃的液体； 2. 爆炸下限小于10%的气体； 3. 常温下能自行分解或在空气中氧化能导致迅速自燃或爆炸的物质； 4. 常温下受到水或空气中水蒸气的作用，能产生可燃气体并引起燃烧或爆炸的物质； 5. 遇酸、受热、撞击、摩擦、催化以及遇有机物或硫磺等易燃的无机物，极易引起燃烧或爆炸的强氧化剂； 6. 受撞击、摩擦或与氧化剂、有机物接触时能引起燃烧或爆炸的物质； 7. 在密闭设备内操作温度大于等于物质本身自燃点的生产

续表

生产类别	使用或产生下列物质生产的火灾危险性特征
乙	1. 闪点大于等于28℃，但小于60℃的液体； 2. 爆炸下限大于等于10%的气体； 3. 不属于甲类的氧化剂； 4. 不属于甲类的化学易燃危险固体； 5. 助燃气体； 6. 能与空气形成爆炸性混合物的浮游状态的粉尘、纤维、闪点大于等于60℃的液体雾滴
丙	1. 闪点大于等于60℃的液体； 2. 可燃固体
丁	1. 对不燃烧物质进行加工，并在高温或熔化状态下经常产生强辐射热、火花或火焰的生产； 2. 利用气体、液体、固体作为燃料或将气体、液体进行燃烧作其他用的各种生产； 3. 常温下使用或加工难燃烧物质的生产
戊	常温下使用或加工不燃烧物质的生产

储存物品的火灾危险性可根据储存物品的性质和储存物品中的可燃物数量等因素，分为甲、乙、丙、丁、戊五类，如表11-2所示。

表11-2 储存物品的火灾危险性分类

仓库类别	储存物品的火灾危险性特征
甲	1. 闪点小于28℃的液体； 2. 爆炸下限小于10%的气体，以及受到水或空气中水蒸气的作用，能产生爆炸下限小于10%气体的固体物质； 3. 常温下能自行分解或在空气中氧化能导致迅速自燃或爆炸的物质； 4. 常温下受到水或空气中水蒸气的作用，能产生可燃气体并引起燃烧或爆炸的物质； 5. 遇酸、受热、撞击、摩擦以及遇有机物或硫磺等易燃的无机物，极易引起燃烧或爆炸的强氧化剂； 6. 受撞击、摩擦或与氧化剂、有机物接触时能引起燃烧或爆炸的物质
乙	1. 闪点大于等于28℃，但小于60℃的液体； 2. 爆炸下限大于等于10%的气体； 3. 不属于甲类的氧化剂； 4. 不属于甲类的化学易燃危险固体； 5. 助燃气体； 6. 常温下与空气接触能缓慢氧化，积热不散引起自燃的物品
丙	1. 闪点大于等于60℃的液体； 2. 可燃固体
丁	难燃烧物品
戊	不燃烧物品

二、危险源辨识方法

危险源辨识就是找出可能引发事故导致不良后果的危险源，包括材料、系统、生产过程或工厂的特征。因此，危险源辨识有两个关键任务，第一是辨识可能发生的事故后果；第二为识别可能引发事故的材料、系统、生产过程或生产场所的特征。

事故后果可分为对人的伤害、对环境的破坏及财产损失三大类。可能发生的事故后果确定后，可进一步辨识可能产生这些后果的材料、系统、过程或生产场所的特征。

常用的危险源辨识方法包括分析材料性质、生产工艺和条件、生产经验、组织管理措施等，以及制定相互作用矩阵、应用危险评价方法等。

1. 分析材料性质

了解生产或使用的材料性质是危险源辨识的基础。

初始危险源辨识可通过简单比较材料性质来进行。如对火灾，只要辨识出易燃和可燃材料。对毒性物质可根据《职业性接触毒物危害程度分级》（GB 5044—1985）的规定，毒物危害程度分级依据如表 11-3 所示。依据此分级标准，56 种常见毒物的危害程度分级如表 11-4 所示。

表 11-3 毒物危害程度分级依据

指标		分 级			
		Ⅰ（极度危害）	Ⅱ（高度危害）	Ⅲ（中度危害）	Ⅳ（轻度危害）
急性中毒	吸入 LC_{50}（mg/m³）	<200	200~2000	2000~20000	>20000
	经皮 LD_{50}（mg/kg）	<100	100~500	500~2500	>2500
	经口 LD_{50}（mg/kg）	<25	25~500	500~5000	>5000
急性中毒发病状况		生产中易发生中毒，后果严重	生产中可发生中毒，预后良好	偶可发生中毒	迄今未见急性中毒，但有急性影响
慢性中毒患病状况		患病率高（≥5%）	患病率较高（<5%）或症状发生率高（≥20%）	偶有中毒病例发生或症状发生率较高（≥10%）	无慢性中毒，而有慢性影响
慢性中毒后果		脱离接触后，继续进展或不能治愈	脱离接触后，可基本治愈	脱离接触后，可恢复，不导致严重后果	脱离接触后，自行恢复，无不良后果
致癌性		人体致癌物	可疑人体致癌物	实验动物致癌物	无致癌物
最高容许浓度（mg/m³）		<0.1	0.1~1.0	1.0~10	>10

表 11-4 职业性接触毒物危害程度分级及行业举例

级别	毒物名称	行业举例
Ⅰ (极度危害)	汞及其化合物	汞冶炼、汞齐法生产氯碱
	苯	含苯粘合剂的生产和使用（制皮鞋）
	砷及其无机化合物	砷矿开采和冶炼、含砷金属矿（铜、锡）的开采和冶炼
	氯乙烯	聚氯乙烯树脂生产
	铬酸盐、重铬酸盐	铬酸盐和重铬酸盐生产
	黄磷	黄磷生产
	铍及其化合物	铍冶炼、铍化合物的制造
	对硫磷	生产及储运
	羰基镍	羰基镍制造
	八氟异丁烯	二氟一氯甲烷裂解及其残液处理
	氯甲醚	双氯甲醚、一氯甲醚生产、离子交换树脂制造
	锰及其无机化合物	锰矿开采和冶炼、锰铁和锰钢冶炼、高锰焊条制造
	氰化物	氰化钠制造、有机玻璃制造
Ⅱ (高度危害)	三硝基甲苯	三硝基甲苯制造和军火加工生产
	铜及其化合物	铜的冶炼、蓄电池制造
	二硫化碳	二硫化碳制造、粘胶纤维制造
	氯	液氯烧碱生产、食盐电解
	丙烯腈	丙烯腈制造、聚丙烯腈制造
	四氯化碳	四氯化碳制造
	硫化氢	硫化染料的制造
	甲醛	酚醛和脲醛树脂生产
	苯胺	苯胺生产
	氟化氢	电解铝、氢氟酸制造
	五氯酚及其钠盐	五氯酚、五氯酚钠生产
	镉及其化合物	镉冶炼、镉化合物的生产
	敌百虫	敌百虫生产、贮运
	氯丙烯	环氧氯丙烷制造、丙烯磺酸钠生产
	钒及其化合物	钒铁矿开采和冶炼
	溴甲烷	溴甲烷制造
	硫酸二甲酯	硫酸二甲酯的制造、贮运
	金属镍	镍矿的开采和冶炼
	甲苯二异氰酸酯	聚氨酯塑料生产
	环氧氯丙烷	环氧氯丙烷生产
	砷化氢	含砷有色金属矿的冶炼
	敌敌畏	敌敌畏生产、贮运
	光气	光气制造
	氯丁二烯	氯丁二烯制造、聚合
	一氧化碳	煤气制造、高炉炼铁、炼焦
	硝基苯	硝基苯生产

续表

级别	毒物名称	行业举例
Ⅲ (中度危害)	苯乙烯	苯乙烯制造、玻璃钢制造
	甲醇	甲醇生产
	硝酸	硝酸制造、贮运
	硫酸	硫酸制造、贮运
	盐酸	盐酸制造、贮运
	甲苯	甲苯制造
	二甲苯	喷漆
	三氯乙烯	三氯乙烯制造、金属清洗
	二甲基甲酰胺	二甲基甲酰胺制造、顺丁橡胶的合成
	六氟丙烯	六氟丙烯制造
	苯酚	酚醛树脂生产、苯酚生产
	氮氧化物	硝酸制造
Ⅳ (轻度危害)	溶剂汽油	橡胶制品（轮胎、胶鞋等）生产
	丙酮	丙酮生产
	氢氧化钠	烧碱生产、造纸
	四氟乙烯	聚全氟乙丙烯生产
	氨	氨制造、氮肥生产

2. 分析生产工艺和条件

生产工艺和条件也会产生危险或使生产过程中材料的危险性加剧。例如水仅就其性质来说并没有爆炸的危险，然而如果生产工艺的温度和压力超过了水的沸点，那么水的存在就具有蒸汽爆炸的危险。因此，在危险源辨识时，仅考虑材料性质是不够的，还必须同时考虑生产条件。

此外，还可以根据原劳动部 1995 年 1 月颁布的《爆炸危险场所的安全规定》，对有关爆炸危险的工艺条件和场所进行辨识，如表 11-5 所示。

表 11-5 爆炸危险场所等级分类表

		A	B	C
物质		①闪点≤28℃的液体 ②爆炸下限<10%的气体 ③常温下受到水或空气中水蒸气的作用，能产生可燃气体并引起爆炸的物质	①闪点>28℃至闪点<60℃的液体 ②爆炸下限≥10%的气体	闪点≥60℃的液体
工艺条件	温度	在 1000℃ 以上使用，其使用温度在燃点以上	①在 1000℃ 以上使用，但使用温度未达燃点 ②在 250～1000℃ 中使用，其使用温度在燃点以上 ③在碳钢或其他金属转变温度下的低温使用	①在 250～1000℃ 中使用，但使用温度未达燃点 ②未满 250℃，但使用温度在燃点以上

续表

工艺条件	压力	操作压力在100MPa以上	①操作压力在10~100MPa ②操作压力在66.661kPa（500mmHg，绝对压力）	①操作压力在2.5~10MPa ②操作压力在1.333kPa（10mmHg，绝对压力）以下
	化学反应	①在爆炸极限附近进行反应 ②用纯氧直接进行氧化反应 ③剧烈放热的硝化反应	①升温速度>400℃/min ②中等放热反应的卤化、烷基化、酯化、加成氧化、聚合、缩合等 ③间隙式反应作业 ④系统等进入空气可能发生危险反应的作业	①升温速度4~400℃/min ②一般放热反应的磺化、异构化、中和等
数量	生产装置	气体500m³以上 液体50m³以上	气体100~500m³ 液体10~50m³	气体10~100m³ 液体5~10m³
	储存装卸	气体10000m³以上 液体1000m³以上	气体1000~10000m³ 液体100~1000m³	气体100~1000m³ 液体10~100m³

第二节 风险评价的方法

风险评价是评估危险源所带来的风险大小及确定风险是否可容许的全过程。根据评价结果对风险进行分级，按不同级别的风险有针对性地采取风险控制措施。以下介绍两种常用的风险评价方法。

一、第一种方法

将安全风险的大小用事故发生的可能性（p）与发生事故后果的严重程度（f）的乘积来衡量。即：

$$R = p \cdot f \tag{11-1}$$

式中 R——风险大小；
p——事故发生的概率（频率）；
f——事故后果的严重程度。

根据上述的估算结果，可按表11-6对风险的大小进行分级。

表11-6 风险分级表

风险级别(大小) 可能性(p)	后果(f) 轻度损失（轻微伤害）	中度损失（伤害）	重大损失（严重伤害）
很 大	Ⅲ	Ⅳ	Ⅴ
中 等	Ⅱ	Ⅲ	Ⅳ
极 小	Ⅰ	Ⅱ	Ⅲ

注：Ⅰ—可忽略风险；Ⅱ—可容许风险；Ⅲ—中度风险；Ⅳ—重大风险；Ⅴ—不容许风险。

二、第二种方法（LEC法）

将可能造成安全风险的大小用事故发生的可能性（L）、人员暴露于危险环境中的频繁程序（E）和事故后果（C）三个自变量的乘积衡量，即：

$$S = L \cdot E \cdot C \tag{11-2}$$

式中 S——风险大小；

L——事故发生的可能性，按表11-7确定；

E——人员暴露于危险环境中的频繁程度，按表11-8确定；

C——事故后果的严重程度，按表11-9确定。

此方法因为引用了 L、E、C 三个自变量，故也称为 LEC 方法。

表11-7 事故发生的可能性（L）

分数值	事故发生的可能性	分数值	事故发生的可能性
10	必然发生的	0.5	很不可能，可以设想
6	相当可能	0.2	极不可能
3	可能，但不经常	0.1	实际不可能
1	可能性极小，完全意外		

表11-8 暴露于危险环境的频繁程度（E）

分数值	人员暴露于危险环境的频繁程度	分数值	人员暴露于危险环境的频繁程度
10	连续暴露	2	每月一次暴露
6	每天工作时间内暴露	1	每年几次暴露
3	每周一次暴露	0.5	非常罕见的暴露

表11-9 发生事故产生的后果（C）

分数值	事故发生造成的后果	分数值	事故发生造成的后果
100	大灾难，许多人死亡	7	严重，重伤
40	灾难，多人死亡	3	较严重，受伤较重
15	非常严重，一人死亡	1	引人关注，轻伤

根据经验，危险性值（S）在20分以下为可忽略风险；危险性值在20～70之间为可容许风险；危险性值在70～160之间为中度风险；危险性值在160～320之间为重大风险；当危险性值大于320为不容许风险。

第三节 危险源控制

一、第一类危险源控制的方法

在自然界能导致人体伤害的能量有机械能、电能、热能、化学能、电离和非电离辐射、声能和生物能等，其中机械能、电能、热能、化学能是引起人体伤害最常见的能量形式。

研究表明，人体对能量的作用有一定的抵抗能力，当人体与某种形式的能量接触时，能否对人体产生伤害和伤害的严重程度如何，主要取决于作用于人体的能量的大小。当然，人体接触能量的时间和频率，能量的集中程度，以及人体接触能量的部位等，也影响到人体受伤害的程度。所以，要防止发生人体伤害事故，就是要防止能量的意外释放，防止人体接触能量。

防止能量意外释放的措施主要有：

（1）用安全的能源代替不安全的能源。例如，在容易发生漏电的作业场所，用压缩空气动力代替电力，以防发生触电事故。

（2）限制能量。例如，使用低电压设备防止电击；使用低转速机械和设备防止机械伤害。

（3）防止能量积蓄。能量的大量积蓄会导致能量的突然释放，所以要及时泄放多余能量，例如通过接地装置消除静电积蓄；使用安全阀、熔断器等。

（4）缓慢地释放能量。缓慢地释放能量可以减轻能量对人体的作用，例如，利用减振装置吸收冲击能量，防止振动对人体的伤害。

（5）设置屏蔽设施。屏蔽是防止人体与能量接触的设施，可以设置在能源上，如在机械转动部分上设置防护罩；也可以设置在人与能源之间，如设置安全围栏、穿戴个人防护用品等。

在生产中，控制第一类危险源的方法可分为两类，即防止事故发生的方法和避免或减少事故损失的方法。

（一）防止事故发生的方法

1. 消除危险源

通过选择适当的设计方案、工艺过程和合适的原材料实现消除危险源，例如：

（1）用不可燃性材料代替可燃性材料，以防止火灾；

（2）用压气系统或液压系统代替电力系统，以防止电气事故；

（3）用主体交叉道路代替平交道路，以防撞车；

（4）去除物品表面毛刺、尖角或粗糙，以防刺伤或划伤皮肤。

2. 限制能量或危险物质

在许多情况下，要消除危险源是很困难的，此时可以采取限制危险源的方法，例如：

（1）在必须使用电力的情况下，采用低压电；

（2）利用导电涂层或金属喷层限制静电积蓄；

（3）利用液位控制装置防止液位过高；

（4）限制可燃性气体的浓度，防止气体爆炸。

3. 隔离或屏蔽

隔离或屏蔽是生产中常用的安全控制措施，一般有：

（1）利用隔热屏蔽将人或物与热源隔离；

（2）利用防护罩、防护网防止外界物质进入；

（3）利用电焊镜防止电弧光线对眼睛的伤害；

（4）戴口罩防止吸入有害物质；

（5）利用防护门、防护栅将人与危险区隔开。

（二）避免或减少事故损失的方法

1. 隔离

隔离既是一种预防事故的措施，也是一种避免或减少事故损失的措施。隔离措施可分为缓冲、远离和封闭三种。

（1）缓冲。是指吸收能量、减轻能量的破坏作用，例如戴安全帽可以吸收物体的冲击能量，防止人员头部受伤。

（2）远离。将可能发生事故、释放大量能量或危险物质的工艺、设备或设施布置在远离人群或被保护的地方。例如将爆破用的炸药、雷管储存在远离工地、居住区的山洞里。

（3）封闭。封闭措施可以控制事故造成的危险状态，限制事故造成的影响。封闭措施可用于下列三种目的：

①控制事故造成的危险状态。例如撤离火山喷发区周围居住的人群，可以防止火山喷发产生的有毒、有害气体和物质对人的伤害。

②限制事故造成的影响。例如设置防火带可以限制森林火灾的蔓延。

③为人员和物资提供保护。例如将某一区域作为安全区，当发生突发事故时为周围人群提供一个临时避难所；将贵重钱物存放在保险柜内，以防失窃。

2. 个体防护

佩戴个体防护用品可以将人员与危险环境隔离开，起到保护人员的作用。个体防护可用于下列三种情况：

（1）在进行有危险的作业时；

（2）在进入有危险的区域时；

（3）在应急的情况下，例如当有毒有害气体泄漏时，穿戴防护衣和防毒面具。

3. 设置薄弱环节

使能量在设备的薄弱部分释放，以减少损失，达到保护的目的。例如高压锅上的气阀，当锅内蒸汽压力达到安全限值时，气阀就泄放蒸汽，从而降低锅内压力，以防压力过高而发生爆炸。

4. 避难与援救

在建筑物设计中，应充分考虑一旦事故发生时人员能迅速撤离危险区（例如通过安全应急通道），位于危险区而不能撤离的人员，也能够被救援人员搭救。

在选择避免或减少事故损失的方法时，优先选择的顺序是：①隔离；②设置薄弱环节；③个体防护；④避难与救生设备；⑤援救。

二、第二类危险源控制的方法

（一）减少故障的方法

1. 增加安全系数

将结构、构件、部件的强度设计成超出其实际应承受的应力的若干倍，以避免因设计计算错误、制造缺陷、老化作用和其他未知因素的影响而造成事故，也就是增加结构、构件、部件的安全度，或称为增加安全系数。安全系数的含义是：

$$安全系数 = \frac{结构、构件、部件的最小强度}{结构、构件、部件实际承受的最大应力}$$

2. 提高可靠性

提高可靠性是指设备、部件在规定的条件下和预定的时间内完成规定功能的性能。提高可靠性以减少故障的方法很多，如降低额定值。降低额定值以提高可靠性，与前面所说的构件、部件设计中增加安全系数的方法类似。具体的做法是选用功能较大的部件或设备，使其功能有足够的富裕，即所谓的"大马拉小车"。

3. 设置安全监控系统

利用安全监控系统对某些参数进行监测，以控制这些参数不达到危险水平，从而避免事故的发生。

（二）故障—安全设计

故障—安全设计是指在系统、设备的一部分发生故障或破坏的情况下，在一定时间内也能保证安全的安全技术措施。

根据系统、设备在其中一部分发生故障后所处的状态，故障—安全设计可分为三类，即故障—消极方案、故障—积极方案和故障—正常方案。

（1）故障—消极方案。是指故障发生后，使系统、设备处于最低能量状态，直到采取校正措施之前不能运转。例如，利用熔断器的熔断来断开电路，保证安全。

（2）故障—积极方案。是指故障发生后，在没有采取校正措施之前，使系统、设备处于安全的能量状态之下。

（3）故障—正常方案。是指故障发生后，保证在采取校正行动之前，系统、设备正常发挥功能。

（三）警告

警告是通过人的感官提醒人们注意危险因素的来临或存在，以便人们采取相应的安全措施。根据利用的感官不同，警告可分为视觉警告、听觉警告、气味警告、触觉警告和味觉警告五类。

1. 视觉警告

视觉警告是应用最广泛的警告方式，常用的有下列几种：

（1）亮度。使有危险因素的地方比没有危险因素的地方更加明亮，以提醒人们的注意。例如在障碍物上挂上灯，以防行人、车辆撞上障碍物；在沟、坑的前面挂上灯，防止人、车辆落入。

（2）颜色。在不同的设备、车辆、构筑物上涂以不同的颜色，以示区别。例如区别它们之间有危险或无危险、有毒或无毒、有压或无压等。国家标准 GB 2893—82 中规定使用红、蓝、黄、绿四种颜色。

（3）信号灯。信号灯也是人们经常采用的一种示警方式，信号灯的颜色通常有四种，红色表示有危险，或发生了故障，或立即停止行动；黄色表示危险即将出现，或应加强注意，或应缓慢行进；绿色表示安全，或状态良好；白色表示正常。

信号灯的灯光可以是固定的（如公路交通信号灯），也可以是闪动的（如航海灯塔上的信号灯）。

（4）旗。利用旗子示警也是生产中经常采用的一种方法，如爆破作业时挂上红旗，表示禁止人员入内；设备检修时挂上红旗表示不能合闸。

（5）标记。在有危险的设备、容器上贴上标记以示警，表示高压、高温、有毒等。

（6）标志。利用事先规定了含义的符号警告危险的存在，如道路急转弯标志、道路陡坡标志、交叉道口标志等。根据国家标准 GB 2894—82 的规定，安全标志分为禁止标志、警告标志、指令标志和提示标志四类。

（7）书面警告。在操作规程、维修规程、指令、手册中写入警告及注意事项，以提醒人们注意危险因素的存在。

2. 听觉警告

在一些情况下，只有视觉警告还不足以引起人们的注意，此时可利用发声器发出的声音唤起人们的注意，警告人们危险的存在。常用的听觉警报器有喇叭、气笛、电铃、闹钟、蜂鸣器等。

3. 气味警告

气味警告是利用一些带特殊气味的气体来示警。工程中常用的气味警告的例子有：

（1）在易燃、易爆气体中加入气味剂。例如，由于天然气是无味的，一旦泄漏很难发觉，可以在天然气输送管道中加入少量具有浓郁气味的芳香气体，则天然气如果泄漏，可以很容易立即发觉。

（2）利用芳香气味发警报。例如当矿井发生火灾时，可在压缩空气管路中加入乙硫醇，利用这种空气输送到采矿工作面时所散发出的芳香气味，告知井下人员存在危险，而应采取应急措施。

（3）利用芳香气味检测设备过热。

（4）利用燃烧时发出的气味判断火灾的存在。

4. 触觉警告

触觉警告是利用人体对振动、温度等的感觉来示警的一种方法，例如在公路交通中利用凸起的路标使汽车产生振动，以警告司机慢行或使瞌睡的司机惊醒。

第四节 工程建设职业健康安全事故的分类

职业健康安全事故分两大类型，即职业伤害事故与职业病。

一、职业伤害事故

职业伤害事故是指因生产过程及工作原因或与其相关的其他原因造成的伤亡事故。

1. 按照事故发生的原因分类

按照我国《企业伤亡事故分类》（GB 6441—1986）标准规定，职业伤害事故分为二十类：

（1）物体打击。指落物、滚石、锤击、碎裂、崩块、砸伤等造成的人身伤害，不包括因爆炸而引起的物体打击。

（2）车辆伤害。指被车辆挤、压、撞和车辆倾覆等造成的人身伤害。

（3）机械伤害。指被机械设备或工具绞、碾、碰、割、戳等造成的人身伤害，不包括车辆、起重设备引起的伤害。

（4）起重伤害。指从事各种起重作业时发生的机械伤害事故，不包括上下驾驶室时发生的坠落伤害，起重设备引起的触电及检修时制动失灵造成的伤害。

（5）触电。由于电流经过人体导致的生理伤害，包括雷击伤害。

（6）淹溺。由于水或液体大量从口、鼻进入肺内，导致呼吸道阻塞，发生急性缺氧而窒息死亡。

（7）灼烫。指火焰引起的烧伤、高温物体引起的烫伤、强酸或强碱引起的灼伤、放射线引起的皮肤损伤，不包括电烧伤及火灾事故引起的烧伤。

（8）火灾。在火灾时造成的人体烧伤、窒息和中毒等。

（9）高处坠落。由于危险势能差引起的伤害，包括从架子、屋架上坠落以及平地坠入坑内等。

（10）坍塌。指建筑物、堆置物倒塌以及土石塌方等引起的事故伤害。

（11）冒顶片帮。指矿井作业面、巷道侧壁由于支护不当、压力过大造成的坍塌（片帮）以及顶板垮落（冒顶）事故。

（12）透水。指从矿山、地下开采或其他坑道作业时，有压地下水意外大量涌入而造成的伤亡事故。

（13）放炮。指由于放炮作业引起的伤亡事故。

（14）火药爆炸。指在火药的生产、运输、储藏过程中发生的爆炸事故。

（15）瓦斯爆炸。指可燃气体、瓦斯、煤粉与空气混合，接触火源时引起的化学性爆炸事故。

（16）锅炉爆炸。指锅炉由于内部压力超出炉壁的承受能力而引起的物理性爆炸事故。

（17）容器爆炸。指压力容器内部压力超出容器壁所能承受的压力引起的物理爆炸，容器内部可燃气体泄漏与周围空气混合遇火源而发生的化学爆炸。

（18）其他爆炸。化学爆炸、炉膛爆炸、钢水包爆炸等。

（19）中毒和窒息。指煤气、油气、沥青、化学和一氧化碳中毒等。

（20）其他伤害。包括扭伤、跌伤、冻伤和野兽咬伤等。

2. 按事故后果严重程度分类

（1）轻伤事故。造成职工肢体或某些器官功能性或器质性轻度损伤，表现为劳动能力轻度或暂时丧失的伤害，一般每个受伤人员休息1个工作日以上，105个工作日以下。

（2）重伤事故。一般指受伤人员肢体残缺或视觉、听觉等器官受到严重损伤，能引起人体长期存在功能障碍或劳动能力有重大损失的伤害，或者造成每个受伤人员损失105个工作日以上的失能伤害。

（3）死亡事故。一次事故中死亡职工1~2人的事故。

（4）重大伤亡事故。一次事故中死亡3人以上（含3人）的事故。

（5）特大伤亡事故。一次死亡10人以上（含10人）的事故。

（6）急性中毒事故。指生产性毒物一次或短期内通过人的呼吸道、皮肤或消化道大量进入体内，使人体在短时间内发生病变，导致职工立即中断工作，并须进行急救或死亡的事故；急性中毒的特点是发病快，一般不超过一个工作日，有的毒物因毒性有一定的潜伏期，可在下班后数小时发病。

二、职业病

经诊断因从事接触有毒有害物质或不良环境的工作而造成急慢性疾病，属职业病。

2002年卫生部会同劳动和社会保障部发布的《职业病目录》列出的法定职业病为10大类共115种。该目录中所列的十大类职业病如下：

（1）尘肺。矽肺、石棉肺、滑石尘肺、水泥尘肺、陶瓷尘肺、电焊尘肺、其他尘肺等。

（2）职业性放射性疾病。外照射放射病、内照射放射病、放射性皮肤疾病、放射性肿瘤、放射性骨损伤等。

（3）职业中毒。铅、汞、锰、镉及其化合物，苯、一氧化碳、二硫化碳等。

（4）物理因素所致职业病。中暑、减压病、高原病、手臂振动病。

（5）生物因素所致职业病。炭疽、森林脑炎、布氏杆菌病。

（6）职业性皮肤病。接触性皮炎、光敏性皮炎、电光性皮炎、黑变病、痤疮、溃疡、化学灼伤、职业性角化过度、皲裂、职业性痒疹等。

（7）职业性眼病。化学性眼部灼伤、电光性眼炎、职业性白内障。

（8）职业性耳鼻喉口腔疾病。噪声聋、铬鼻病、牙酸蚀病。

（9）职业性肿瘤。石棉所致肺癌、间皮瘤、苯所致白血病、砷所致肺癌、皮肤癌、氯乙烯所致肝血管肉瘤、铬酸盐制造业工人肺癌等。

（10）其他职业病。金属烟热、职业性哮喘、职业性变态反应性肺泡炎、棉尘病、煤矿井下工人滑囊炎等。

第五节　伤亡事故与职业病的报告和处理

一、伤亡事故报告

根据1991年国务院发布的《企业职工伤亡事故报告和处理规定》，伤亡事故发生后受伤者、或事故现场有关人员、或最先发现事故的人员应当立即直接或逐级报告企业负责人。企业负责人接到重伤、死亡事故报告后，应当立即用最快的传递手段（如电话、电传、电子邮件等）在24小时内报告企业主管部门和企业所在地劳动部门、公安部门、人民检察院、工会。企业主管部门和劳动部门接到死亡、重大死亡事故后，应当立即按系统逐级上报；死亡事故报至省、自治区、直辖市企业主管部门和劳动部门；重大死亡事故报至国务院有关主管部门、劳动部门。

即时报告的内容应包括：

（1）事故发生的时间、地点、单位。

（2）事故发生的简要经过、伤亡人数、直接经济损失的初步估计和设备损坏情况。

（3）事故发生原因的初步判断。

二、抢救伤员和保护事故现场

在接到事故报告后，必须迅速组织抢救伤员、排除险情，防止事故蔓延扩大，做好标识，并派专人保护事故现场，同时立即通知当地政府和公安部门，要求派人保护现场。对事故现场和损坏的设备进行照相、录像、绘制草图、收集资料。未经调查和记录的事故现场，不得任意变动。如因特殊原因（如紧急抢修、防止事故扩大、疏导交通等）需要变动现场，必须经有关部门领导同意，并作出标志、绘制现场简图、写出书面记录，保存必要的痕迹和物证。

三、伤亡事故调查

1. 组织调查组

轻伤、重伤事故由企业负责人或其指定人员组织施工、技术、安全等有关人员以及工会成员参加的调查组进行调查。死亡事故由企业主管部门会同工程所在地的劳动部门、公安部门、工会组成调查组进行调查。重大死亡事故的场合，按照企业的隶属关系由省、自治区、直辖市企业主管部门或国务院有关主管部门会同劳动部门、公安部门、工会组成事故调查组进行调查。

事故调查组的职责是查明事故发生原因、过程和人员伤亡、经济损失情况；确定事故责任者；提出事故处理意见和防范措施的建议；写出事故调查报告。

2. 事故调查

事故调查组应对事故现场进行调查，收集原始资料。在调查时有权向事故发生单位、有关部门及有关人员了解事故的有关情况，并索取有关资料。在收集原始资料时应对事故现场搜集到的所有物件（如破损部件、碎片、残留物等）保持原样，并贴上标签，注明地点、时间、物件管理人。

事故调查的材料应包括：

（1）伤亡人员和有关人员的单位、姓名、性别、年龄、文化程度、工种、技术等级、工龄、本工种工龄等。

（2）事故发生前的工作内容、开始时间、作业程序、作业时的行为及位置、事故发生的经过、现场救护情况。

（3）事故发生前设备、设施等的性能和质量状况；使用的材料，及其性能有关设计和工艺方面的技术文件、工作指令。

（4）事故现场周围的环境情况，包括照明、湿度、温度、通风、声响、色彩度、道路、工作面状况以及工作环境中的有毒有害物质和易燃易爆物取样分析记录；安全防护设施和个人防护用品使用状况，包括防护用品的有效性、质量、使用范围。事故前受害者和肇事者的健康状况。

（5）现场规章制度是否健全，规章制度本身及其执行中暴露的问题；企业管理、安全生产责任制和教育培训等方面存在的问题。

（6）事故前受害者或肇事者的健康状况。

（7）利用摄影和录像记录的事故现场情况，如刹车痕迹、地面和建筑物伤痕、火灾现场损害情况、冒顶下落的空间等。

（8）绘制事故图，包括事故现场示意图、流程图、受害者位置图等。

四、伤亡事故原因分析

事故调查组在事故调查的基础上，分析并明确事故发生、扩大的直接原因和间接原因，分析是否人员违章、过失、违反劳动纪律、失职、渎职；安全措施是否得当。必要时可委托专业技术部门进行相关的计算、试验、分析。

在事故直接原因分析中要找出直接导致事故的不安全行为和不安全状态。间接原因分析要找出使人的不安全行为和物的不安全状态产生的原因，特别要找出管理方面的缺陷。

间接原因：一般可能有以下几方面：

（1）技术和设计上的缺陷；
（2）教育培训不够；
（3）劳动组织不合理；
（4）对现场工作缺乏检查或指导错误；
（5）没有安全操作规程或规程内容不具体、不可行；
（6）没有认真采取防止事故措施，对事故隐患整改不力。

五、事故责任分析

根据事故调查的事实，通过对直接原因和间接原因的分析，确定事故的直接责任者和领导责任者。根据在事故发生中的作用，确定事故发生的主要责任者、次要责任者和事故扩大责任者。

直接责任者系指其行为与事故的发生有直接关系的人；领导责任者系指对事故的发生负有领导责任的人；主要责任者系指在直接责任者和领导责任者中，对事故的发生起主要作用的人。

在事故原因分析中存在下列与事故有关的问题时，确定为领导责任：

（1）企业安全生产责任制不落实；规程、制度不健全。
（2）对职工教育不力。
（3）现场安全防护装置、个人防护用品、安全工具不全或不合格。
（4）防范事故措施和安全技术劳动保护措施计划不落实。
（5）同类事故重复发生。
（6）违章指挥。

六、提出防范措施

处理伤亡事故的主要目的，在于吸取教训，采取措施，消除导致发生事故的各种不安全因素，避免同类事故再次发生。因此，事故调查组应根据事故发生、扩大的原因和责任分析，提出防止同类事故重复发生的组织措施和技术措施。

七、提出人员处理意见

事故调查组在事故责任确定后，要根据有关规定提出对事故责任人员的处理意见，由有关单位和部门按照人事管理权限进行处理。

对下列情况要从严处理：对违章指挥、违章作业、违反劳动纪律造成事故的；事故发生后隐瞒不报、谎报或在调查中弄虚作假、隐瞒真相的；阻挠或无正当理由拒绝事故调查；拒绝或阻挠提供有关情况和资料的。对伤亡事故的处理，一定要做到"四不放过"，即事故原因分析不清不放过，事故责任者和群众没有受到教育不放过，没有制订出防范措施不放过，事故责任者没受到处理不放过。

根据《企业职工伤亡事故报告和处理规定》，因忽视安全生产、违章指挥、违章作业、玩忽职守或者发现事故隐患、危害情况而不采取有效措施以致造成伤亡事故的，由企业主管部门或企业按照国家有关规定，对企业负责人和直接责任人给予行政处分；构成犯罪的，由司法机关依法追究刑事责任。

八、事故调查报告

事故调查组在事故调查完成后，应写出事故调查报告。事故调查报告的内容应包括：
（1）事故发生的经过；
（2）事故原因分析；
（3）事故责任人分析；
（4）事故处理意见；
（5）本次事故的教训；
（6）改进工作的建议。

事故调查报告经调查组全体人员签字后报告组织事故的单位，经事故调查的组织单位同意后，事故调查工作即告结束。

事故调查的组织单位收到事故调查组的事故调查报告后，应立即提出《事故处理报告》，报上级主管单位或政府安全生产监督管理部门。

九、伤亡事故档案

事故处理结束后，应当把事故资料归档。事故资料必须完整，一般有：
（1）伤亡事故登记表、设备事故报告；
（2）事故调查报告书、事故处理报告书及批复文件；
（3）现场调查笔录、图纸、仪器表计打印记录、资料、照片、录像带等；
（4）技术鉴定和试验报告；
（5）物证、人证材料；
（6）直接和间接经济损失材料；
（7）事故责任者的自述材料；
（8）医疗部门对伤亡人员的诊断书；
（9）发生事故时的工艺条件、操作情况和设计资料；
（10）处分决定和受处分人的检查材料；
（11）有关事故的通报、简报及成立调查组的有关文件；
（12）事故调查组的人员名单，内容包括姓名、职务、职称、单位等。

十、工伤的认定

1. 职工有下列情形之一的，应当认定为工伤。
（1）在工作时间和工作场所内，因工作原因受到事故伤害的。
（2）工作时间前后在工作场所内，从事与工作有关的预备性或者收尾性工作受到事故伤害的。
（3）在工作时间和工作场所内，因履行工作职责受到暴力等意外伤害的。
（4）患职业病的。
（5）因工外出期间，由于工作原因受到伤害或者发生事故下落不明的。

（6）在上下班途中，受到机动车事故伤害的。
（7）法律、行政法规规定应当认定为工伤的其他情形。

2. 职工有下列情形之一的，视同工伤。
（1）在工作时间和工作岗位，突发疾病死亡或者在 48 小时之内经抢救无效死亡的。
（2）在抢险救灾等维护国家利益、公共利益活动中受到伤害的。
（3）职工原在军队服役，因战、因公负伤致残，已取得革命伤残军人证，到用人单位后旧伤复发的。

3. 职工有下列情形之一的，不得认定为工伤或者视同工伤。
（1）因犯罪或者违反治安管理条例伤亡的。
（2）醉酒导致伤亡的。
（3）自残或者自杀的。

十一、职业病的处理

1. 职业病报告

地方各级卫生行政部门指定相应的职业病防治机构或卫生防疫机构负责职业病统计和报告工作。职业病报告实行以地方为主，逐级上报的办法。

一切企、事业单位发生的职业病，都应按规定要求向当地卫生监督机构报告，由卫生监督机构统一汇总上报。

2. 职业病处理

职工被确诊患有职业病后，其所在单位应根据职业病诊断机构的意见，安排其医疗或疗养。

在医治或疗养后被确认不宜继续从事原有害作业或工作的，应自确认之日起的两个月内将其调离原工作岗位，另行安排工作；对于因工作需要暂不能调离生产、工作的技术骨干，调离期限最长不得超过半年。

患有职业病的职工变动工作单位时，其职业病待遇应由原单位负责或两个单位协调处理，双方商妥后方可办理调转手续。并将其健康档案、职业病诊断证明及职业病处理情况等材料全部移交新单位。调出、调入单位都应将情况报告所在地的劳动卫生职业病防治机构备案。

职工到新单位后，新发生的职业病不论与现工作有无关系，其职业病待遇由新单位负责。劳动合同制工人，临时工终止或解除劳动合同后，在待业期间新发现的职业病，与上一个劳动合同期工作有关时，其职业病待遇由原终止或解除劳动合同的单位负责。如原单位已与其他单位合并，由合并后的单位负责；如原单位已撤销，应由原单位的上级主管机关负责。

第十二章 文明施工和环境保护

第一节 文明施工

一、文明施工的意义

文明施工是指保持良好的作业环境、卫生条件和工作秩序,以促进安全生产、加快施工进度、保证工程质量、降低工程成本、提高经济和社会效益。文明施工是使施工实现优质、高效、低耗、安全、清洁、卫生的有效手段。

现代化施工需要采用先进的技术、工艺、材料、设备和科学的施工方案,需要严密组织、严格要求、标准化管理和较好的职工素质,只有文明施工才能适应这种现代化施工的要求。

文明施工可以提高职工队伍的文化、技术和思想素质,培养尊重科学、遵守纪律、团结协作的大生产意识,促进企业精神文明建设,有利于员工的身心健康,有利于培养和提高施工队伍的整体素质。

保护和改善施工环境是保证人们身体健康和社会文明的需要。工程项目施工中采用了大量机械和材料,极易产生粉尘、噪声和各种废弃物,对环境造成污染。所以采取措施防止粉尘、噪声和水源污染,保护好作业现场及其周围的环境,是文明施工的重要内容之一。

二、文明施工管理的内容

文明施工管理的主要内容包括:
(1) 规范施工现场的场容,保持作业环境的整洁卫生。
(2) 科学组织施工,使生产有序进行。
(3) 减少施工对周围居民和环境的影响。
(4) 保证职工的安全和身体健康。
(5) 保护和改善作业现场的环境,控制现场的各种粉尘、废水、废气、固体废弃物、噪声、振动等对环境的污染和危害。

三、文明施工的组织管理

施工现场应成立以项目经理为第一责任人的文明施工管理组织。分包单位应服从总包单位的文明施工管理组织的统一管理,并接受监督检查。

总包单位的项目经理部应负责施工现场场容文明形象管理的总体策划和部署,各分包单位应在总包单位项目经理部的指导和协调下,按分区划块原则搞好分包人施工用地区域的场容文明形象管理规划并严格执行。

应制定相应的文明施工的管理制度，包括个人岗位责任制、经济责任制、安全检查制度、持证上岗制度、奖惩制度、竞赛制度和各项专业管理制度等。加强和落实现场文明检查、考核及奖惩管理，以促进施工文明管理工作的提高。检查范围和内容应全面周到，包括生产区、生活区、场容场貌、环境文明及制度落实等内容。

建立和保存文明施工的档案资料：

（1）上级关于文明施工的标准、规定、法律法规等资料；

（2）施工组织设计（方案）中对文明施工的管理规定，各阶段施工现场文明施工的措施；

（3）文明施工自检资料；

（4）文明施工教育、培训、考核计划的资料；

（5）文明施工活动各项记录资料。

四、文明施工的措施

（1）施工组织总设计应制定文明施工的总目标。施工总承包工程单位（建设单位）和各施工分包单位应按总目标的要求统一规划，实行目标管理。

（2）施工总承包单位（建设单位）及其他施工单位项目部都应建立文明施工的组织机构，明确文明施工管理部门，形成管理网络。

（3）各施工单位都应根据有关规程、规范、文件和合同的要求建立和健全文明施工管理制度和实施办法，制定明确规定的奖惩制度。

（4）施工组织设计中应有明确的文明施工要求。施工总平面布置，施工临时建筑的规划，施工方案的制定，质量、职业健康安全和环境管理体系的建立等，都应考虑满足文明施工的要求。

（5）各施工单位项目部都应对施工人员和管理人员进行文明施工意识教育和培训，不断提高职工文明施工的素质和行为规范。

（6）文明单位施工宜实行区域责任制管理。施工总承包单位（或建设单位）应在施工组织总设计中明确划分各分包施工单位的文明施工责任区，并根据施工的进展适时进行调整。

五、现场文明施工的基本要求

现场文明施工的基本要求包括：

（1）施工现场的管理人员在施工现场应当佩戴证明其身份的证卡。

（2）应当按照施工总平面布置图设置各项临时设施。现场堆放的大宗材料、成品、半成品和机具设备不得侵占场内道路及安全防护等设施。

（3）施工现场的用电线路、用电设施的安装和使用必须符合安装规范和安全操作规程，并按照施工组织设计进行架设，严禁任意拉线接电。施工现场必须设有保证施工安全要求的夜间照明；危险潮湿场所的照明以及手持照明灯具，必须采用符合安全要求的电压。

（4）施工机械应当按照施工总平面布置图规定的位置和线路设置，不得任意侵占场内道路。施工机械进场须经过安全检查，经检查合格的方能使用。施工机械操作人员必须建立机组责任制，并依照有关规定持证上岗，禁止无证人员操作。

（5）应保证施工现场道路畅通，排水系统处于良好的使用状态；保持场容场貌的整洁，随时清理建筑垃圾。在车辆、行人通行的地方施工，应当设置施工标志，并对沟井坎穴进行覆盖。

（6）施工现场的各种安全设施和劳动保护器具，必须定期进行检查和维护，及时消除隐患。

（7）施工临时建筑设施完整，布置得当，生活区应与施工区、办公区分开设置。办公用房、生活临时建筑、施工临时建筑力求标准化、标识统一。有条件的可设置相应的学习、文化娱乐和体育设施。

（8）施工现场宜实行区域隔离，各施工区域可根据各自的施工特点对区域内的设施及物品实行定置管理，并绘制区域文明施工平面图。

（9）施工区、办公区和生活区等场所都应进行日常的清洁维护，保持环境整洁。各作业面都应做到"工完、料尽、场地清"。剩余材料要堆放整齐、可靠，废料及时清理干净。

（10）建设单位和各施工单位都应根据情况明确禁烟区，并设立明确的禁烟标志，禁止施工人员流动吸烟或边作业、边吸烟。

（11）场区施工道路畅通，路面平整清洁，设置明显的路标，不应在路边堆放设备和材料等制品，因工程需要切断道路前，必须经施工总承包单位（或建设单位）主管部门批准，并采取相应措施后才能实施，以保证正常交通。

（12）施工人员宜统一着装并佩戴标识，各类宣传牌、标志应统一规划，施工机械、设备力求标识统一。

（13）材料、土方、设备、机械等堆（停）放合理，各种物资标识清楚，排放有序，并符合安全防火标准。进入作业现场的材料（包括周转性材料）、设备、机械、施工器材及临时设施与作业需求和文明施工管理的要求相适应，控制进入的顺序、时间表、数量，保持通道的畅通，施工完毕后及时撤出。土方施工力争做到地下部分一次施工完成，应有切实可行的存放和弃土方案，不得随意堆放。

（14）工程项目的工序安排应合理，衔接紧密，配合得当，做到均衡施工。

（15）施工用电及力能管道系统布置合理、安全，场地排水与消防设施完备。

（16）建筑与安装交叉作业、安装进入时以及安装交付调试时，应符合安装和调试应具备的安全文明施工条件，施工综合进度应为具备这些条件作出安排。

（17）建筑、安装工程应采取措施，尽量减少立体交叉作业。如必须进行立体交叉作业时，应采取相应的隔离和防止高空落物、坠落的措施。

（18）制定设备和成品保护、防止"二次污染"的措施，严格把好设备运输、检验、存放、起吊、安装各道工序关，避免发生损坏、腐蚀及落入杂物等问题，对已施工完毕的成品表面，应采取保护措施，保持外观的整洁美观。

（19）施工区各类脚手架必须由专业施工人员搭设和拆除，结构合理、牢固，经检查合格后挂牌，标明负责人、承载能力和使用期限。特殊类型脚手架应由专业人员设计，经批准后搭设。

（20）使用安全标志并符合《安全标志》（GB 2894—82）、《安全标志使用导则》（GB 16179—1996）的有关规定。

（21）施工用机械设备完好、清洁，安全操作规程齐全，操作人员持证上岗并熟悉机械性能和工作条件。

（22）施工机械要进行定期检查和保养，安全保护装置必须完善，及时消除故障，严禁带病运行。

（23）起重机械不得超铭牌使用，如有特殊情况需超铭牌使用时，必须由使用部门制定详细的安全技术措施，并经总工程师批准后方可施行。

（24）对施工机械的噪声与振动等环境因素应制定相应措施予以控制。

（25）施工现场泥浆及污水未经处理不得直接排入城市排水设施和河流、湖泊、池塘。

（26）建筑和安装垃圾、渣土应在指定地点堆放，每日进行清理。装载建筑材料、垃圾或渣土的车辆，应采取防止尘土飞扬、遗洒的有效措施。施工现场应根据需要设置机械、车辆冲洗设施，冲洗污水应进行处理。

（27）严格控制施工工艺水平，严格执行工艺纪律，使工艺质量符合规范和有关的规定要求。

（28）各主、辅设备厂，各种管路、箱罐及电气设备应消除漏煤、漏灰、漏风、漏气、漏水、漏油、漏烟等现象。

（29）各类施工技术资料齐全，归类明确，目录查阅方便，保管妥善。

第二节　施工现场管理

一、场容管理

施工单位应根据企业的管理水平，建立和健全施工平面图管理和现场物料器具管理标准，为项目经理部提供场容管理策划的依据。

项目经理部应结合施工条件，按照施工技术方案、组织方案和进度计划的要求，认真进行施工平面图的规划、设计、布置、使用和管理。

（1）施工平面图应按指定的施工用地范围及其布置的内容，分为全工地性施工总平面图和单位工程施工平面图，分别进行布置和管理。

（2）单位工程施工平面图应根据不同施工阶段的需要，分别设计成阶段性施工平面图，并在阶段性进度节点目标开始实施前，通过施工协调会议确定后实施。

应按照已审批的施工总平面图或相关的单位工程施工平面图划定的位置进行施工平面布置，包括施工项目的所有机械设备、脚手架、模具，施工临时道路、供水、供电、供气管道或线路、施工材料制品堆场及仓库，土方及建筑垃圾，变配电间，消防栓，警卫室，现场办公、生产、生活临时设施等。

施工物料器具除应按施工平面图指定位置布置外，尚应根据不同特点和性质，规范布置方式和要求，包括执行码放整齐、限宽限高、上架入箱、规格分类、挂牌标识等管理标准。

施工现场周边应设置临时围护设施，市区工地周边的围护设施应低于1.8m高度。临街脚手架、高压电缆、起重把杆回转半径伸至街道的应设置安全隔离栅。危险品仓库附近应有明显标志及围挡措施。

施工现场应设置畅通的排水沟渠系统，场地不积水，不积泥浆，保持道路干燥坚实。

在施工现场入口的醒目位置处,应设置公示标牌。公示标牌应做到规格统一,字迹端正,表达正确。公示标牌应包括五牌二图:

(1) 工程概况标牌。内容包括工程的规模、性质和用途,工程的建设、设计、施工和监理单位名称,施工起止年月等。

(2) 安全生产文明施工牌。

(3) 安全纪律牌。

(4) 防火须知牌。

(5) 安全无重大事故计时牌。

(6) 施工总平面图。

(7) 施工项目经理部组织架构及主要管理人员名单图。

施工现场不准乱堆垃圾及余物。应在适当地点设置临时堆放点,并定期外运。

清运渣土垃圾及流体物品,要采取遮盖防漏措施,运送途中不得遗撒。

施工现场应清洁整齐,做到活完料清,工完场地清,及时消除在楼梯、楼板上的砂浆、混凝土。

要有严格的成品保护措施,严禁损坏污染成品,堵塞管道。

高层建筑要设置临时便桶,严禁随地大小便。

砂浆、混凝土在搅拌、运输、使用过程中,要做到不洒、不漏、不剩。

建筑物内清除的垃圾渣土,要通过临时搭设的竖井或利用电梯等措施稳妥下卸,严禁从门窗口向外抛掷。

施工现场可设置宣传标语和黑板报,并适时更换内容,切实起到表扬先进、促进后进的作用。

现场使用的机械设备,要按平面布置规划固定点存放;遵守机械安全规程,经常保持机身及周围环境的清洁,机械的标识、编号明显,安全装置可靠。塔吊轨道按规定铺设整齐稳固,塔边要封闭,道渣不外溢,路基内外排水畅通。

清洗机械排出的污水要有排放措施,不得随地流淌。在用的搅拌机、砂浆机旁应设沉淀池,不得将浆水直接排放入下水道及河流等处。

施工现场严禁居住家属,严禁居民、家属、小孩在施工现场穿行、玩耍。

二、施工现场防火管理

1. 火灾的原因

火灾产生的原因是多种多样的,一般有下列几个方面:

(1) 管理不善,工人违反操作规程。如施工生产用火、动火没有制度,焊工作业违反操作规程,工作中无防火措施,工作后不清理,不检查现场就离去。有的在要害部件动火没有审批制度。施工现场混乱,易燃物不及时清理,消防器材无人负责、不好用等。

(2) 电气设备故障造成火灾。

(3) 防火制度不健全,工地没有动火制度。到处吸烟、扔烟头。宿舍用电炉取暖做饭。

(4) 防火消防教育不够,有些管理者思想麻痹,有的工人缺乏责任心,又没有必要的防火常识,发生火灾后不能正确使用消防器材,不会报警等。

（5）消防设施不齐备或管理不善。

2. 施工现场防火的内容与要求

（1）施工现场必须严格执行《中华人民共和国消防条例》和公安部关于建筑工地防火的基本措施。加强消防管理工作的领导，建立义务消防组织，现场设有消防值班人员，对进场职工进行消防知识教育，建立现场安全用火制度。

（2）现场应划分用火作业区、易燃易爆材料区、生活区，按规定保持防火距离。各类建筑设施、材料厂的防火间距应符合表12-1的规定。

表12-1　各类建筑设施、材料的防火间距

防火类别 间距(m) 类别	建筑物	临建设施	非易燃库站	易燃库站	固定明火处	木料堆	废料、易燃杂料
建筑物		20	15	20	25	20	30
临建设施	20	5	6	20	15	15	30
非易燃库站	15	6	6	15	15	10	20
易燃库站	20	20	15	20	25	20	30
固定明火处	25	15	15	25		25	30
木料堆	20	15	10	20	25		30
废料、易燃杂料	30	30	20	30	30	30	

（3）现场应设有车辆循环通道，通道宽度不小于3.5m，严禁占用场内通道堆放材料。

（4）现场应设专用消防用水管网，配备消防栓，较大的工程要分区设消防栓，较高工程要设消防竖管，随施工进度接高，保证供给水枪射程遍及高大建筑的各部位。

（5）现场临建设施、仓库、易燃料场和用火处要有足够的灭火工具和设备，对消防器材要有专人管理并定期检查。

（6）安装使用电气设备时，应注意以下防火问题：

①各类电气设备、线路不准超负荷使用，线路接头要接牢，防止设备、线路过热或打火短路。发现问题要立即修理。

②存放易燃液体、可燃气瓶和电石的库房内，照明线要穿管保护，库内要采用防爆灯具，开关应设在库外。

③穿墙电线或靠近易燃物的电线要穿管保护，灯具与易燃物应保持安全距离。

（7）使用明火时应注意的问题：

①现场生产、生活使用明火均应经主管消防的领导批准，任何人不准擅自动用明火。使用明火要远离易燃物，并备有消防器材。

②现场锅炉房要用非燃烧材料建造；锅炉房应设在远离易燃材料的地方，并设在下风向，有易燃料场、易燃设施时，应在烟囱上装防火帽。

③使用木料烧火时，要随时有人看管，不准用易燃油料点火。用火完毕后应认真熄灭。

④冬期室内取暖或建筑物室内保温用的炉火都要经消防人员检查，办理用火手续，发现无用火证的火炉要立即熄灭，并追查责任。

⑤现场应设吸烟室，场内严禁吸烟。

⑥现场内从事电焊、气焊工作的人员均应受过消防知识教育,持有操作合格证。在操作前要办理用火手续,并应配备适当的看火人员。看火人员随身应有灭火器具,在焊接过程中不准撤离岗位。

⑦冬季采用电热法或红外线蓄热法施工时,要注意选用非燃烧材料保温,并清除易燃物。

(8) 现场材料堆放的防火要求:

①木料堆放不宜过多,垛之间应保持一定的防火间距。木材加工的废料要及时清理,防止自燃。

②现场生石灰应单独存放,不准与易燃、可燃材料放在一起,并应注意防水。

③易燃、易爆物品的仓库应搭设在地势低处,电石库设在地势较高的干燥处。

(9) 现场中用易燃材料搭设工棚,在使用时的要求:

①工棚设置要有足够的灭火器材,设蓄水池或蓄水桶。

②每幢工棚的防火间距:城区不小于5m,农村不小于7m;工棚不得过于集中;每组工棚不准超过12幢;组与组之间防火间距不小于10m。

③工棚内冬期用火炉取暖时,要办用火证,有专人负责用火安全。

3. 现场发生火警或火灾时的措施

(1) 要立即组织义务消防人员和职工进行扑救。

(2) 立即向消防部门报警,并向消防部门提供火情、电器、易燃易爆物情况和消火栓位置,以便于组织有效灭火。

(3) 救火方法要得当:

①电气设备起火。尽快切断电源,用二氧化碳灭火器灭火,不要向电气设备上泼水救火。

②电石库起火。应用黄砂、干粉灭火,不要用水救火,因为水与电石相遇会放出乙炔气造成爆炸事故。

③化学材料起火。要根据起火物质选择灭火方法,并且要注意防止中毒。

(4) 灭火以后要保护火灾现场,设专人巡视,以防死灰复燃,并查找火灾原因。

三、施工区环境卫生管理

(1) 施工现场应明确划分办公区域、施工区域和生活区域,将施工区和生活区分成若干片,分片包干,建立责任区。

(2) 从道路交通、消防器材、材料堆放到垃圾、厕所、厨房、宿舍、火炉、吸烟等都有专人负责,做到责任落实到人。

(3) 施工现场要保持整洁卫生,场地平整,各类物资堆放整齐,道路畅通,做到无积水、无恶臭、无垃圾,排水顺畅。

(4) 施工现场无堆放物和散落物,零散材料要及时清理,生活垃圾与建筑垃圾分别定点堆放,严禁混放,并及时清运。垃圾临时堆放不得超过1天。

(5) 保持办公室整洁卫生,做到窗明地净,文具摆放整齐。

(6) 职工宿舍做到整洁有序,室内和宿舍四周保持干净,污水和污物、生活垃圾集中堆放,及时外运。

（7）冬季办公室和职工宿舍取暖炉，应有验收手续，合格后方可使用。

（8）施工现场严禁随地大小便，现场的厕所，坚持天天打扫，每周撒白灰或打药一两次，消灭蝇蛆，便坑须加盖。

（9）施工现场应设置保温桶和开水，并使用一次性杯子，开水桶有盖加锁。

（10）施工现场的卫生要定期进行检查，发现问题，限期改正，并保存检查评分记录。

四、宿舍和办公室环境卫生管理

1. 宿舍卫生管理

（1）职工宿舍应制定卫生管理制度，卫生值日名单应张贴上墙。宿舍应每天有人打扫，清扫出的垃圾倒在指定的垃圾站，并及时清理。

（2）宿舍内保持清洁卫生，保持室内窗明地净，通风良好。不到处乱放物品，做到整齐美观。

（3）生活废水应排入污水池，不得乱倒乱流，做到卫生区内无污水、无污物。

（4）冬季取暖炉应设有防煤气中毒设施，并经验收合格后，方可使用。

2. 办公室卫生管理

（1）办公室应保持整洁美观。做到窗明地净，无蝇、无鼠。

（2）建立办公室全体人员轮流卫生值日制度，值班人员负责打扫卫生、打开水，做好来访记录，整理文具。

（3）冬季值班人员负责清扫取暖炉的炉灰，并按指定地点堆放，定期清理外运。

五、食堂卫生管理

1. 食品采购卫生

（1）应通过合法的正规供货单位采购食品，严防采购伪劣冒牌食品。

（2）采购外地食品应向供货单位索取县以上食品卫生监督机构开具的检验合格证或检验单。必要时可请当地食品卫生监督机构进行复验。

（3）采购食品使用的车辆、容器要清洁卫生，不得采购腐败变质、霉变、生虫、有异味或明令禁止生产经营的食品。

（4）食品应做到生熟分开，防尘、防蝇、防雨、防晒。

2. 食品储存保管卫生

（1）食品不得接触有毒物、不洁物。严禁与亚硝酸盐和食盐同仓共储。

（2）主副食品、原料、半成品、成品要分开存放。注意做到通风、防潮、防虫、防鼠。食堂内必须设置合格的密封熟食间，有条件的单位应设冷藏设备。

（3）盛放酱油、盐等副食调料要做到加盖存放，清洁卫生。

（4）禁止用铝制品、非食用性塑料制品盛放熟菜。

3. 食品制售过程卫生

（1）制作食品的原料要新鲜卫生，各种食品要烧熟煮透，以免发生食物中毒。

（2）制售过程及所用工具（刀、墩、案板、盆、碗及其他盛器、筐、水池、抹布和冰箱等）要清洁卫生，严格做到生熟分开。

（3）共用食具要洗净消毒，应有洗手和餐具洗涤设备。

（4）工地食堂禁止供应生吃凉拌菜，以防止肠道传染疾病。剩饭、剩菜要回锅彻底加热再食用。

（5）使用的代价券必须每天消毒，防止交叉污染。

（6）盛放丢弃食物的泔水桶（缸）必须有盖，并及时清运。

4. 炊管人员个人卫生

（1）凡在岗位上的炊管人员，必须持有所在地区卫生防疫部门办理的健康证和岗位培训合格证，并且每年进行一次体检。

（2）凡患有痢疾、肝炎、伤寒、活动性肺结核、渗出性皮肤病以及其他有碍食品卫生的疾病，不得参加接触直接入口食品的制售及食品洗涤工作。

（3）炊管人员应做好个人卫生，要坚持做到四勤（勤理发、勤洗澡、勤换衣、勤剪指甲）。

（4）炊管人员操作时必须穿戴好工作服、发帽，做到"三白"（白衣、白帽、白口罩），并保持清洁整齐，做到文明操作，不赤背，不光脚，禁止随地吐痰。

5. 职工饮水卫生

（1）施工现场应供应开水，饮水器具要卫生。

（2）夏季要制定相应的防暑降温措施，确保施工现场的凉开水或清凉饮料供应，暑伏天可增加绿豆汤。

六、厕所卫生管理

（1）施工现场要按规定设置厕所，厕所的设置要距食堂至少30m以外，屋顶墙壁要严密，门窗齐全有效。

（2）厕所应设有化粪池，露天粪池必须加盖。严禁将粪便直接排入下水道或河流沟渠中。

（3）厕所应有专人管理，天天冲洗打扫，做到无积垢、垃圾及明显臭味，市区工地厕所要有水冲设施，保持厕所清洁卫生。

（4）厕所应定期打药或撒白灰粉，消灭蝇蛆。

第三节　环境保护

一、工程建设中的环境因素

随着生产建设的发展，环境问题也越来越受到人们的重视。人类的生产活动除了给人类带来丰富的物质、文化生活外，在相当程度上也造成了环境的破坏，如造成了大气污染、水质恶化、土壤污染、放射性污染、热污染、噪声、振动、废弃物污染、地基下沉等，而这些环境因素又对人类的健康和生活环境造成严重危害。《中华人民共和国环境保护法》规定，要积极防治工矿企业的和城市生活的废气、废水、废渣、粉尘、垃圾、放射性物质等有害物质和噪声、振动、恶臭等对环境的污染和危害。

在工程建设中也同样会产生上述环境污染，如施工场地的扬尘、搅拌站的扬尘、工地食堂和茶炉的烟尘、垃圾站的扬尘等将会造成大气的污染；工地食堂、搅拌站和生活区的废水排放，以及油漆、油料库的渗漏将会造成水的污染；施工机械和作业的噪声、生活区噪声、交通运输的噪声将会造成环境噪声污染；施工工地的废弃物、生活垃圾、粪便等的排放，也将会造成自然环境的污染。所以，在工程建设中也必须按照环境保护法的要求，对施工现场中的重大环境因素采取措施加以防治。

表12-2中列出了工程项目施工工地的重大环境因素及其影响。

表12-2 重大环境因素表

环境因素	活动点/工序/部位	环境影响	控制方式
噪声的排放	（1）施工机械：推土机、挖掘机、装载机、钻孔桩机、打夯机、混凝土输送泵；运输设备：翻斗车；电动工具：电锯、压刨、空压机、切割机、混凝土振捣棒、冲击钻 （2）脚手架装卸、安装与拆除 （3）模板支拆、清理与修复	影响人体健康、社区居民休息	执行"环境管理方案"
粉尘的排放	施工场地平整作业、土堆、砂堆、石灰、现场路面、进出车辆车轮带泥砂、水泥搬运、混凝土搅拌、木工房锯末、拆除作业	污染大气、影响居民身体健康	
甲醛、氨、放射性核素及各种有害物质的超量排放	各种室内建筑装饰材料、混凝土外加剂（氨）、建筑材料作业和使用	影响用户健康	
化学危险品的使用排放	装饰、防水、焊接作业现场	大气、土地、光污染	
运输的遗洒	运输渣土、商品混凝土、生活垃圾	污染路面、影响居民生活	
有毒有害废弃物的排放	（1）施工现场（废化工材料及其包装物、容器等，废玻璃丝布，废铝箔纸，工业棉布，油手套，含油棉纱棉布，漆刷，废旧测温计） （2）中心试验室有毒有害容器清洗液及废试液瓶、油布及油手套 （3）现场清洗工具废渣、机械维修保养废渣 办公区废复写纸、复印机废墨盒和废粉、打印机废硒鼓、废色带、废电池、废磁盘、废计算器、废日光灯、废涂改液瓶	污染土地、水体	

续表

环境因素	活动点/工序/部位	环境影响	控制方式
火灾、爆炸的发生	油漆、易燃材料库房及作业面、木工房、电气焊作业点、氧气瓶（库）、乙炔气瓶（库）、液化气瓶、油库、建筑垃圾、冬期混凝土养护作业、施工现场配电室、试验室使用的乙醇、松节油、燃煤取暖	污染大气	执行"环境管理方案"
污水的排放	食堂、现场搅拌站、厕所、现场洗车处	污染水体	

二、大气污染的防治

（一）大气污染物的分类

大气污染物通常以气体状态和粒子状态存在于空气中。

1. 气体状态污染物

气体状态污染物具有运动速度较大，扩散较快，在周围大气中分布比较均匀的特点。气体状态污染物包括分子状态污染物和蒸气状态污染物。

（1）分子状态污染物。指在常温常压下以气体分子形式分散于大气中的物质，如燃料燃烧过程中产生的二氧化硫（SO_2）、氮氧化物（NO_x）、一氧化碳（CO）等。

（2）蒸气状态污染物。指在常温常压下易挥发的物质，以蒸气状态进入大气，如机动车尾气、沥青烟中含有的碳氢化合物、苯并[a]芘等。

2. 粒子状态污染物

粒子状态污染物又称固体颗粒污染物，是分散在大气中的微小液滴和固体颗粒，粒径在 $0.01 \sim 100 \mu m$ 之间，是一个复杂的非均匀体。通常根据粒子状态污染物在重力作用下的沉降特性又可分为降尘和飘尘。

（1）降尘。指在重力作用下能很快下降的固体颗粒，其粒径大于 $10 \mu m$。

（2）飘尘。指可长期飘浮于大气中的固体颗粒，其粒径小于 $10 \mu m$。飘尘具有胶体的性质，故又称为气溶胶，它易随呼吸进入人体肺脏，危害人体健康，故称为可吸入颗粒。

施工工地的粒子状态污染物主要有锅炉、熔化炉、厨房烧煤产生的烟尘，还有建材破碎、筛分、碾磨、加料过程、装卸运输过程产生的粉尘等。

（二）大气污染的防治措施

空气污染的防治措施主要针对上述粒子状态污染物和气体状态污染物进行治理。防治的基本方法如下。

1. 除尘技术

在气体中除去或收集固态或液态粒子的设备称为除尘装置。主要种类有机械除尘装置、洗涤式除尘装置、过滤除尘装置和电除尘装置等。工地的烧煤茶炉、锅炉、炉灶等应选用装有上述除尘装置的设备。

2. 气态污染物治理技术

大气中气态污染物的治理技术主要有以下几种方法：

（1）吸收法。选用合适的吸收剂，可吸收空气中的 SO_2，H_2S，HF，NO_x 等。

（2）吸附法。让气体混合物与多孔性固体接触，把混合物中的某个成分吸留在固体表面。

（3）催化法。利用催化剂把气体中的有害物质转化为无害物质。

（4）燃烧法。是通过热氧化作用，将废气中的可燃有害部分，化为无害物质的方法。

（5）冷凝法。是使处于气态的污染物冷凝，从气体分离出来的方法。该法特别适合处理有较高浓度的有机废气。如对沥青气体的冷凝，回收油品。

（6）生物法。利用微生物的代谢活动过程把废气中的气态污染物转化为少害甚至无害的物质。该法应用广泛，成本低廉，但只适用于低浓度污染物。

3. 施工现场防治空气污染的措施

（1）高大建筑物清理施工垃圾时，要使用封闭式的容器或者采取其他措施处理高空废弃物，严禁凌空随意抛撒。

（2）除设有符合规定的装置外，禁止在施工现场焚烧油毡、橡胶、塑料、皮革、树叶、枯草、各种包装物等废弃物品以及其他会产生有毒、有害烟尘和恶臭气体的物质。

（3）工地茶炉应尽量采用电热水器。若只能使用烧煤茶炉和锅炉时，应选用消烟除尘型茶炉和锅炉，大灶应选用消烟节能回风炉灶，使烟尘降至允许排放范围为止。

（4）大城市市区的建设工程已不容许搅拌混凝土。在容许设置搅拌站的工地，应将搅拌站封闭严密，并在进料仓上方安装除尘装置，采用可靠措施控制工地粉尘污染。

（5）施工现场主要道路必须进行硬化处理。施工现场应采取覆盖、固化、绿化、洒水等有效措施，做到不泥泞、不扬尘。施工现场的材料存放区、大模板存放区等场地必须平整夯实。

（6）遇有四级风以上天气不得进行土方回填、转运以及其他可能产生扬尘污染的施工。

（7）施工现场应有专人负责环保工作，配备相应的洒水设备，及时洒水，减少扬尘污染。

（8）建筑物内的施工垃圾清运必须采用封闭式专用垃圾道或封闭式容器吊运，严禁凌空抛撒。施工现场应设密闭式垃圾站，施工垃圾、生活垃圾应分类存放。施工垃圾清运时应提前适量洒水，并按规定及时清运消纳。

（9）水泥、粉煤灰、石灰和其他易飞扬的细颗粒建筑材料应密闭存放，使用过程中应采取有效措施防止扬尘。施工现场土方应集中堆放，采取覆盖或固化等措施。

（10）从事土方、渣土和施工垃圾的运输，必须使用密闭式运输车辆。施工现场出入口处设置冲洗车辆的设施，出场时必须将车辆清理干净，不得将泥砂带出现场，做到不洒土，不扬尘。

（11）道路施工铣刨作业时，应采用冲洗等措施，控制扬尘污染，灰土和无机料拌合，应采用预拌进场，碾压过程中要洒水降尘。

（12）施工现场使用的热水锅炉、炊事炉灶及冬期施工采暖锅炉等必须使用清洁燃料。施工机械、车辆尾气排放应符合环保要求。

(13) 拆除旧有建筑物时，应随时洒水，减少扬尘污染。渣土要在拆除施工完成之日起 3 日内清运完毕，并应遵守拆除工程的有关规定。

三、水污染的防治

（一）水污染物主要来源

(1) 工业污染源：指各种工业废水向自然水体的排放。

(2) 生活污染源：主要有食物废渣、食油、粪便、合成洗涤剂、杀虫剂、病原微生物等。

(3) 农业污染源：主要有化肥、农药等。

施工现场废水和固体废物随水流流入水体部分，包括泥浆、水泥、油漆、各种油类、混凝土外加剂、重金属、酸碱盐、非金属无机毒物等。

（二）污水处理技术

污水处理的目的是把污水中所含的有害物质清除出去。常用的污水处理方法可分为物理方法、化学方法和生物方法三类。

1. 物理法

污水处理的物理方法主要包括沉淀、浮选、筛选、反渗透等方法。

(1) 沉淀法。利用污水中的悬浮物和水的密度不同的原理，借助悬浮物的重力沉降作用，通过沉砂池、沉淀池和隔油池去除污水中的悬浮物。

(2) 浮选法。将空气混入水中，使其以微小气泡的形式由水中析出，并使污水中密度接近于水的微小颗粒污染物与空气气泡黏附，同时随气泡上升至水面，形成泡沫浮渣，然后将泡沫浮渣除去。

(3) 筛选法。利用钢条、筛网、纱布、微孔管等筛滤介质来截留污水中的悬浮物。筛滤法所用的处理设备有：栅格、过滤机、压滤机、砂滤池等。

(4) 反渗透法。在一定的压力作用下，将水分子压过一种特殊的半渗透膜，而溶解于水中的污染物则被渗透膜所截留，从而去除水中的污染物。

2. 化学法

化学法是通过在污水中投加化学药剂或利用其他化学反应来去除污水中的污染物或使污染物质转化为无害物质的处理方法。常用的污水处理的化学方法有混凝法、氧化还原法、电解法、中和法，此外还有气体传递法、吸附法、离子交换法和消毒法等。

(1) 混凝法。水中胶体状态的污染物质一般带有负电荷，由于颗粒间同性相斥的原理，使污染物和水形成稳定的混合液，如在水中投加相反电荷（正电荷）的电解液，就可以使胶体颗粒变为中性体，此时由于分子引力的作用，胶体颗粒之间发生凝聚，形成较大的颗粒在水中下沉。混凝法就是利用胶体带电的这种性质来去除污染物的一种方法。常用的混凝剂有硫酸铝、硫酸亚铁、三氧化铁和有机高分子混凝剂。

(2) 氧化还原反应法。通过在污水中投放氧化剂或还原剂，使水中的污染物质发生氧化或还原作用，从而将污水转化为无毒害的清洁水。常用的氧化剂有漂白粉、氯气等，常用的还原剂有铁屑、硫酸亚铁等。

(3) 电解法。在污水中插入电极，通过电流使阳极上发生氧化作用，产生氧气，在阴极上发生还原作用，产生氢气，使有毒有害的污染物在两极析除。电解法可用于含铬或含氰的废水的处理。

（4）中和法。在酸性废水中加入石灰、石灰石、氢氧化钠等碱性物质，在碱性废水中加入酸性物质或混入 CO_2 等酸性气体，利用酸碱中和的原理使废水中和还原。

3. 生物法

生物法是利用微生物的活动使污水中的有机物质转化为可发散到大气中的各种气体和通过沉降可以除去的细胞组织，从而使污水中可生物降解的胶体状态的和溶解状态的有机物质除去。

生物法可分为好氧分解和厌氧分解生物处理两大类，其中常用的方法有活性污泥法、生物膜法、厌氧消化法等。

（1）活性污泥法。将空气连续不断地注入曝气池的污水中，经过一段时间，水中即形成繁殖有大量好氧微生物的絮凝体，即所谓的活性污泥。污水中的有机物被吸附到活性污泥上，生活在活性污泥上的微生物以有机物为食物而不断生长繁殖，微生物的新陈代谢将有机物氧化分解和同化为微生物细胞，再以微生物细胞质的自身氧化分解而除去有机物，再经过沉淀使泥水分离，最后达到水的净化。

（2）生物膜法。使污水连续不断地流经固定的透水填料，在填料上形成污泥状的生物膜，生物膜上繁殖着大量微生物来吸附与降解水中的有机质，最终使污水得到净化，其净化过程与活性污泥法相同。

（3）厌氧消化法。此法是利用兼性厌氧菌和专性厌氧菌的新陈代谢功能来净化污水的一种方法，可以用来处理高浓度的有机污水和混合污泥。

（三）施工过程水污染的防治措施

（1）禁止将有毒有害废弃物作土方回填。

（2）施工现场搅拌站废水，现制水磨石的污水，电石（碳化钙）的污水必须经沉淀池沉淀合格后再排放，最好将沉淀水用于工地洒水降尘或采取措施回收利用。

（3）现场存放油料，必须对库房地面进行防渗处理。如采用防渗混凝土地面、铺油毡等措施。使用时，要采取防止油料跑、冒、滴、漏的措施，以免污染水体。

（4）施工现场设置的食堂，用餐人数在100人以上的，应设置简易有效的隔油池，并应加强管理，专人负责定期掏油，防止污染。

（5）工地临时厕所，化粪池应采取防渗漏措施。中心城市施工现场的临时厕所可采用水冲式厕所，并有防蝇、灭蛆措施，防止污染水体和环境。

（6）化学用品、外加剂等要妥善保管，库内存放，防止污染环境。

四、施工现场的噪声控制

（一）噪声的概念

1. 声音与噪声

声音是由固体、液体、气体等声源体产生振动时引起的。声音可以按其频率的高低分为次声、可听声、超声。次声是指低于人们听觉范围以外的声波，即频率低于20Hz的声波；可听声是人耳可以听到的声音，其频率在20~2000Hz范围内；超声是指声波的频率超过人耳听觉范围极限以上的声波，人们觉察不出声波的存在，这种声波即称为超声波。因此当声波的频率在20~20000Hz时，作用于人耳鼓膜而产生的感觉称之为声音。由声构成的环境称为"声环境"。当环境中的声音对人类、动物及自然物没有产生不良影响时，称为正常声环境；相反，对人的生活和工作造成不良影响的声音就称之为噪声。

2. 噪声的分类

(1) 按振动性质不同

①气体动力噪声；

②机械噪声；

③电磁性噪声。

(2) 按噪声来源

①交通噪声，如汽车、火车、飞机等；

②工业噪声，如鼓风机、汽轮机、冲压设备等；

③建筑施工噪声，如打桩机、推土机、混凝土搅拌机等发出的声音；

④社会生活噪声，如高音喇叭、收音机等。

(二) 噪声的危害

噪声是对人体影响和危害非常广泛的环境污染问题，强烈的噪声会引起耳聋、诱发各种疾病、影响人们的工作和休息、干扰人们的语言交流、影响人的注意力而造成生产事故和降低生产效率、掩蔽安全信号。

1. 噪声性耳聋

噪声对人体最直接的危害是听力损害。当人们长期在强烈的噪声环境中工作，日积月累，内耳器官不断受到噪声刺激，便可发生器质性病变，成为永久性听力下降，这就是噪声性耳聋。

一般听力损失在 20dB 以内时，对人们的工作和生活不会有什么影响，而当听力损失超过 25dB 时，就认为是听力受到损伤，又称为轻度噪声性耳聋。表 12-3 表示按听力损失的大小对耳聋性程度进行的分级。

表 12-3 听力损失的分级

听力损失级别	听觉损失程度	听力损失平均值（dB）	对谈话的听觉能力
A	正常（损害不明显）	<25	可听清低声谈话
B	轻度（稍有损伤）	25~40	听不清低声谈话
C	中度（中等程度损伤）	40~55	听不清普通谈话
D	高度（损伤明显）	55~70	听不清大声谈话
E	重度（严重损伤）	70~90	听不到大声谈话
F	最重度（几乎耳聋）	>90	很难听到声音

2. 噪声对人体健康的影响

噪声对人体的健康会产生广泛的影响：

(1) 噪声作用于人的大脑中枢神经系统，可引起头痛、脑胀、耳鸣、多梦、失眠、记忆力减退，造成全身疲乏无力；

(2) 噪声作用于内耳腔的前庭，可使人眩晕、恶心、呕吐；噪声会使交感神经紧张，从而使心跳加快、心律不齐、血压升高，常期在高噪声环境下工作，将会使高血压、动脉硬化和冠心病的患病率比正常环境下工作的人，要高 2~3 倍。

此外噪声也会引起消化系统的疾病，如消化不良、食欲不振、患胃炎和胃溃疡等。

3. 噪声对人们生活的影响

噪声会影响人的睡眠质量，强烈的噪声还会使人无法入睡，心烦意乱。噪声在35dB以下时是最理想的睡眠环境，当噪声超过50dB时，约有15%的人的正常睡眠会受到影响。

噪声除了对人们的休息和睡眠有影响之外，还干扰人们的学习、工作、开会、谈话和打电话。

4. 噪声对工作效率的影响

在噪声较高的环境下工作，会使人感到烦躁、疲劳和不安，从而使人分散注意力，容易出现差错，降低工作效率。此外，噪声还能淹没安全信号，如警报信号、车辆行驶信号等。在噪声的干扰下，人们不易觉察差错，因而容易出现工伤事故。

（三）噪声的允许标准

为了保护人们的听力和健康，1971年国际标准化组织（ISO）提出了允许的噪声标准值（如表12-4所示）。

表12-4 ISO推荐的噪声标准值

累积噪声暴露时间（h）	8	4	2	1	$\frac{1}{2}$	$\frac{1}{4}$	$\frac{1}{8}$	最高限
噪声标准（dB/A）	85~90	88~93	91~96	94~99	97~102	100~105	103~108	115

不同时间的环境噪声标准如表12-5所示。

表12-5 不同时间的环境噪声标准

时间	噪声标准（dB/A）
白天	35~45
晚上	30~40
午夜	20~30

我国在1982年8月1日颁布了《城市区域环境噪声标准》，如表12-6所示。

表12-6 城市区域环境噪声标准

适用区域	噪声标准（dB/A）	
	白天（6:00~22:00）	夜间（22:00~6:00）
特殊住宅区	45	35
居民、文教区	50	40
一类混合区	55	45
二类混合区、商业中心	60	50
工业集中区	65	55
交通干线道路两侧	70	55

1979年8月31日我国卫生部和国家劳动总局发布的新建、扩建、改建企业噪声标准如表12-7所示。

表12-7 新建、扩建、改建企业噪声标准

每个工作日接触噪声的时间（h）	8	4	2	1	最高限
噪声（dB/A）	85	88	91	94	115

（四）噪声的控制措施

噪声可从声源、传播途径、接收者防护等方面来进行控制。

1. 声源控制

从声源上降低噪声，这是防止噪声污染的最根本的措施。

（1）尽量采用低噪声设备代替高噪声设备，如使用低噪声的振捣器、风机、电动空压机、电锯等。

（2）改变工艺和操作方法，如用低噪声的焊接代替高噪声的铆接，用液压代替高噪声的锤打等。

（3）在声源处安装消声器消声，即在通风机、鼓风机、压缩机、燃气机、内燃机及各类排气放空装置等进出风管的适当位置设置消声器。

2. 传播途径的控制

在传播途径上控制噪声方法主要有以下几种。

（1）吸声：利用吸声材料（大多由多孔材料制成）或由吸声结构形成的共振结构（金属或木质薄板钻孔制成的空腔体）吸收声能，降低噪声。

（2）隔声：应用隔声结构，阻碍噪声向空间传播，将接收者与噪声声源分隔。隔声结构包括隔声室、隔声罩、隔声屏障、隔声墙等。

（3）消声：利用消声器阻止传播。允许气流通过的消声降噪是防治空气动力性噪声的主要装置。如对空气压缩机、内燃机产生的噪声等。

（4）隔振：将产生振动的设备与地板基础的接触，从原来的刚性接触改变为弹性接触，如采用隔振基础、隔振器等。

（5）减振降噪：对来自振动引起的噪声，通过降低机械振动减小噪声，如将阻尼材料涂在振动源上，或改变振动源与其他刚性结构的连接方式等。

常用噪声控制措施的基本原理及其应用范围如表 12-8 所示。

表 12-8 常用噪声控制措施的原理和应用范围

措施种类	降噪原理	应用范围	减噪效果（dB/A）
吸声	利用吸声材料或结构，降低厂房、室内反射声，如悬挂吸声体等	车间内噪声设备多且分散	4~10
隔声	利用隔声结构将噪声源和接收点隔开，常用的有隔声源、隔声间和隔声屏	车间人多，噪声设备少，用隔声罩；反之，用隔声间；二者均不行时，用隔声屏	10~40
消声器	利用阻尼、抗性、小孔喷注和多孔扩散等原理，削减气流噪声	气动设备的空气动力性噪声，各类放空排气噪声	15~40
隔振	将产生振动的设备与地板的刚性接触改为弹性接触，隔绝固体声传播，如隔振基础，隔振器	设备振动厉害，固体传播远，干扰居民	5~25
减振（阻尼）	利用内摩擦、耗能大的阻尼材料，涂抹在振动构件表面，减小振动	机械设备外壳、管道振动噪声严重	5~15

3. 接收者的防护

让处于噪声环境下的人员使用耳塞、耳罩、防声头盔、防声棉等防护用品,减少相关人员在噪声环境中的暴露时间,以减轻噪声对人体的危害。

(五)施工现场控制噪声的措施

(1)施工现场应遵照《建筑施工场界噪声限值》(GB 12523—1990)制定降噪措施。在城市市区范围内,建筑施工过程中使用的设备,可能产生噪声污染的,施工单位应按有关规定向工程所在地的环保部门申报。

(2)施工现场的电锯、电刨、搅拌机、固定式混凝土输送泵、大型空气压缩机等强噪声设备应搭设封闭式机棚,并尽可能设置在远离居民区的一侧,以减少噪声污染。

(3)因生产工艺上要求必须连续作业或者特殊需要,确需在22时至次日6时期间进行施工的,建设单位和施工单位应当在施工前到工程所在地的区、县建设行政主管部门提出申请,经批准后方可进行夜间施工。

建设单位应当会同施工单位做好周边居民工作,并公布施工期限。

(4)进行夜间施工作业的,应采取措施,最大限度减少施工噪声,可采用隔声布、低噪声震捣棒等方法。

(5)对人为的施工噪声应有管理制度和降噪措施,并进行严格控制。承担夜间材料运输的车辆,进入施工现场严禁鸣笛,装卸材料应做到轻拿轻放,最大限度地减少噪声扰民。

(6)进入施工现场不得高声喊叫、无故甩打模板、乱吹哨,限制高音喇叭的使用,最大限度地减少噪声扰民。

(7)凡在人口稠密区进行强噪声作业时,须严格控制作业时间,一般22时到次日6点之间停止强噪声作业。确系特殊情况必须昼夜施工时,尽量采取降低噪声措施,并会同建设单位找当地居委会、村委会或当地居民协调,出安民告示,求得群众谅解。

(8)施工现场应进行噪声值监测,监测方法应执行《建筑施工场界噪声测量方法》,噪声值不应超过国家或地方噪声排放标准。

(9)施工现场噪声的限值

根据国家标准《建筑施工场界噪声限值》的要求,对不同施工作业的噪声限值如表12-9所示。在工程施工中,要特别注意不得超过国家标准的限值,尤其是夜间禁止打桩作业。

表12-9 施工场界噪声限值

施工阶段	主要噪声源	噪声限值(dB/A)	
		昼 间	夜 间
土石方	推土机、挖掘机、装载机等	75	55
打 桩	各种打桩机械等	85	禁止施工
结 构	混凝土搅拌机、振捣棒、电锯等	70	55
装 修	吊车、升降机等	65	55

五、固体废弃物的处理

(一)固体废弃物及其类别

固体废弃物是生产、建设、日常生活和其他活动中产生的固态、半固态废弃物质。

固体废弃物可按其化学组成和其危害程度进行分类。

1. 按化学成分

（1）有机废物；

（2）无机废物。

2. 按对环境和人类健康的危害程度

（1）一般废物；

（2）危险废物。

（二）施工工地上常见的固体废弃物

施工工地上常见的固体废弃物有：

（1）建筑渣土：包括砖瓦、碎石、渣土、混凝土碎快、废钢铁、碎玻璃、废屑、废弃装饰材料等。

（2）废弃的散装建筑材料：包括散装水泥、石灰等。

（3）生活垃圾：包括炊厨废物、丢弃食品、废纸、生活用具、玻璃、陶瓷碎片、废电池、废旧日用品、废塑料制品、煤灰渣、废交通工具等。

（4）设备、材料等的废弃包装材料。

（5）粪便。

（三）固体废弃物对环境的危害

固体废弃物对环境的危害主要表现在以下几个方面。

（1）侵占土地：由于固体废弃物的堆放，可直接破坏土地和植被。

（2）污染土壤：固体废弃物的堆放中，有害成分易污染土壤，并在土壤中发生积累，给作物生长带来危害。部分有害物质还能杀死土壤中的微生物，使土壤丧失腐解能力。

（3）污染水体：固体废弃物遇水浸泡、溶解后，其有害成分随地表径流或土壤渗流污染地下水和地表水；此外，固体废弃物还会随风飘迁进入水体造成污染。

（4）污染大气：以细颗粒状存在的废渣垃圾和建筑材料在堆放和运输过程中，会随风扩散，使大气中悬浮的灰尘废弃物提高；此外，固体废弃物在焚烧等处理过程中，可能产生有害气体造成大气污染。

（5）影响环境卫生：固体废弃物的大量堆放，会招致蚊蝇滋生，臭味四溢，严重影响工地以及周围环境卫生，对员工和工地附近居民的健康造成危害。

（四）固体废弃物的处理和处置

固体废弃物的处理应该采取资源化、减量化和无害化的处理方法，同时对固体废弃物产生的全过程进行控制。

固体废弃物的处理方法主要有：

1. 回收利用

回收利用是对固体废弃物进行资源化、减量化的重要手段之一。对建筑渣土可视其情况加以利用。废钢可按需要用做金属原材料。对废电池等废弃物应分散回收，集中处理。

2. 减量化处理

减量化是对已经产生的固体废物进行分选、破碎、压实浓缩、脱水等减少其最终处置量，减低处理成本，减少对环境的污染。在减量化处理的过程中，也包括和其他处理技术相关的工艺方法，如焚烧、热解、堆肥等。

3. 焚烧技术

焚烧用于不适合再利用且不宜直接予以填埋处置的废弃物,尤其是对于受到病菌、病毒污染的物品,可以用焚烧进行无害化处理。焚烧处理应使用符合环境要求的处理装置,注意避免对大气的二次污染。

4. 稳定和固化技术

利用水泥、沥青等胶结材料,将松散的废物包裹起来,减小废物的毒性和可迁移性,使得染污减少。

5. 填埋

填埋是固体废弃物处理的最终技术,经过无害化、减量化处理的废弃物残渣集中到填埋场进行处置。填埋场应利用天然或人工屏障。尽量使需处置的废弃物与周围的生态环境隔离,并注意废弃物的稳定性和长期安全性。

表 12-10 为不同废弃物的处理和处置方法。

表 12-10 废弃物的处理和处置方法

废弃物		中间处理	最后处置	重复利用
废酸 废碱		→中和处理 上澄水 / 污泥(脱水)	排放 填埋	其他中和剂
废油		→气浮分离,焚烧		回收,复用,热利用
污泥	有机	→脱水→焚烧,灰渣,灰尘	填埋	热利用
	无机	→脱水	填埋	
	有害污泥	→焚烧,熔融加工,混凝土固化	隔离 / 填埋	
废塑料		→焚烧,熔融加工		回收,复用
废纸		→焚烧→灰渣,灰尘	填埋	回收,复用
废木料		→焚烧→灰渣,灰尘	填埋	回收,复用
废纤维		→焚烧→灰渣,灰尘	填埋	回收,复用
动植物残渣		焚烧→灰渣 / 堆肥化,饵料化	填埋	复用(堆肥,饵料)
废橡胶		→焚烧→灰渣	填埋	回收,复用
废金属		→压缩→破碎	填埋	回收,复用
碎玻璃		→压缩→破碎	填埋	
灰渣			填埋	
矿渣		→破碎	填埋	复用(路面骨料)
建筑材料	可燃物	→焚烧	填埋	复用
	不燃物	→	填埋	
家畜粪尿		堆肥处理 / 微生物处理 处理水→	农田肥料 排放	复用(堆肥化)

（五）施工工地固体废弃物的管理

（1）各产生废弃物的单位、部门均应设置废弃物临时置放点，并在临时存放场地配备有标识的废弃物容器并分类放置废弃物。

（2）有毒有害废弃物要单独封闭放在一个地方，防止再次污染。

（3）对于废电池还要与其他有毒有害废弃物分开单独放在密闭的容器内。

附录1 职业健康安全管理体系 规范

(GB/T 28001—2001)

1 范围

本标准提出了对职业健康安全管理体系的要求,旨在使一个组织能够控制职业健康安全风险并改进其绩效。它并未提出具体的职业健康安全绩效准则,也未作出设计管理体系的具体规定。

本标准适用于任何有下列愿望的组织:

a) 建立职业健康安全管理体系,消除或减小因组织的活动而使员工和其他相关方可能面临的职业健康安全风险;

b) 实施、保持和持续改进职业健康安全管理体系;

c) 使自己确信能符合所声明的职业健康安全方针;

d) 向外界证实这种符合性;

e) 寻求外部组织对其职业健康安全管理体系的认证;

f) 自我鉴定和声明符合本标准。

本标准中的所有要求意在纳入任何一个职业健康安全管理体系。其应用程度取决于组织的职业健康安全方针、活动性质、运行的风险与复杂性等因素。

本标准针对的是职业健康安全,而非产品和服务安全。

2 规范性引用文件

下列文件中的条款通过本标准的引用而成为本标准的条款。凡是注日期的引用文件,其随后所有的修改单(不包括勘误的内容)或修订版均不适用于本标准,然而,鼓励根据本标准达成协议的各方研究是否可使用这些文件的最新版本。凡是不注日期的引用文件,其最新版本适用于本标准。

GB/T 19000—2000 质量管理体系 基础和术语 (idt ISO 9000:2000)

3 术语和定义

下列术语和定义适用于本标准。

3.1 事故 accident

造成死亡、疾病、伤害、损坏或其他损失的意外情况。

3.2 审核 audit

见 GB/T 19000—2000 中 3.9.1 的定义。

3.3 持续改进 continual improvement

为改进职业健康安全总体绩效,根据职业健康安全方针,组织强化职业健康安全管理体系的过程。

注：该过程不必同时发生在活动的所有领域。

3.4 危险源 hazard

可能导致伤害或疾病、财产损失、工作环境破坏或这些情况组合的根源或状态。

3.5 危险源辨识 hazard identification

识别危险源的存在并确定其特性的过程。

3.6 事件 incident

导致或可能导致事故的情况。

注：其结果未产生疾病、伤害、损坏或其他损失的事件在英文中还可称为"near-miss"。英文中，术语"incident"包含"near-misses"。

3.7 相关方 interested parties

与组织的职业健康安全绩效有关的或受其职业健康安全绩效影响的个人或团体。

3.8 不符合 non-conformance

任何与工作标准、惯例、程序、法规、管理体系绩效等的偏离，其结果能够直接或间接导致伤害或疾病、财产损失、工作环境破坏或这些情况的组合。

3.9 目标 objectives

组织在职业健康安全绩效方面所要达到的目的。

3.10 职业健康安全 occupational health and safety（OHS）

影响工作场所内员工、临时工作人员、合同方人员、访问者和其他人员健康和安全的条件和因素。

3.11 职业健康安全管理体系 occupational health and safety management system（OHSMS）

总的管理体系的一个部分，便于组织对与其业务相关的职业健康安全风险的管理。它包括为制定、实施、实现、评审和保持职业健康安全方针所需的组织结构、策划活动、职责、惯例、程序、过程和资源。

3.12 组织 organization

见 GB/T 19000—2000 中 3.3.1 的定义。

注：对于拥有一个以上运行单位的组织，可以把一个单独的运行单位视为一个组织。

3.13 绩效 performance

基于职业健康安全方针和目标，与组织的职业健康安全风险控制有关的，职业健康安全管理体系的可测量结果。

注1：绩效测量包括职业健康安全管理活动和结果的测量。

注2："绩效"也可称为"业绩"。

3.14 风险 risk

某一特定危险情况发生的可能性和后果的组合。

3.15 风险评价 risk assessment

评估风险大小以及确定风险是否可容许的全过程。

3.16 安全 safety

免除了不可接受的损害风险的状态。

3.17 可容许风险 tolerable risk

根据组织的法律义务和职业健康安全方针,已降至组织可接受程度的风险。

4 职业健康安全管理体系要素

4.1 总要求

组织应建立并保持职业健康安全管理体系。第 4 章描述了对职业健康安全管理体系的要求。

职业健康安全管理体系模式如图 1 所示。

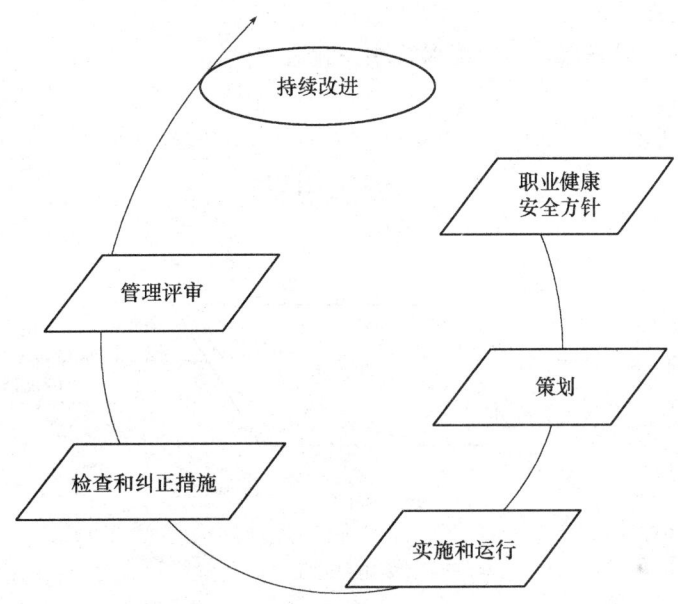

图 1 职业健康安全管理体系模式

4.2 职业健康安全方针

职业健康安全方针如图 2 所示。

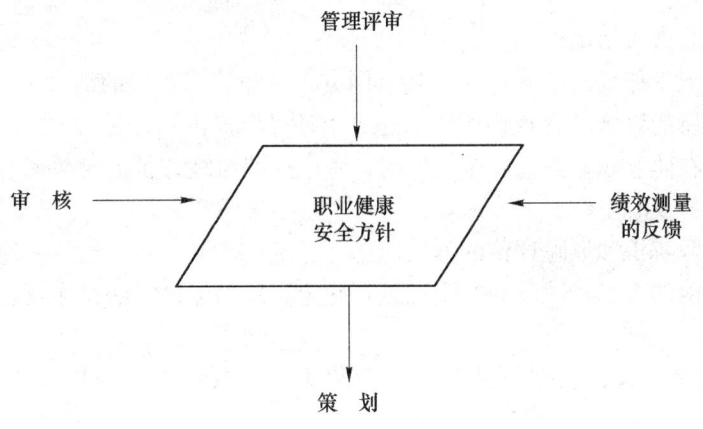

图 2 职业健康安全方针

组织应有一个经最高管理者批准的职业健康安全方针,该方针应清楚阐明职业健康安全总目标和改进职业健康安全绩效的承诺。

职业健康安全方针应:
a) 适合组织的职业健康安全风险的性质和规模;
b) 包括持续改进的承诺;
c) 包括组织至少遵守现行职业健康安全法规和组织接受的其他要求的承诺;
d) 形成文件,实施并保持;
e) 传达到全体员工,使其认识各自的职业健康安全义务;
f) 可为相关方所获取;
g) 定期评审,以确保其与组织保持相关和适宜。

4.3 策划

策划如图 3 所示。

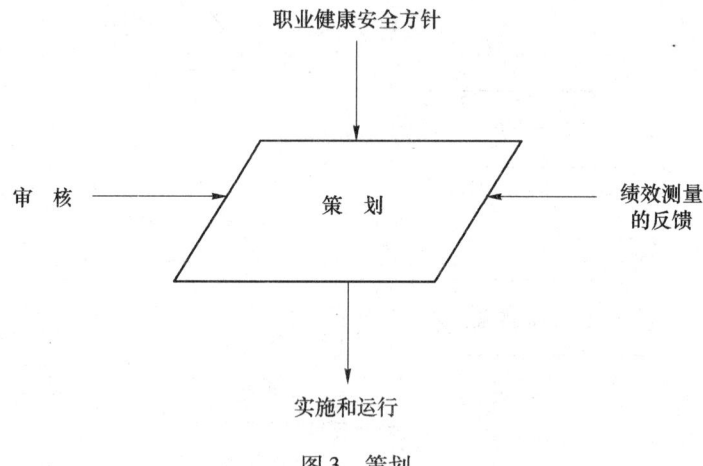

图 3 策划

4.3.1 对危险源辨识、风险评价和风险控制的策划

组织应建立并保持程序,以持续进行危险源辨识、风险评价和实施必要的控制措施。这些程序应包含:

——常规和非常规活动;
——所有进入工作场所的人员(包括合同方人员和访问者)的活动;
——工作场所的设施(无论由本组织还是由外界所提供)。

组织应确保在建立职业健康安全目标时,考虑这些风险评价的结果和控制的效果,将此信息形成文件并及时更新。

组织的危险源辨识和风险评价的方法应:

——依据风险的范围、性质和时限性进行确定,以确保该方法是主动性的而不是被动性的;
——规定风险分级,识别可通过 4.3.3 和 4.3.4 中所规定的措施来消除或控制的风险;
——与运行经验和所采取的风险控制措施的能力相适应;
——为确定设施要求、识别培训需求和(或)开展运行控制提供输入信息;

——规定对所要求的活动进行监视，以确保其及时有效的实施。

4.3.2 法规和其他要求

组织应建立并保持程序，以识别和获得适用法规和其他职业健康安全要求。

组织应及时更新有关法规和其他要求的信息，并将这些信息传达给员工和其他有关的相关方。

4.3.3 目标

组织应针对其内部各有关职能和层次，建立并保持形成文件的职业健康安全目标。如可行，目标宜予以量化。

组织在建立和评审职业健康安全目标时，应考虑：

——法规和其他要求；

——职业健康安全危险源和风险；

——可选择的技术方案；

——财务、运行和经营要求；

——相关方的意见。

目标应符合职业健康安全方针，包括对持续改进的承诺。

4.3.4 职业健康安全管理方案

组织应制定并保持职业健康安全管理方案，以实现其目标。方案应包含形成文件的：

a) 为实现目标所赋予组织有关职能和层次的职责和权限；

b) 实现目标的方法和时间表。

应定期并且在计划的时间间隔内对职业健康安全管理方案进行评审，必要时应针对组织的活动、产品、服务或运行条件的变化对职业健康安全管理方案进行修订。

4.4 实施和运行

实施和运行如图4所示。

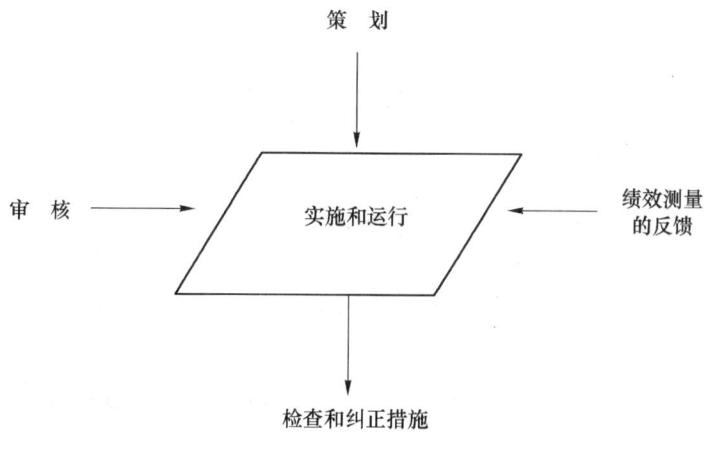

图 4 实施和运行

4.4.1 结构和职责

对组织的活动、设施和过程的职业健康安全风险有影响的从事管理、执行和验证工作的人员，应确定其作用、职责和权限，形成文件，并予以沟通，以便于职业健康安全管理。

职业健康安全的最终责任由最高管理者承担。组织应在最高管理者中指定一名成员（如：某大组织内的董事会或执委会成员）作为管理者代表承担特定职责，以确保职业健康安全管理体系正确实施，并在组织内所有岗位和运行范围执行各项要求。

管理者应为实施、控制和改进职业健康安全管理体系提供必要的资源。

注：资源包括人力资源，专项技能、技术和财力资源。

组织的管理者代表应有明确的作用、职责和权限，以便：

a) 确保按本标准建立、实施和保持职业健康安全管理体系要求；

b) 确保向最高管理者提交职业健康安全管理体系绩效报告，以供评审，并为改进职业健康安全管理体系提供依据。

所有承担管理职责的人员，都应表明其对职业健康安全绩效持续改进的承诺。

4.4.2 培训、意识和能力

对于其工作可能影响工作场所内职业健康安全的人员，应有相应的工作能力。在教育、培训和（或）经历方面，组织应对其能力作出适当的规定。

组织应建立并保持程序，确保处于各有关职能和层次的员工都意识到：

——符合职业健康安全方针、程序和职业健康安全管理体系要求的重要性；

——在工作活动中实际的或潜在的职业健康安全后果，以及个人工作的改进所带来的职业健康安全效益；

——在执行职业健康安全方针和程序，实现职业健康安全管理体系要求，包括应急准备和响应要求（见4.4.7）方面的作用和职责；

——偏离规定的运行程序的潜在后果。

培训程序应考虑不同层次的：

——职责、能力及文化程度；

——风险。

4.4.3 协商和沟通

组织应具有程序，确保与员工和其他相关方就相关职业健康安全信息进行相互沟通。

组织应将员工参与和协商的安排形成文件，并通报相关方。

员工应：

——参与风险管理方针和程序的制定和评审；

——参与商讨影响工作场所职业健康安全的任何变化；

——参与职业健康安全事务；

——了解谁是职业健康安全的员工代表和指定的管理者代表（见4.4.1）。

4.4.4 文件

组织应以适当的媒介（如：纸或电子形式）建立并保持下列信息：

a) 描述管理体系核心要素及其相互作用；

b) 提供查询相关文件的途径。

注：重要的是，按有效性和效率要求使文件数量尽可能少。

4.4.5 文件和资料控制

组织应建立并保持程序，控制本标准所要求的所有文件和资料，以确保：

a) 文件和资料易于查找；

b) 对文件和资料进行定期评审,必要时予以修订并由被授权人员确认其适宜性;

c) 凡对职业健康安全体系的有效运行具有关键作用的岗位,都可得到有关文件和资料的现行版本;

d) 及时将失效文件和资料从所有发放和使用场所撤回,或采取其他措施防止误用;

e) 对出于法规和(或)保留信息的需要而留存的档案文件和资料予以适当标识。

4.4.6 运行控制

组织应识别与所认定的、需要采取控制措施的风险有关的运行和活动。组织应针对这些活动(包括维护工作)进行策划,通过以下方式确保它们在规定的条件下执行:

a) 对于因缺乏形成文件的程序而可能导致偏离职业健康安全方针、目标的运行情况,建立并保持形成文件的程序;

b) 在程序中规定运行准则;

c) 对于组织所购买和(或)使用的货物、设备和服务中已识别的职业健康安全风险,建立并保持程序,并将有关的程序和要求通报供方和合同方;

d) 建立并保持程序,用于工作场所、过程、装置、机械、运行程序和工作组织的设计,包括考虑与人的能力相适应,以便从根本上消除或降低职业健康安全风险。

4.4.7 应急准备和响应

组织应建立并保持计划和程序,以识别潜在的事件或紧急情况,并作出响应,以便预防和减少可能随之引发的疾病和伤害。

组织应评审其应急准备和响应的计划和程序,尤其是在事件或紧急情况发生后。

如果可行,组织还应定期测试这些程序。

4.5 检查和纠正措施

检查和纠正措施如图5所示。

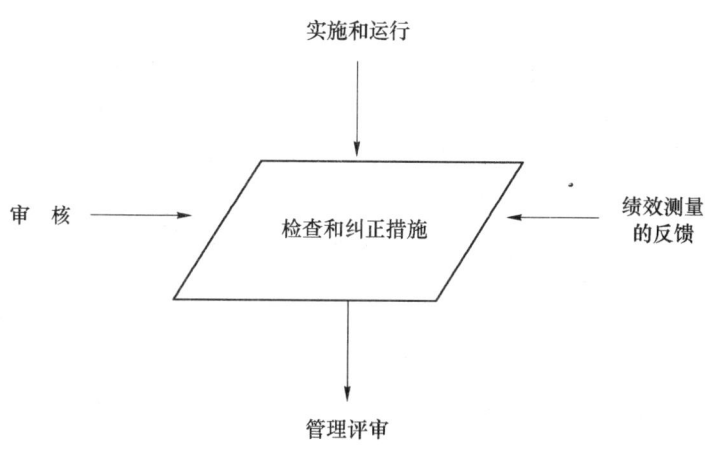

图5 检查和纠正措施

4.5.1 绩效测量和监视

组织应建立并保持程序,对职业健康安全绩效进行常规监测和测量。程序应规定:

——适合组织需要的定性和定量测量;

——对组织的职业健康安全目标的满足程度的监视;

——主动性的绩效测量,即监视是否符合职业健康安全管理方案、运行准则和适用的法规要求；
——被动性的绩效测量，即监视事故、疾病、事件（包括3.6注中的"near-miss"）和其他不良职业健康安全绩效的历史证据；
——记录充分的监视和测量的数据和结果，以便于后面的纠正和预防措施的分析。

如果绩效测量和监视需要设备，组织应建立并保持程序，对此类设备进行校准和维护，并保存校准和维护活动及结果的记录。

4.5.2 事故、事件、不符合、纠正和预防措施

组织应建立并保持程序，确定有关的职责和权限，以便：

a）处理和调查：
——事故；
——事件；
——不符合。

b）采取措施减小因事故、事件或不符合而产生的影响。

c）采取纠正和预防措施，并予以完成。

d）确认所采取的纠正和预防措施的有效性。

这些程序应要求，对于所有拟定的纠正和预防措施，在其实施前应先通过风险评价过程进行评审。

为消除实际和潜在不符合原因而采取的任何纠正或预防措施，应与问题的严重性和面临的职业健康安全风险相适应。

组织应实施并记录因纠正和预防措施而引起的对形成文件的程序的任何更改。

4.5.3 记录和记录管理

组织应建立并保持程序，以标识、保存和处置职业健康安全记录以及审核和评审结果。

职业健康安全记录应字迹清楚、标识明确，并可追溯相关的活动。职业健康安全记录的保存和管理应便于查阅，避免损坏、变质或遗失。应规定并记录保存期限。

应按照适于体系和组织的方式保存记录，用于证实符合本标准的要求。

4.5.4 审核

组织应建立并保持审核方案和程序，定期开展职业健康安全管理体系审核，以便：

a）确定职业健康安全管理体系是否：
1）符合职业健康安全管理的策划安排，包括满足本标准的要求；
2）得到了正确实施和保持；
3）有效地满足组织的方针和目标。

b）评审以往审核的结果。

c）向管理者提供审核结果的信息。

审核方案，包括日程安排，应基于组织活动的风险评价结果和以往审核的结果。审核程序应既包括审核的范围、频次、方法和能力，又包括实施审核和报告审核结果的职责和要求。

如果可能，审核应由与所审核活动无直接责任的人员进行。

注：这里"无直接责任的人员"并不意味着必须来自组织外部。

4.6 管理评审

管理评审如图6所示。

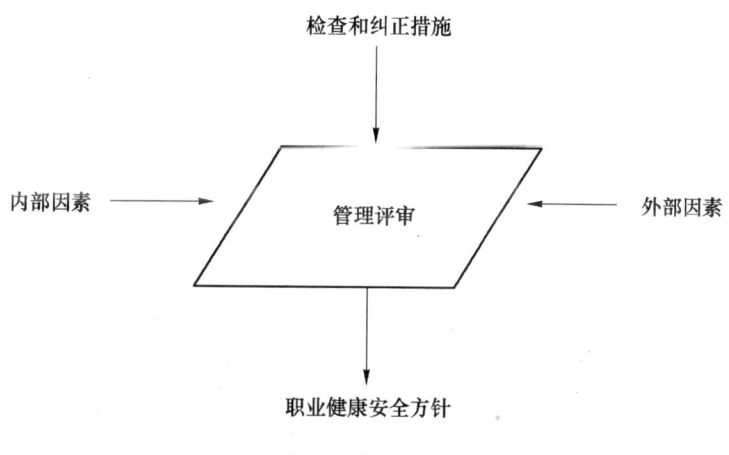

图6 管理评审

组织的最高管理者应按规定的时间间隔对职业健康安全管理体系进行评审,以确保体系的持续适宜性、充分性和有效性。管理评审过程应确保收集到必要的信息以供管理者进行评价。管理评审应形成文件。

管理评审应根据职业健康安全管理体系审核的结果、环境的变化和对持续改进的承诺,指出可能需要修改的职业健康安全管理体系方针、目标和其他要素。

附录2 环境管理体系 要求及使用指南

GB/T 24001—2004/ISO 14001：2004

1 范围

本标准规定了对环境管理体系的要求，使一个组织能够根据法律法规和它应遵守的其他要求，以及关于重要环境因素的信息，制定和实施环境方针与目标。本标准适用于组织确定其能够控制的、或能够施加影响的那些环境因素。但标准本身并未提出具体的环境绩效准则。

本标准适用于任何有下列愿望的组织：
a) 建立、实施、保持并改进环境管理体系；
b) 使自己确信能符合所声明的环境方针；
c) 通过下列方式证实对本标准的符合：
1) 进行自我评价和自我声明；
2) 寻求组织的相关方（如顾客）对其符合性的确认；
3) 寻求外部对其自我声明的确认；
4) 寻求外部组织对其环境管理体系进行认证（或注册）。

本标准旨在使其所有要求都能够纳入任何一个环境管理体系。其应用程度取决于诸如组织的环境方针，活动、产品和服务的性质，运行场所和条件等因素。本标准还在附录A中对如何使用本标准提供了资料性的指南。

2 规范性引用文件

无规范性引用文件。保留本章是为使本版中的章条号和前一版（GB/T 24001—1996）保持一致。

3 术语和定义

下列术语和定义适用于本标准。

3.1 审核员 auditor

有能力实施审核的人员。

［GB/T 19000—2000，3.9.9］

3.2 持续改进 continual improvement

不断对环境管理体系（3.8）进行强化的过程，目的是根据组织（3.16）的环境方针（3.11），实现对整体环境绩效（3.10）的改进。

注：该过程不必同时发生于活动的所有方面。

3.3 纠正措施 corrective action

为消除已发现的不符合（3.15）的原因所采取的措施。

3.4 文件 document

信息及其承载媒体。

注1：媒体可以是纸张，计算机磁盘、光盘或其他电子媒体，照片或标准样品，或它们的组合。

注2：摘编自 GB/T 19000—2000 的 3.7.2。

3.5 环境 environment

组织（3.16）运行活动的外部存在，包括空气、水、土地、自然资源、植物、动物、人，以及它们之间的相互关系。

注：从这一意义上，外部存在从组织（3.16）内延伸到全球系统。

3.6 环境因素 environmental aspect

一个组织（3.16）的活动、产品和服务中能与环境（3.5）发生相互作用的要素。

注：重要环境因素是指具有或能够产生重大环境影响（3.7）的环境因素。

3.7 环境影响 environmental impact

全部或部分地由组织（3.16）的环境因素（3.6）给环境（3.5）造成的任何有害或有益的变化。

3.8 环境管理体系 environmental management system（EMS）

组织（3.16）管理体系的一部分，用来制定和实施其环境方针（3.11），并管理其环境因素（3.6）。

注1：管理体系是用来建立方针和目标，并进而实现这些目标的一系列相互关联的要素的集合。

注2：管理体系包括组织结构、策划活动、职责、惯例、程序（3.19）、过程和资源。

3.9 环境目标 environmental objective

组织（3.16）依据其环境方针（3.11）规定的自己所要实现的总体环境目的。

3.10 环境绩效 environmental performance

组织（3.16）对其环境因素（3.6）进行管理所取得的可测量结果。

注：在环境管理体系（3.8）条件下，可对照组织（3.16）的环境方针（3.11）、环境目标（3.9）、环境指标（3.12）及其他环境绩效要求对结果进行测量。

3.11 环境方针 environmental policy

由最高管理者就组织（3.16）的环境绩效（3.10）正式表述的总体意图和方向。

注：环境方针为采取措施，以及建立环境目标（3.9）和环境指标（3.12）提供了一个框架。

3.12 环境指标 environmental target

由环境目标（3.9）产生，为实现环境目标所须规定并满足的具体的绩效要求，它们可适用于整个组织（3.16）或其局部。

3.13 相关方 interested party

关注组织（3.16）的环境绩效（3.10）或受其环境绩效影响的个人或团体。

3.14 内部审核 internal audit

客观地获取审核证据并予以评价，以判定组织（3.16）对其设定的环境管理体系审核准则满足程度的系统的、独立的、形成文件的过程。

注：在许多情况下，尤其是对于小型组织，独立性可通过与所审核活动无责任关系来体现。

3.15 不符合 nonconformity

未满足要求。

[GB/T 19000—2000，3.6.2]

注：此术语在 GB/T 19000—2000 中为"不合格（不符合）"。

3.16 组织 organization

具有自身职能和行政管理的公司、集团公司、商行、企事业单位、政府机构、社团或其结合体，或上述单位中具有自身职能和行政管理的一部分，无论其是否具有法人资格、公营或私营。

注：对于拥有一个以上运行单位的组织，可以把一个运行单位视为一个组织。

3.17 预防措施 preventive action

为消除潜在不符合（3.15）原因所采取的措施。

3.18 污染预防 prevention of pollution

为了降低有害的环境影响（3.7）而采用（或综合采用）过程、惯例、技术、材料、产品、服务或能源以避免、减少或控制任何类型的污染物或废物的产生、排放或废弃。

注：污染预防可包括源削减或消除，过程、产品或服务的更改，资源的有效利用，材料或能源替代，再利用、回收、再循环、再生和处理。

3.19 程序 procedure

为进行某项活动或过程所规定的途径。

注1：程序可以形成文件，也可以不形成文件。

注2：摘编自 GB/T 19000—2000 的 3.4.5。

3.20 记录 record

阐明所取得的结果或提供所从事活动的证据的文件（3.4）。

注：摘编自 GB/T 19000—2000 的 3.7.6。

4 环境管理体系要求

4.1 总要求

组织应根据本标准的要求建立、实施、保持和持续改进环境管理体系，确定如何实现这些要求，并形成文件。

组织应界定环境管理体系的范围，并形成文件。

4.2 环境方针

最高管理者应确定本组织的环境方针，并在界定的环境管理体系范围内，确保其：

a）适合于组织活动、产品和服务的性质、规模和环境影响；

b）包括对持续改进和污染预防的承诺；

c）包括对遵守与其环境因素有关的适用法律法规和其他要求的承诺；

d）提供建立和评审环境目标和指标的框架；

e）形成文件，付诸实施，并予以保持；

f）传达到所有为组织或代表组织工作的人员；

g）可为公众所获取。

4.3 策划

4.3.1 环境因素

组织应建立、实施并保持一个或多个程序，用来：

a）识别其环境管理体系覆盖范围内的活动、产品和服务中能够控制、或能够施加影响的环境因素，此时应考虑到已纳入计划的或新的开发、新的或修改的活动、产品和服务等因素；

b）确定对环境具有、或可能具有重大影响的因素（即重要环境因素）。

组织应将这些信息形成文件并及时更新。

组织应确保在建立、实施和保持环境管理体系时，对重要环境因素加以考虑。

4.3.2 法律法规和其他要求

组织应建立、实施并保持一个或多个程序，用来：

a）识别适用于其活动、产品和服务中环境因素的法律法规和其他应遵守的要求，并建立获取这些要求的渠道；

b）确定这些要求如何应用于组织的环境因素。

组织应确保在建立、实施和保持环境管理体系时，对这些适用的法律法规和其他要求加以考虑。

4.3.3 目标、指标和方案

组织应针对其内部有关职能和层次，建立、实施并保持形成文件的环境目标和指标。

如可行，目标和指标应可测量。目标和指标应符合环境方针，包括对污染预防、持续改进和遵守适用的法律法规和其他要求的承诺。

组织在建立和评审目标和指标时，应考虑法律法规和其他要求，以及自身的重要环境因素。此外，还应考虑可选的技术方案，财务、运行和经营要求，以及相关方的观点。

组织应制定、实施并保持一个或多个用于实现其目标和指标的方案，其中应包括：

a）规定组织内各有关职能和层次实现目标和指标的职责；

b）实现目标和指标的方法和时间表。

4.4 实施与运行

4.4.1 资源、作用、职责和权限

管理者应确保为环境管理体系的建立、实施、保持和改进提供必要的资源。资源包括人力资源和专项技能、组织的基础设施，以及技术和财力资源。

为便于环境管理工作的有效开展，应对作用、职责和权限作出明确规定，形成文件，并予以传达。

组织的最高管理者应任命专门的管理者代表，无论他（们）是否还负有其他方面的责任，应明确规定其作用、职责和权限，以便：

a）确保按照本标准的要求建立、实施和保持环境管理体系；

b）向最高管理者报告环境管理体系的运行情况以供评审，并提出改进建议。

4.4.2 能力、培训和意识

组织应确保所有为它或代表它从事被确定为可能具有重大环境影响的工作的人员，都具备相应的能力。该能力基于必要的教育、培训或经历。组织应保存相关的记录。

组织应确定与其环境因素和环境管理体系有关的培训需求并提供培训，或采取其他措施来满足这些需求。应保存相关的记录。

组织应建立、实施并保持一个或多个程序，使为它或代表它工作的人员都意识到：

a）符合环境方针与程序和符合环境管理体系要求的重要性；

b）他们工作中的重要环境因素和实际或潜在环境影响，以及个人工作的改进所能带来的环境效益；

c）他们在实现与环境管理体系要求符合性方面的作用与职责；

d）偏离规定的运行程序的潜在后果。

4.4.3 信息交流

组织应建立、实施并保持一个或多个程序，用于有关其环境因素和环境管理体系的：

a）组织内部各层次和职能间的信息交流；

b）与外部相关方联络的接收、形成文件和回应。

组织应决定是否就其重要环境因素与外界进行信息交流，并将决定形成文件。如决定进行外部交流，则应规定交流的方式并予以实施。

4.4.4 文件

环境管理体系文件应包括：

a）环境方针、目标和指标；

b）对环境管理体系覆盖范围的描述；

c）对环境管理体系主要要素及其相互作用的描述，以及相关文件的查询途径；

d）本标准要求的文件，包括记录；

e）组织为确保对涉及重要环境因素的过程进行有效策划、运行和控制所需的文件和记录。

4.4.5 文件控制

应对本标准和环境管理体系所要求的文件进行控制。记录是一种特殊类型的文件，应依据 4.5.4 的要求进行控制。

组织应建立、实施并保持一个或多个程序，以规定：

a）在文件发布前进行审批，确保其充分性和适宜性；

b）必要时对文件进行评审和更新，并重新审批；

c）确保对文件的更改和现行修订状态做出标识；

d）确保在使用处能得到适用文件的有关版本；

e）确保文件字迹清楚，易于识别；

f）确保对策划和运行环境管理体系所需的外来文件做出标识，并对其发放予以控制；

g）防止对过期文件的非预期使用。如须将其保留，要做出适当的标识。

4.4.6 运行控制

组织应根据其方针、目标和指标，识别和策划与所确定的重要环境因素相关的运行，以确保其通过下列方式在规定的条件下进行：

a）建立、实施并保持一个或多个形成文件的程序，以控制因缺乏程序文件而导致偏离环境方针、目标和指标的情况；

b) 在程序中规定运行准则;

c) 对于组织使用的产品和服务中所确定的重要环境因素,应建立、实施并保持程序,并将适用的程序和要求通报供方及合同方。

4.4.7 应急准备和响应

组织应建立、实施并保持一个或多个程序,用于识别可能对环境造成影响的潜在的紧急情况和事故,并规定响应措施。

组织应对实际发生的紧急情况和事故作出响应,并预防或减少随之产生的有害环境影响。

组织应定期评审其应急准备和响应程序,必要时对其进行修订,特别是当事故或紧急情况发生后。

可行时,组织还应定期试验上述程序。

4.5 检查

4.5.1 监测和测量

组织应建立、实施并保持一个或多个程序,对可能具有重大环境影响的运行的关键特性进行例行监测和测量。程序中应规定将监测环境绩效、适用的运行控制、目标和指标符合情况的信息形成文件。

组织应确保所使用的监测和测量设备经过校准或验证,并予以妥善维护,且应保存相关的记录。

4.5.2 合规性评价

4.5.2.1 为了履行遵守法律法规要求的承诺,组织应建立、实施并保持一个或多个程序,以定期评价对适用法律法规的遵守情况。

组织应保存对上述定期评价结果的记录。

4.5.2.2 组织应评价对其他要求的遵守情况。这可以和 4.5.2.1 中所要求的评价一起进行,也可以另外制定程序,分别进行评价。

组织应保存对上述定期评价结果的记录。

4.5.3 不符合、纠正措施和预防措施

组织应建立、实施并保持一个或多个程序,用来处理实际或潜在的不符合,采取纠正措施和预防措施。程序中应规定以下方面的要求:

a) 识别和纠正不符合,并采取措施减少所造成的环境影响;

b) 对不符合进行调查,确定其产生原因,并采取措施以避免再度发生;

c) 评价采取预防措施的需求;实施所制定的适当措施,以避免不符合的发生;

d) 记录采取纠正措施和预防措施的结果;

e) 评审所采取的纠正措施和预防措施的有效性。

所采取的措施应与问题和环境影响的严重程度相符。

组织应确保对环境管理体系文件进行必要的更改。

4.5.4 记录控制

组织应根据需要,建立并保持必要的记录,用来证实对环境管理体系及本标准要求的符合,以及所实现的结果。

组织应建立、实施并保持一个或多个程序,用于记录的标识、存放、保护、检索、留

存和处置。

环境记录应字迹清楚，标识明确，并具有可追溯性。

4.5.5 内部审核

组织应确保按照计划的时间间隔对环境管理体系进行内部审核。目的是：

a) 判定环境管理体系：

1) 是否符合组织对环境管理工作的预定安排和本标准的要求；

2) 是否得到了恰当的实施和保持。

b) 向管理者报告审核结果。

组织应策划、制定、实施和保持一个或多个审核方案，此时，应考虑到相关运行的环境重要性和以往的审核结果。

应建立、实施和保持一个或多个审核程序，用来规定：

——策划和实施审核及报告审核结果、保存相关记录的职责和要求；

——审核准则、范围、频次和方法。

审核员的选择和审核的实施均应确保审核过程的客观性和公正性。

4.6 管理评审

最高管理者应按计划的时间间隔，对组织的环境管理体系进行评审，以确保其持续适宜性、充分性和有效性。评审应包括评价改进的机会和对环境管理体系进行修改的需求，包括环境方针、环境目标和指标的修改需求。应保存管理评审记录。

管理评审的输入应包括：

a) 内部审核和合规性评价的结果；

b) 来自外部相关方的交流信息，包括抱怨；

c) 组织的环境绩效；

d) 目标和指标的实现程度；

e) 纠正和预防措施的状况；

f) 以前管理评审的后续措施；

g) 客观环境的变化，包括与组织环境因素有关的法律法规和其他要求的发展变化；

h) 改进建议。

管理评审的输出应包括为实现持续改进的承诺而作出的，与环境方针、目标、指标以及其他环境管理体系要素的修改有关的决策和行动。

附录 A 环境管理体系标准使用指南
（资料性附录）

A.1 总要求

本附录增补的内容完全是资料性的，目的是防止对本标准第 4 章要求的错误解释。这些信息阐述第 4 章的要求，并和这些要求相一致，而无意增加、减少或修改这些要求。

实施本标准所规定的环境管理体系是为了改进环境绩效。所以，本标准基于这样一个前提，即组织将定期评审和评价其环境管理体系，以确定改进的机会并付诸实施。这一持续改进过程的范围、程度和时间表，组织依据其经济状况和其他客观条件来确定。对环境管理体系的改进，是为了实现环境绩效的进一步改进。

本标准要求组织：

a) 制定适宜的环境方针；

b) 识别其过去、当前或计划中的活动、产品和服务中的环境因素，以确定其中的重大环境影响；

c) 识别适用的法律法规和组织应遵守的其他要求；

d) 确定优先事项并建立适宜的环境目标和指标；

e) 建立组织机构，制定方案，以实施环境方针，实现目标和指标；

f) 开展策划、控制、监测、纠正措施和预防措施、审核和评审活动，以确保对环境方针的遵守和环境管理体系的适宜性；

g) 有根据客观环境的变化作出调整的能力。

一个尚未建立环境管理体系的组织，首先应当通过评审的方式来确定自己当前的环境状况，以便对其所有的环境因素予以考虑，作为建立环境管理体系的基础。

评审应当包括以下四方面关键内容：

——识别环境因素。包括在正常运行条件下、异常条件下（如启动和关闭）、发生紧急情况或事故时的环境因素；

——确定适用的法律法规和组织应遵守的其他环境要求；

——评审所有现行环境管理惯例和程序（包括与采购和合同活动有关的管理惯例和程序）；

——评价此前发生的紧急情况和事故

评审时，可根据活动的性质，采用调查表、面谈、直接检查和测量，以及参考过去的审核或其他评审结果等方式。

组织有权自行灵活决定本标准的实施边界，即是在整个组织，还是仅在特定的运行单位实施本标准，由组织自行决定。组织应当规定其环境管理体系的范围并形成文件，以明确界定实施环境管理体系的组织边界。当组织是一个更大组织在给定场所的一部分，对范围的确定尤为必要。边界一经确定，组织在此范围内的所有活动、产品和服务，均须包括在环境管理体系内。在确定环境管理体系的范围时，应当注意其可信度取决于边界的选取。若组织的某一部分被排除在环境管理体系之外，组织应当能对此作出解释。如本标准仅在特定的运行单位实施，可以采纳组织内其他部门业已建立的方针和程序，用来满足本标准的要求，只要其适用于这些行将采用本标准的部门。

A.2 环境方针

环境方针确定了实施与改进组织环境管理体系的方向，具有保持和改进环境绩效的作用。因此，环境方针应当反映最高管理者对遵守适用的环境法律法规和其他环境要求、进行污染预防和持续改进的承诺。环境方针是组织建立目标和指标的基础。环境方针的内容应当清晰明确，使内、外相关方能够理解。应当对方针进行定期评审与修订，以反映不断变化的条件和信息。方针的应用范围应当是可以明确界定的，并反映环境管理体系覆盖范围内活动、产品和服务的特有性质、规模和环境影响。

应当就环境方针和所有为组织或代表组织工作的人员进行沟通，包括与为其工作的合同方进行沟通。对合同方，不必拘泥于传达方针条文，而可采取其他形式，如规则、指令、程序等，或仅传达方针中与之相关的部分。如果该组织是一个更大组织的一部分，组织的最高管理者应当在后者环境方针的框架内规定自己的环境方针，将其形成文件，并得到上级组织的认可。

注：最高管理者可以是个人，也可以是一个集体，他（们）从最高层次上对组织进行领导和控制。

A.3 策划

A.3.1 环境因素

A.3.1 提供了一个过程，供组织对环境因素进行识别，并从中确定环境管理体系应当优先考虑的那些重要环境因素。

组织应通过考虑和当前及过去的有关活动、产品和服务、纳入计划的或新开发的项目、新的或修改的活动以及产品和服务所伴随的投入和产出（无论是期望还是非期望的），识别其环境管理体系范围内的环境因素。这一过程中应考虑到正常和异常（如关闭与启动）的运行条件，以及可合理预见的紧急情况。

组织不必对每一种具体产品、部件和输入的原材料分别进行分析，而可以按活动、产品和服务的类别识别环境因素。

尽管对环境因素的识别不存在唯一的方法，但通常要考虑下列情况：
a）向大气的排放；
b）向水体的排放；
c）向土地的排放；
d）原材料和自然资源的使用；
e）能源使用；
f）能量释放（如热、辐射、振动等）；
g）废物和副产品；

h) 物理属性，如大小、形状、颜色、外观等。

除了能够直接控制的环境因素外，组织还应当对可能施加影响的环境因素加以考虑。例如其使用的产品和服务中的环境因素，及其所提供的产品和服务中的环境因素。以下提供了一些对这种控制和影响进行评价的指导。不过，在任何情况下，对环境因素控制和施加影响的程度都取决于组织自身。

应当考虑的与组织的活动、产品和服务有关的因素，如：
——设计和开发；
——制造过程；
——包装和运输；
——合同方和供方的环境绩效和操作方式；
——废物管理；
——原材料和自然资源的获取和分配；
——产品的分销、使用和报废；
——野生动植物和生物多样性。

对组织所使用产品的环境因素的控制和影响，因不同的供方和市场情况而有很大差异。例如，一个自行负责产品设计的组织，可以通过改变某种输入原料有效地对环境因素施加影响；而一个根据外部产品规范提供产品的组织在这方面的作用就很有限。

一般说来，组织对其提供的产品的使用和处置（例如用户如何使用和处置这些产品）控制作用有限。可行时，可以考虑通过让用户了解正确的使用方法和处置机制来施加影响。

完全地或部分地由环境因素引起的对环境的改变，无论其有益还是有害，都称之为环境影响。环境因素和环境影响之间是因果关系。

在某些地方，文化遗产可能成为组织运行环境中的一个重要因素，因而在理解环境影响时应当加以考虑。

由于一个组织可能有很多环境因素及相关的环境影响，应当规定确定重要环境因素的准则和方法。虽然不存在一种确定重要环境因素的唯一方式，但无论采用何种方式，都应当能提供一致的结果，并规定评价准则和评价方法。评价准则可包括环境事务、法律法规、内外部相关方的关注等方面的问题。

对于重要环境因素的信息，组织除在设计和实施环境管理体系时应考虑如何使用外，还应当考虑将其作为历史数据予以留存的必要。

在识别和评价环境因素的过程中，还应当考虑到从事活动的地点、进行这些分析所需的时间和成本，以及可靠数据的获取。对环境因素的识别不要求作详细的生命周期评价。另外，还可以利用出自于规章或其他要求的信息。

对环境因素进行识别和评价的要求，不改变或增加组织的法律责任。

A.3.2 法律法规和其他要求

组织须要识别适用于其环境因素的法律法规要求，这些要求可包括：
a) 国家或国际法律法规要求；
b) 省部级的法律法规要求；
c) 地方性法律法规要求。

组织应遵守的其他要求，例如：
——与政府机构的协议；
——与顾客的协议；
——非法规性指南；
——自愿性原则或业务规范；
——自愿性环境标志或产品照管承诺；
——行业协会的要求；
——与社区团体或非政府组织的协议；
——组织或其上级组织对公众的承诺；
——本组织的要求。

在识别法律法规和其他要求的过程中，往往已确定了这些要求是如何应用于组织的环境因素的。因此，不一定要求专门为此制定程序。

A.3.3 目标、指标和方案

目标和指标应当具体，可行时应当是可测量的。此外，目标和指标还应当兼顾短期和长期的需要。

对技术的选择，应当根据自身的经济条件，考虑选用适宜的、成本效益高的最佳可行技术。

对组织财务要求的考虑，不意味着组织必须运用环境成本核算方法。

制定并实施一个或多个方案，对于环境管理体系的成功实施非常重要。方案中应当说明如何实现组织的环境目标和指标，包括时间进度、所需的资源和负责实施方案的人员。方案可予以细化，具体到组织运行的基本单元。

在适当和可行时，方案中应当全面考虑计划、设计、生产、营销和处置等各个阶段。无论是当前的还是新增的活动、产品或服务，都可以在这些方面进行考虑。对于产品，可从设计、材料、生产过程、使用和最终处置等方面进行考虑。对于安装或过程的重大修改，可从计划、设计、施工、试运行、运行，以及根据组织决定的适当时间退出使用等方面考虑。

A.4 实施与运行

A.4.1 资源、作用、职责和权限

环境管理体系的成功实施需要为组织或代表组织工作的所有人员的承诺。因此，不能认为只有环境管理部门才承担环境方面的作用和职责，事实上，组织内的其他部门，如运行管理部门、人事部门等，也不能例外。

这一承诺应当始于最高管理者，他（们）应当建立组织的环境方针，并确保环境管理体系得到实施。作为上述承诺的一部分，最高管理者指定专门的管理者代表，规定他（们）对实施环境管理体系的职责和权限。对于大型或复杂的组织，可以有若干名管理者代表。对于中、小型企业，可由一个人承担这些职责。最高管理者还应当确保提供建立、实施和保持环境管理体系所需的适当资源，包括组织的基础设施，例如建筑物、通讯网络、地下贮罐、下水管道等。

另一重要事项是妥善规定环境管理体系中的关键作用和职责，并传达到为组织或代表组织工作的所有人员。

A.4.2　能力、培训和意识

组织应当确定所有负有职责和权限代表其执行任务的人员所须具备的意识、知识、理解和技能。

本标准要求：

a) 其工作可能产生重大环境影响的人员，能够胜任所承担的工作；

b) 确定培训需求，并采取相应措施加以落实；

c) 所有人员了解组织的环境方针和环境管理体系，以及与他们工作有关的组织活动、产品和服务中的环境因素。

可通过培训、教育或工作经历，获得或提高所需的意识、知识、理解和技能。

组织应当要求代表其工作的合同方能够证实他们的员工具有必要的能力和（或）接受了适当的培训。

为了确保人员（特别是行使环境管理职能的人员）的能力，管理者应当确定其所需的经验、技能和培训水平。

A.4.3　信息交流

内部交流对于确保环境管理体系的有效实施至关重要。内部交流可通过例行的工作组会议、通讯简报、公告板、内联网等手段或方法进行。

组织应当按照程序，对来自相关方的交流信息进行接收、形成文件并作出回应。程序可包含与相关方交流的内容，以及对他们所关注问题的考虑。在某些情况下，对相关方关注的响应，可包含组织运行中的环境因素及其环境影响方面的内容。这些程序中，还应当包含就应急计划和其他问题与有关公共机构的联络事宜。

组织在对信息交流进行策划时，一般还要考虑进行交流的对象、交流的主题和内容、可采用的交流方式等方面问题。

在考虑就环境因素进行外部信息交流时，组织应当考虑所有相关方的观点和信息需求。如果决定就环境因素进行外部信息交流，组织可以制定一个相关的程序。程序可因所交流的信息类型、交流的对象及组织的个体条件等具体情况的不同而有所差别。进行外部交流的手段可包括年度报告、通讯简报、网站和社区会议等。

A.4.4　文件

文件的详尽程度，应当足以描述环境管理体系及其各部分协同运作的情况，并指示获取环境管理体系某一部分运行的更详细信息的途径。可将环境文件纳入组织所实施的其他管理体系的文件，而不强求采取手册的形式。

对于不同的组织，环境管理体系文件的规模可能由于以下方面的差别而各不相同：

a) 组织及其活动、产品或服务的规模和类型；

b) 过程及其相互作用的复杂程度；

c) 人员的能力。

这些文件可包括：

——环境方针、目标和指标；

——重要环境因素信息；

——程序；

——过程信息；
——组织机构图；
——内、外部标准；
——现场应急计划；
——记录。

对于程序是否形成文件，应当从下列方面考虑：
——不形成文件可能产生的后果，包括环境方面的后果；
——用来证实遵守法律法规和其他要求的需要；
——保证活动一致性的需要；
——形成文件的益处，例如：易于交流和培训，从而加以实施；易于维护和修订，避免含混和偏离；提供证实功能；有直观性等；
——出于本标准的要求。

不是为环境管理体系所制定的文件，也可用于本体系。此时应当指明其出处。

A.4.5 文件控制

4.4.5旨在确保组织对文件的建立和保持能够充分适应实施环境管理体系的需要。但组织应当把主要注意力放在对环境管理体系的有效实施及其环境绩效上，而不是放在建立一个繁琐的文件控制系统上。

A.4.6 运行控制

组织应当评价与所确定的重要环境因素有关的运行，并确保在运行中能够控制或减少有害的环境影响，以满足环境方针的要求，实现环境目标和指标。所有的运行，包括维护活动，都应当做到这一点。

在环境管理体系中，本部分是关于在日常运行中贯彻体系要求的规定。其中4.4.6a)还规定对缺乏成文程序可能导致偏离环境方针、目标和指标的情况，要用成文程序加以控制。

A.4.7 应急准备和响应

每个组织都有责任制定适合其自身情况的一个或多个应急准备和响应程序。组织在制定这类程序时应当考虑：

a) 现场危险品的类型，如存在易燃液体、贮罐、压缩气体等，以及发生溅洒或意外泄漏时的应对措施；
b) 对紧急情况或事故类型和规模的预测；
c) 处理紧急情况或事故的最适当方法；
d) 内、外部联络计划；
e) 把环境损害降到最低的措施；
f) 针对不同类型的紧急情况或事故的补救和响应措施；
g) 事故后考虑制定和实施纠正和预防措施的需要；
h) 定期试验应急响应程序；
i) 应急响应程序实施人员的培训；
j) 关键人员和救援机构（如消防、泄漏清理等部门）名单，包括详细联络信息；
k) 疏散路线和集合地点；

l) 周边设施（如工厂、道路、铁路等）可能发生的紧急情况和事故；

m) 邻近单位相互支援的可能性。

A.5 检查

A.5.1 监测和测量

一个组织的运行可能包括多种特性。例如，与废水排放监测和测量相关的特性可包括生化需氧量、化学需氧量、温度和 pH 值。

对监测和测量取得的数据进行分析，能够识别类型并获取信息。这些信息可用于实施纠正和预防措施。

关键特性是指组织在决定如何管理重要环境因素、实现环境目标和指标、改进环境绩效时须要考虑的那些特性。

为保证测量结果的有效性，应当按规定的时间间隔，或在使用前，根据测量标准对测量仪器进行校准或验证。测量标准要以国家标准或国际测量标准为依据。如果无上述标准，应当保存对校准依据的记录。

A.5.2 合规性评价

组织应当能证实其已对遵守法律法规要求（包括有关许可和执照的要求）的情况进行了评价。

组织应当能证实其已对遵守其他要求的情况进行了评价。

A.5.3 不符合、纠正措施和预防措施

组织在制定程序以执行本节的要求时，根据不符合的性质，有时可能只须制定少量的正式计划，即能达到目的，有时则有赖于更复杂、更长期的活动。文件的制定应当和这些措施的规模相适应。

A.5.4 记录控制

环境记录可包括：

a) 抱怨记录；

b) 培训记录；

c) 过程监测记录；

d) 检查、维护和校准记录；

e) 有关供方与合同方的记录；

f) 偶发事件报告；

g) 应急准备试验记录；

h) 审核结果；

i) 管理评审结果；

j) 和外部进行信息交流的决定；

k) 适用环境法律法规要求的记录；

l) 重要环境因素记录；

m) 环境会议记录；

n) 环境绩效信息；

o) 对法律法规的合规性记录；

p) 和相关方的交流。

应当对机密信息加以适当考虑

注：记录不是证实符合本标准的唯一证据来源。

A.5.5 内部审核

对环境管理体系的内部审核，可由组织内部人员或组织聘请的外部人员承担，无论哪种情况，从事审核的人员都应当具备必要的能力，并处在独立的地位，从而能够公正、客观地实施审核。对于小型组织，只要审核员与所审核的活动无责任关系，就可以认为审核员是独立的。

注1：如果组织希望把环境管理体系和环境守法性审核结合在一起，就应当明确划分两者的目的和范围。本标准不涉及环境守法性审核的内容。

注2：关于环境管理体系审核的指南见 GB/T 19011

A.6 管理评审

管理评审应当覆盖整个环境管理体系，但不必在一次评审中对环境管理体系的所有要素都进行评审，同时评审过程可以延续一段时期。

参考文献

[1] 职业健康安全管理体系 规范（GB/T 28001—2001）[S].
[2] 环境管理体系 要求及使用指南（GB/T 24001—2004/ISO 14001：2004）[S].
[3] 陈全. 职业安全卫生管理体系原理与实施 [M]. 北京：气象出版社, 2000.
[4] 陈志刚, 魏利军. 职业安全卫生管理体系认证及文件编写 [M]. 北京：气象出版社, 2000.
[5] 企业职工伤亡事故分类（GB 6441—1986）[S].
[6] 吴宗之, 高进东. 重大危险源辨识与控制 [M]. 北京：冶金工业出版社, 2002.
[7] 陈宝智. 安全原理 [M]. 北京：冶金工业出版社, 2004.
[8] 顾慰慈. 建设项目质量监控 [M]. 北京：中国建材工业出版社, 2004.
[9] 全国建筑业企业项目经理培训教材编写委员会. 施工项目质量与安全管理 [M]. 北京：中国建筑工业出版社, 2002.
[10] 国家电力公司组编. 质量安全环境管理体系概论 [M]. 北京：中国电力出版社, 2002.
[11] 全国一级建造师执业资格考试用书编写委员会. 建设工程项目管理 [M]. 北京：中国建筑工业出版社, 2004.
[12] 叶文虎. 环境管理学 [M]. 北京：高等教育出版社, 2000.
[13] 高庭跃, 顾国维. 水污染控制工程 [M]. 北京：高等教育出版社, 1999.
[14] 高艳玲, 张继有. 物理污染控制 [M]. 北京：中国建材工业出版社, 2005.
[15] 建筑施工企业安全生产资料大全 [M]. 北京：中国建材工业出版社, 2006.